Botschaft eines Toten?

Hansjürgen Verweyen

Botschaft eines Toten?

Den Glauben
rational verantworten

Verlag Friedrich Pustet
Regensburg

Die Deutsche Bibliothek – CIP-Einheitsaufnahme

Verweyen, Hansjürgen:
Botschaft eines Toten? : Den Glauben rational verantworten /
Hansjürgen Verweyen. – Regensburg : Pustet, 1997
 ISBN 3-7917-1568-2

ISBN 3-7917-1568-2
© 1997 by Verlag Friedrich Pustet, Regensburg
Umschlaggestaltung: 2 design, Regensburg
Gesamtherstellung: Friedrich Pustet, Regensburg
Printed in Germany 1997

Vorwort

»Und der Engel sprach zu den Frauen: Es ist nicht dasselbe, sich ans Kreuz hängen oder aufs Kreuz legen zu lassen. Im zweiten Fall ist's klar, daß man den kürzeren gezogen hat. Im ersten noch lange nicht.«

Gott, Christus, Kirche ... Was ein Abendland lang von der Zunge floß, bleibt plötzlich im Halse stecken. Einiges davon habe ich in »Gottes letztes Wort« neu zu sagen versucht. Über die lebhafte Diskussion, die dadurch ausgelöst wurde, gebe ich im sechsten Kapitel dieses Buchs einen zusammenfassenden Überblick. Auf die wichtigsten Fragen, die im fachwissenschaftlichen Diskurs zutage traten, gehe ich in den Kapiteln drei bis fünf näher ein.

Verantwortung des Glaubens sollte sich aber nicht nur im terminologisch fixierten Disputiergebäude von Denkspezialisten abspielen. Darum habe ich mich, vor allem in den ersten Kapiteln, um einen Zugang auch für solche bemüht, die ihr Glauben und Hoffen zwar durchaus kritischem Fragen aussetzen, aber weder Zeit noch Lust haben, dafür zunächst einmal Sprachkurse in theologischem Parteichinesisch zu belegen.

Freiburg i. Br., Ostern 1997

Hansjürgen Verweyen

Inhalt

1. Staunen lernen:
Was steckt hinter den Gottesbeweisen?

Während Sinnfragen der verschiedensten Couleur noch durchaus marktkonform zu sein scheinen, ist der Titel »Gottesfrage« im Buchhandel wie im Religionsunterricht zum Ladenhüter geworden. Bevor wir uns schlicht damit abfinden, sollten wir aber dem Phänomen nachgehen, daß ein ähnliches Schicksal so ziemlich alle Worte und Dinge ereilt hat, die in Kirche und Christentum einmal zum selbstverständlichen Vokabular oder Instrumentar gehörten. Wir haben sämtliche Details unseres eigenen »Sprachspiels« so oft hin- und hergewendet, daß nur noch eine chaotische Ansammlung von unverkäuflichen Gebrauchsmustern übriggeblieben ist.

In dieser Situation scheint es grundsätzlich nur noch zwei Optionen zu geben. Entweder man versucht, alle Fragmente des seeuntauglich gewordenen Schiffleins sorgfältig aufzulesen und mit Pech und Schwefel so fest wieder zusammenzuleimen, daß die restaurierte Himmelsfähre in Zukunft allen Anstürmen des Pluralismus zu trotzen vermag. Oder aber man packt die Reliquien von Theologie und Kirche ins Museum und fahndet auf der Internationalen Bootsausstellung nach der jeweils flottesten Yacht, die postmoderne Christinnen und Christen zu neuen Ufern führt. In beiden Fällen geht die Aufmerksamkeit dafür verloren, daß in der Geschichte des Christentums nicht nur eine Unzahl von Lehren und Vorschriften jahrhundertelang weitergeschleppt, sondern einiges auch immer wieder sehr ernsthaft bedacht wurde, was vielleicht noch einmal neu anzupacken wäre. Dazu gehört auch das Bemühen um die sogenannten »Gottesbeweise«.

Auf dem I. Vatikanischen Konzil wurde formuliert:

»Wer sagt, der eine und wahre Gott, unser Schöpfer und Herr, könne nicht durch das, was gemacht ist, mit dem natürlichen

Licht der menschlichen Vernunft sicher erkannt werden: der sei mit dem Anathema belegt«[1].

Infolge dieser Lehrentscheidung gehörte das Thema »Gottesbeweise« bis in die Ära Papst Pius' XII. hinein zu den Pflichtübungen der Theologenausbildung. Nur zu verständlich, daß seit dem II. Vatikanischen Konzil die ganze Sache an den Rand gedrängt wurde. Dennoch ärgert mich, mit wie leichten Schritten manche Theologen heute über dieses Thema hinwegsehen, das doch für die großen Denker unserer Tradition von so großer Bedeutung war. Wenn ich versuche, einige Orientierungslinien durch dieses schwierige Gelände zu ziehen[2], so geht es mir vor allem um die je spezifische Erfahrung, die den Hauptformen der klassischen Gottesbeweise zugrunde liegt. Diese Erfahrungen könnten vielleicht auch heute noch ein Gespür dafür wachrufen, daß in unsere Welt eine Wirklichkeit hineinragt, die uns zu mehr auffordert, als wir im allgemeinen wahrzunehmen bereit sind.

Die Menschen sind zunächst einmal bei den Dingen, bevor sie zu sich selbst finden. Dieser ursprünglichen Gegebenheit entspricht auch die Art und Weise, wie sie zu Aussagen über das Göttliche kommen. Von hierher meine erste Grobeinteilung: kosmologische und subjektlogische Gottesbeweise.

1.1. Erfahrung von außen: kosmologische Argumente

»Hinter den Dingen steckt mehr, als uns bekannt und vertraut ist.« Diese Einsicht faltete sich zunächst in eine bunte Welt von Göttern und Dämonen aus, in deren Kräftefeld sich die Menschen in den sogenannten primitiven Kulturen eingebunden glaubten. Erst Aristoteles hat es mit seinem Argument vom ersten, unbewegten Beweger vermocht, diese kosmologische Basiserfahrung denkerisch für die Selbstreflexion der monotheistischen Religionen – Judentum, Islam und Christentum – zuzubereiten. In dieser Reihenfolge; denn Thomas von Aquin konnte sich gleichsam an einen gedeckten Tisch setzen, wo muslimische und jüdische Gelehrte die Metaphysik des Aristoteles bereits weitgehend für seine berühmten »Fünf Wege«[3] tafelfertig gemacht hatten.

In der Geschichte der Philosophie haben besonders der erste und der fünfte Weg immer wieder Beachtung gefunden. Der erste geht von den in dieser Welt zu beobachtenden Veränderungen aus. Er wird philosophiegeschichtlich unter dem Titel »Gottesbeweis aus der Bewegung« geführt. Der fünfte Weg nimmt seinen Ausgang bei der Beobachtung zielstrebigen Verhaltens von Lebewesen, die keine Vernunft haben. Er wird zumeist unter dem Titel »teleologischer« oder (so bei Kant) »physiko-theologischer« Beweis vom kosmologischen Argument abgehoben.

Von Einzelproblemen abgesehen, sind all diesen von der Beobachtung der Welt ausgehenden Argumentationsansätzen drei prinzipielle Schwierigkeiten gemeinsam:

a) Die Fortentwicklung der Naturwissenschaften. Was im Horizont früherer Weltbetrachtung auf Gott verwies, scheint sich heute (bis auf umstrittene Restposten) naturwissenschaftlich erklären zu lassen.

b) Die moderne Verschärfung der Theodizeefrage. Gott als letzter Grund der Schöpfung? Dann ist er auch für das verantwortlich, was in dieser Welt eines weisen und zugleich allmächtigen Schöpfers unwürdig erscheint.

c) Der theologisch problematische Gottesbegriff im Rahmen kosmologisch orientierten Denkens. Gott wird hier zwar als »erster Beweger«, »letzter Grund« oder »höchstes Wesen« gedacht, dabei schließlich aber doch in Analogie zu den »Objekten« unserer Vernunft verstanden, einer Vernunft, die in der Neuzeit der Objektwelt gegenüber ihre eigene Würde entdeckt hat.

Im Horizont mittelalterlichen Fragens stellten solche objektiv gefaßten Gottesbegriffe kein eigentliches Problem dar. Hier verstand sich der Mensch als Teil des von Gott geschaffenen Universums, wußte sich eingeborgen in der göttlichen Vernunft, aus der alles Sein und alle endliche Vernunft hervorging.

Spätestens seit dem Auslaufen des Mittelalters begannen aber weitreichende Ereignisse dieses scheinbar selbstverständliche Bewußtsein der Geborgenheit zu erschüttern. Denken wir etwa an die Verbreitung der Pest um die Mitte des 14. Jahrhunderts und das abendländische Schisma im letzten Viertel des 14. bis zum Beginn des 15. Jahrhunderts.

Im Gegensatz zu heute waren Epidemien im Mittelalter zwar keine Ausnahmezustände. Die Beulenpest, die, aus dem Orient eingeschleppt, sich um die Mitte des 14. Jahrhunderts in ganz Europa ausbreitete, sprengte aber auch den mittelalterlichen Erfahrungshorizont, der mit der Anwesenheit des Dämonischen neben dem Göttlichen in der Welt nur zu vertraut war. Wo sonst dem mittelalterlichen Menschen die Welt als Ort der Begegnung mit seinem Schöpfer erschien, auf dessen Spuren er allüberall stieß, stand er nun dem nackten Grauen gegenüber.

Schon häufiger hatte es im Mittelalter Papst und Gegenpapst und damit die Schwierigkeit gegeben festzustellen, von wo die kirchlichen Belange – und damals auch die der Gesellschaft überhaupt – mit letzter Autorität entschieden wurden. Das vermochte man im allgemeinen aber ebensogut mit dem Glauben an letztgültig verkündigte Wahrheit zu vereinbaren wie die Krankheiten und Seuchen mit dem Glauben an den in der Natur gegenwärtigen Schöpfergott. Das große abendländische Schisma hingegen war eine Krise innerhalb der Ordnung menschlichen Zusammenlebens, die in ihrer Dimension der Pest, welche um etwa dieselbe Zeit auf dem Felde der Natur wütete, durchaus vergleichbar war.

Wie wirkten sich solche Erschütterungen der Geborgenheit des Menschen in einem von Gott getragenen und geordneten Universum schließlich auf die Frage nach Gott selbst aus?

B. Pascal hat das Grundgefühl des neuzeitlichen Menschen einprägsam in seinen »Pensées« ausgedrückt:

> »Der Mensch ist nur ein Schilfrohr, das zerbrechlichste in der Welt, aber ein Schilfrohr, das denkt. Es ist nicht nötig, daß das ganze All sich rüste, um ihn zu vernichten: ein Windhauch, ein Tropfen Wasser reichen hin, ihn zu töten. Aber, wenn das All ihn vernichten würde, so wäre der Mensch doch edler als das, was ihn zerstört. Denn er weiß, daß er stirbt und er kennt die Übermacht des Weltalls über ihn. Das All aber weiß nichts davon.«[4]

Atheistisch zugespitzt findet sich das gleiche Grundgefühl schließlich in J.-P. Sartres »Die Fliegen«. Nachdem Jupiter auf sich als den Schöpfer aller Dinge verwiesen hat, antwortet ihm Orest:

»Aber du hättest mich nicht frei erschaffen sollen [...]; gestern hatte ich noch eine Entschuldigung für mein Dasein, denn du hattest mich in die Welt gesetzt, um deinen Plänen zu dienen, und die Welt war eine alte Kupplerin, die mir unaufhörlich von dir sprach. Und dann hast du mich verlassen [...]. Plötzlich ist die Freiheit auf mich herabgestürzt, und ich erstarrte, die Natur tat einen Sprung zurück, und ich hatte kein Alter mehr, und ich habe mich ganz allein gefühlt, inmitten deiner kleinen, harmlosen Welt, wie einer, der seinen Schatten verloren hat, und es war nichts mehr am Himmel, weder Gut noch Böse, noch irgendeiner, um mir Befehle zu geben [...] ich werde nicht unter dein Gesetz zurückkehren: ich bin dazu verurteilt, kein anderes Gesetz zu haben als mein eigenes [...]. Was habe ich mit dir zu tun, oder du mit mir? Wir werden aneinander vorübergleiten wie zwei Schiffe auf einem Fluß, ohne einander zu berühren. Du bist Gott, und ich bin frei [...]«[5].

Liegt nun aber, trotz all dieser berechtigten Kritik, den »kosmologischen Gottesbeweisen« nicht doch die Erfahrung einer besonderen Wirklichkeit zugrunde, von etwas, das sich, faszinierend, aber unsere etablierten Erkenntnismuster aufbrechend, in dieser Welt bemerkbar macht und gerade als positives Ereignis unserer Erde daran erinnert, wie wenig wir hier zu Hause sind? Um an dieses »etwas« heranzukommen, müssen wir allerdings durch die oft komplizierten rationalen Argumentationsstrukturen hindurch bis auf den spezifischen Akt des *Staunens* vordringen, der diesem Erfahrungs- und Denktypus zugrunde liegt. Drei Texte zur Hilfestellung:

Angelus Silesius schreibt im »Cherubinischen Wandersmann«[6]:

»Die Ros ist ohn warum;
sie blühet, weil sie blühet,
sie acht nicht ihrer selbst,
fragt nicht, ob man sie siehet.«[7]

Hier wird etwas ansichtig, das unsere übliche Frage nach den Ursachen der Dinge verstummen läßt. Die blühende Pflanze »Rose« kann man natürlich als Produkt eines biochemischen Prozesses erklären. Damit verflüchtigt man aber das, was der schlesische Dichter sieht. Darf man dieses Phänomen des »ohne warum« als romantische Empfindung eines Mystikers ohne Fundament in der Realität abtun? Geraten nicht vielmehr »realistische« Einwände solcher Art in den Verdacht, sich gegen alles immunisieren zu wollen, was als Spur von Transzendenz den eigenen Kategorienraster sprengt, weil es völlig unverfügbar ist?

Noch weniger läßt sich als mystische Weltsicht abtun, was Wolfgang Borchert in »Die Hundeblume«[8] beschreibt. Die Erzählung handelt vom Sträfling aus »Nummer 432«, von seinen täglichen Runden im Gefängnishof, wo er zwischen »Vordermann« und »Hintermann« »eingelattet ist als Latte ohne eigenes Gesicht in einem endlosen Lattenzaun«, beobachtet von »bellenden Hunden in blauen Uniformen«.

Bei einer dieser Runden geschieht das Wunder. Der Sträfling entdeckt im Hof, nahe am Weg, einen »Löwenzahn – eine kleine gelbe Hundeblume«. Bange, dramatische Tage folgen, bis ihm endlich sein Plan gelingt. »Und plötzlich bückte sich die Latte 432, fummelte an ihrem runtergerutschten Strumpf herum und – fuhr dazwischen blitzschnell mit der einen Hand auf eine erschrockene kleine Blume zu, riß sie ab – und schon klöppelten wieder siebenundsiebzig Latten in gewohntem Schlendrian in die letzte Runde.«[9]

»Was ist so komisch: Ein blasierter, reuiger Jüngling aus dem Zeitalter der Grammophonplatten und Raumforschung steht in der Gefängniszelle 432 unter dem hochgemauerten Fenster und hält mit seinen vereinsamten Händen eine kleine gelbe Blume in den schmalen Lichtstrahl – eine ganz gewöhnliche Hundeblume. Und dann hebt dieser Mensch, der gewohnt war, Pulver, Parfüm und Benzin, Gin und Lippenstift zu riechen, die Hundeblume an seine hungrige Nase, die schon monatelang nur das Holz der Pritsche, Staub und Angstschweiß gerochen hat – und er saugt so gierig aus der kleinen gelben Scheibe ihr Wesen in sich hinein, daß er nur noch aus Nase besteht.

Da öffnet sich in ihm etwas und ergießt sich wie Licht in den engen Raum, etwas, von dem er bisher nie gewußt hat: Eine Zärtlichkeit, eine Anlehnung und Wärme ohnegleichen erfüllt ihn zu der Blume und füllt ihn ganz aus.

Er ertrug den Raum nicht mehr und schloß die Augen und staunte: Aber du riechst ja nach Erde. Nach Sonne, Meer und Honig, liebes Lebendiges! Er empfand ihre keusche Kühle wie die Stimme des Vaters, den er nie sonderlich beachtet hatte und der nun soviel Trost war mit seiner Stille - er empfand sie wie die helle Schulter einer dunklen Frau.

Er trug sie behutsam wie eine Geliebte zu seinem Wasserbecher, stellte das erschöpfte kleine Wesen da hinein, und dann brauchte er mehrere Minuten – so langsam setzte er sich, Angesicht in Angesicht mit seiner Blume.

Er war so gelöst und glücklich, daß er alles abtat und abstreifte, was ihn belastete: die Gefangenschaft, das Alleinsein, den Hunger nach Liebe, die Hilflosigkeit seiner zweiundzwanzig Jahre, die Gegenwart und die Zukunft, die Welt und das Christentum – ja, auch das!

Er war ein brauner Balinese, ein ›Wilder‹ eines ›wilden‹ Volkes, der das Meer und den Blitz und den Baum fürchtete und anbetete. Der Kokosnuß, Kabeljau und Kolibri verehrte, bestaunte, fraß und nicht begriff. So befreit war er, und nie war er so bereit zum Guten gewesen, als er der Blume zuflüsterte [...] werden wie du [...].

Die ganze Nacht umspannten seine glücklichen Hände das vertraute Blech seines Trinkbechers, und er fühlte im Schlaf, wie sie Erde auf ihn häuften, dunkle, gute Erde, und wie er sich der Erde angewöhnte und wurde wie sie – und wie aus ihm Blumen brachen: Anemonen, Akelei und Löwenzahn – winzige, unscheinbare Sonnen.«[10]

Angelus Silesius und Wolfgang Borchert beschreiben ihre Erfahrung so, daß – wenn auch in sehr verschiedener Weise – der Weg in eine Transzendenz nicht verschlossen scheint. Umso bemerkenswerter ist, wie Albert Camus ein ganz ähnliches Ereignis dieser Erde als entschiedener Agnostiker aufnimmt, ohne jedoch das Phänomen selbst in seiner bestürzenden Macht abzuflachen. Ich zitiere eine frühe Eintragung in sein Tagebuch[11]: »Gewitterhimmel im August. Glühende Winde. Schwarze Wolken. Im Osten jedoch ein zart blaues, durchsichtiges Band. Unmöglich, es anzuschauen. Es ist eine Pein für Augen und Seele. Denn die Schönheit ist unerträglich. Diese Ewigkeit von der Dauer einer Minute, die wir gleichwohl über alle Zeit hin ausdehnen möchten, sie läßt uns verzweifeln.«

1.2. Erfahrung von innen: subjektlogische Argumente

Für den zweiten Grundtypus von Argumenten für die Existenz Gottes habe ich noch keinen befriedigenden Titel gefunden. Der Terminus »subjektlogisch« ist zu einseitig. Selbst die Kennzeichnung »Erfahrung von innen« hat ihre Probleme. Für unseren Zusammenhang mag die Grobeinteilung genügen.

Wege augustinischer Tradition

Die geistige Situation zur Zeit des Augustinus hat einiges gemeinsam mit der von Pascal und Descartes. Unter der christlichen Herrschaft der byzantinischen Kaiser begann sich zwar wieder ein Römisches Reich zu konsolidieren. Politisch waren zu dieser Zeit der Völkerwanderung aber noch längst nicht alle Würfel gefallen. Und vor allem der weltanschauliche Pluralismus, der an den Fundamenten der römischen Kultur nagte, war noch deutlich spürbar. So ist es nicht verwunderlich, daß ein Denker vom Format des Augustinus nach einem »Archimedischen Punkt« der Vernunft suchte, von dem her Orientierung in dem verwirrenden Angebot antiker Traditionen möglich war. Er tat dies vor allem in seiner Frühzeit, in der Auseinandersetzung mit »den Akademikern«, dem Restbestand der platonischen Schule, in dem der Skeptizismus regierte: »si fallor sum«[12]; selbst wenn ich mich täusche (oder getäuscht werde), bin ich. Hier bereits ist das »cogito (ergo) sum«, die unzerstörbare

Selbstgewißheit des denkenden Ich, vorweggenommen, von woher Descartes inmitten des Dreißigjährigen Kriegs die im Nominalismus zerfallenen geistigen Strukturen des Mittelalters zu überwinden trachtete. Beiden geschichtlichen Situationen und denkerischen Ansätzen gemeinsam ist die Begegnung mit einer Welt, die keine Geborgenheit mehr versprach und Spuren göttlicher Ordnung kaum noch aufzuweisen schien. Die Kraft der Orientierung muß aus dem Inneren der Vernunft selbst gewonnen werden.

Nun ist die reine Selbstgewißheit des »Ich denke« inhaltlich aber völlig leer. Wie kann das Denken weiter bestimmt werden, ohne daß man auf die Sinnenwelt in all ihrer Ungewißheit zurückgreift? Im zweiten Buch seiner Schrift »Über den freien Willen«[13] geht Augustinus einen echt platonischen Weg in seinem Bemühen um einen philosophischen Aufweis der Existenz Gottes.

Die ihrer selbst im universalen methodischen Zweifel gewisse Vernunft erkennt, daß sie über die Sinneswahrnehmung und den diese koordinierenden »inneren Sinn« erhaben ist, weil sie all dies *beurteilt*. Gibt es aber nicht eine noch höhere und – im Gegensatz zur menschlichen Vernunft selbst – unwandelbare Wahrheit, über die nicht die Vernunft richtet, deren Urteil das Denken selbst vielmehr untersteht? Bei seiner Lektüre des Buches Kohelet stößt Augustinus auf eine Stelle, derzufolge der Mensch mit seinem Herzen »Weisheit und Zahl« wissen, betrachten und suchen soll[14]. Diese Glaubensaussage gibt ihm den Anstoß zum philosophischen Forschen: »credo, ut intelligam«.

Wieso aber gerade die *Zahl*? Man muß im Auge behalten, daß bis ins hohe Mittelalter hinein mit der Einheit von Arithmetik, Geometrie, Astronomie und Musik (als Quadrivium, ›Vierweg‹) das Studium der ›freien Künste‹ zum Ziel kam. Nur aus dieser Vertiefung in die alles Wandelbare übersteigende und jeden Geist faszinierende Symmetrie der Zahl wurden solche Wunderwerke wie die romanischen und gotischen Kathedralen möglich. ›Zahl‹ ist – wie aus Paralleltexten hervorgeht[15] – für Augustinus der höchste Richtwert im Bereich des Ästhetischen, wie

›Weisheit‹ den Maßstab im Bereich der Suche nach dem Glück abgibt. Seit der Einführung des Infinitesimalkalküls, wo in der modernen Funktionalisierung der Mathematik zwecks durchgängiger Verfügungsgewalt über die Natur z. B. der Kreis als ein unendliches Vieleck berechnet wird, ist das Staunen über die aus keiner empirischen Vorgegebenheit zu erklärende Macht der reinen Form über die menschliche Vernunft zwar weithin abhanden gekommen. Ist mit diesem Außer-Geltung-Setzen der platonisch-pythagoreischen Einsicht aber auch schon die Gültigkeit der ›Wahrheit der Zahl‹ hinfällig geworden?[16]

Das für den Argumentationsgang bei Augustinus Entscheidende ist das »iudicare«, die richterliche Funktion, die die Gesetze der reinen Formen nicht über die Vermittlung von sinnlicher Wahrnehmung, sondern aufgrund eigener Autorität über den menschlichen Geist ausüben und ihn damit über sich selbst hinaus nach Höherem und schließlich dem Höchsten treiben.

Blicken wir von hierher auf die dritte der Cartesischen »Meditationen über erste Philosophie«[17]. Auf dem in der ersten und zweiten Meditation gewonnenen festen Boden der Gewißheit »Ich denke/ich bin« sucht Descartes nach darüber hinausgehender zweifelsfreier Wahrheit. Unter den vielen Begriffen, die sich in der menschlichen Vernunft finden, gibt es zumindest einen, der nicht auf empirische Wahrnehmung rückführbar ist: der Gottesbegriff, oder genauer, die Idee eines Unendlichen bzw. Unbedingten. Diese Idee kann nicht aus einem durchschnittlichen Ungenügen an endlichen, kontingenten Dingen hergeleitet werden. Wie das Bedürfnis zu dem universalen methodischen Zweifel, von dem Descartes ausging, zeigt, liegt hier eine völlig »unnatürliche« Unzufriedenheit mit »nur halben« Wahrheiten und Gewißheiten zugrunde, die nicht aus dem Umgang mit den Dingen dieser Welt stammen kann. Es handelt sich vielmehr um eine apriorische Prägung der Vernunft durch eine Idee radikaler Unbedingtheit. Woher aber sollte denn diese Prägung kommen, wenn nicht durch die Wirkung eines tatsächlich existierenden Unbedingten?

Die Form des Arguments in der Dritten Cartesischen Meditation läßt allerdings zu wünschen übrig, nicht zuletzt im Hin-

18

blick auf den Gottesbegriff selbst. Es haftet den Ausführungen noch zu vieles von dem kosmologischen Verständnisraster an, das dem modernen, von der Freiheit ausgehenden Denken den Zugang zu Gott gerade verstellt.

Diese Schwierigkeiten sind in einem viel früheren Argument überwunden, das wohl das berühmteste von allen ist: der sogenannte »ontologische Gottesbeweis« Anselms von Canterbury[18]. Den Schluß Anselms vom Begriff Gottes auf seine Existenz halte ich zwar mit vielen anderen für fehlerhaft. Sein Gottesbegriff selbst aber genügt auch den schärfsten Anforderungen, die sich vom modernen Denken her stellen.

»Das, worüber hinaus Größeres nicht gedacht werden kann«. Hier ist Gott nicht objektlogisch konzipiert, etwa als das höchste Seiende oder das vollkommenste Wesen, sondern subjektlogisch. Anselm schreitet mit diesem Begriff gleichsam die gesamten Möglichkeiten unserer Vernunft ab. Der menschliche Geist läßt sich durch kein Seiendes aufhalten, ist vielmehr die Bewegung, die über alles mögliche Gegebene hinausschreitet. Das ihm entsprechende mathematische Symbol wäre etwa die potentielle Unendlichkeit der Reihe der natürlichen Zahlen, 1, 2, 3 … usf. Zu jeder dieser Zahlen – »n« – kann immer noch ein »+1« hinzugedacht werden. Dieses nicht vollendbare Fortgehen des Dr. Faustus in seinem Pakt mit Mephisto[19] macht die Würde der Vernunft gegenüber der gesamten Objektwelt wie zugleich ihre innere Ruhelosigkeit aus.

Im Erkennen dieses Ungenügens ihrer unvollendbaren Unendlichkeit vermag die Vernunft nun aber eine ganz andere Größe zu denken, die auf dem Zahlenstrahl »n+1« absolut keinen Platz hat: »das, worüber hinaus Größeres nicht gedacht werden kann«. Dieser Begriff ist zunächst einmal Eingeständnis der bleibenden Unruhe, die bei aller Erhabenheit über die Objektwelt das Wesen der Freiheit charakterisiert: Wir können nicht davon ablassen, immer wieder »darüber hinaus« zu wollen. Zugleich damit gelingt in diesem Begriff aber auch der Versuch, die innerste Triebkraft des menschlichen Handelns zu benennen, ohne dem vergeblichen Bemühen zu verfallen, sie mit einem Namen dingfest zu machen.

Anselm hätte genausogut von dem Begriff ausgehen können: »das, worüber hinaus *Einfacheres* nicht gedacht werden kann«. Anstelle des mathemathischen Symbols der Reihe der natürlichen Zahlen müßte hier etwa der unendliche Prozeß des Teilens einer Strecke vorgestellt werden. Den zurückgelegten Teilstrecken entspräche das Moment des jeweils erfaßten Objekts. Dem unendlichen Prozeß der Annäherung an ein Unteilbares wäre das Moment zuzuordnen, daß das Subjekt in seinem Bemühen, reine Einfachheit zu fixieren, nie zum Ziel kommt. Daß die Vernunft dennoch, in einem absoluten Sprung über ihre endlos-vergebliche Annäherung hinaus, den »mathematischen Punkt« zu denken vermag, verdankt sie weder der Objektwelt, noch läßt sich dies als eine Projektion ihrer eigenen, nichtabschließbar transzendierenden Bewegung verstehen. Ihr sitzt vielmehr *die Idee* des *plotinischen Einen*, der reinen Einfachheit oder »Eins«, gleichsam richtend im Nacken.

Aus dem Hintergrund unseres Intellekts werden wir ständig über die Inadäquatheit der Versuche belehrt, letzte Einheiten, etwa den schlechthin spitzesten Punkt, vorzustellen oder gar das absolut Unteilbare, das »A-tomon«, dingfest zu machen. Die menschliche Vernunft ist geprägt durch die Idee einer reinen Einfachheit, die in ihrer richterlichen Funktion sich als unbestechlich und als von nichts abhängig oder bedingt erweist.

Von hierher schließlich doch ein unanfechtbarer Gottesbeweis – über die Frage nach dem Woher dieser Prägung unserer Vernunft? Richtig ist, daß wir hier auf die präziseste Formulierung der Tatsache stoßen, »daß wir hier auf der Erde nicht ganz zu Hause sind« (H. Böll). Sind wir damit aber nicht bei einem solchen »Gott« angelangt, dessen einzige Entschuldigung darin besteht, nicht zu existieren (um an ein berühmtes Diktum Stendhals zu erinnern)? Haben wir hier nicht in aller Schlichtheit die elementarste Struktur dessen philosophisch ermittelt, was A. Camus »das Absurde« nennt? Mögen wir über den universalen methodischen Zweifel des Descartes für eine Weile auch den Unzulänglichkeiten entrinnen, denen wir in unserer Welt begegnen: Gerade in der allerreinsten, von keinem Anflug des Empirischen befleckten Apriorität unserer Vernunft stoßen wir auf das Theodizeeproblem in seiner prägnantesten Form: Wir sind im Innersten unserer selbst die offensichtliche Erscheinung der raffiniertesten Quälerei: Aufgrund der bloßen Ausstattung mit der unausrottbaren Sehnsucht nach vollkommener Harmonie, die wir wegen der ebenso gewissen unaufhebbaren Entgegensetzung von »Subjekt« und »Objekt« nie erreichen können, stellen wir die ständige Neuauflage des »Gottesfluches des Sisyphus« dar.

Gibt es innerhalb der traditionellen Gottesbeweise überhaupt einen Argumentationstypus, der diese alte Hiobsfrage, »den Felsen des Atheismus« (G. Büchner), einer Lösung näherzubringen vermöchte?

Der »moralische Gottesbeweis«

Hier handelt es sich um ein Argument, das erst sehr spät in der Geschichte der Philosophie auftaucht: Kants Postulat der Existenz Gottes, das er gelegentlich auch als »moralischen Gottesbeweis« bezeichnet[20]. Gottesbeweise der theoretischen Vernunft (einer Vernunft, die aus kühler Distanz über ihre Objekte urteilt) lehnt Kant bekanntlich ab. Aber er führt ein »Postulat der reinen praktischen [d. h. hier: der sittlich engagierten] Vernunft« ein. Ich versuche, die Schwierigkeiten der Interpretation beiseitelassend, sogleich zum springenden Punkt zu kommen.

In dem oben zitierten Text aus Sartres »Die Fliegen« wurde dem in kosmologischen Kategorien vorgestellten Gott die menschliche Freiheit gegenübergestellt, die darum weiß, daß sie ihr Gesetz nicht vorgegebenen Wesenheiten, sondern allein ihrer autonomen Existenz entnehmen darf. Kant geht von dieser Freiheit im entscheidenden Akt der Gewißheit über sich selbst aus:

»Setzet, daß jemand von seiner wollüstigen Neigung vorgiebt, sie sei, wenn ihm der beliebte Gegenstand und die Gelegenheit dazu vorkämen, für ihn ganz unwiderstehlich: ob, wenn ein Galgen vor dem Hause, da er diese Gelegenheit trifft, aufgerichtet wäre, um ihn sogleich nach genossener Wollust daran zu knüpfen, er alsdann nicht seine Neigung bezwingen würde. Man darf nicht lange rathen, was er antworten würde.

21

Fragt ihn aber, ob, wenn sein Fürst ihm unter Androhung der-selben unverzögerten Todesstrafe zumuthete, ein falsches Zeugnis wider einen ehrlichen Mann, den er gerne unter scheinbaren Vorwänden verderben möchte, abzulegen, ob er da, so groß auch seine Liebe zum Leben sein mag, sie wohl zu überwinden für möglich halte. Ob er es thun würde, oder nicht, wird er vielleicht sich nicht getrauen zu versichern; daß es ihm aber möglich sei, muß er ohne Bedenken einräu-men. Er urtheilt also, daß er etwas kann, darum weil er sich bewußt ist, daß er es soll, und erkennt in sich die Freiheit, die ihm sonst ohne das moralische Gesetz unbekannt geblieben wäre«[21].

Kant stellt hier die drei mächtigsten Triebkräfte des Menschen einander gegenüber. Zunächst wird der Sexualtrieb, das Ver-langen der Natur nach Arterhaltung ins Feld geführt. Es muß zurücktreten vor dem Trieb nach Selbsterhaltung: angesichts des drohenden ›Galgens vor dem Hause‹ wird jeder auch die stärkste Äußerung seines Sexualtriebs zu unterdrücken vermö-gen. – Die Bühne bleibt unverändert, mit dem gleichen Galgen vor dem Fenster. Nun aber trifft die oberste Macht der Natur, die Liebe zum Leben, auf eine ganz andersgeartete, scheinbar ohnmächtige Antriebskraft, die sich ohne jeden Zwang des Müssens äußert: das ›du sollst‹. Der Potentat oder sein foltern-der Scherge mögen alle Gewalt der Welt in Händen halten, um den zum Werkzeug ihrer korrupten Ziele herausgegriffenen Menschen zu einem widersittlichen Akt zu zwingen. Ja, sie mögen – wie Kant in seiner nüchternen Einschätzung des Men-schenherzens andeutet – in den meisten Fällen ihre Ziele auch wirklich durchsetzen. Nicht verhindern können sie aber, daß ihr Opfer, hat es nur einmal die unbedingte sittliche Forderung, einen ehrlichen Mann nicht durch eine feige Lüge dem Tode preiszugeben, erkannt, zugleich eine ganz andere Kraft erfahren hat, die nicht in ihrem Herrschaftsbereich liegt: die unbedingte *Freiheit* aller vorgegebenen Natur gegenüber, eine Autonomie, die erst in der Evidenz eines unbedingten Sollens ihrer selbst gewiß wird.

Von hierher ergibt sich, konsequent weitergedacht, ein »Gottespostulat«: Die dem Menschen evidente unbedingte Verpflichtung zu sittlichem Handeln fordert nicht nur eine dem Sittengesetz entsprechende Gesinnung, sondern auch den ernsten Willen, die Welt nach diesem Gesetz zu gestalten. Das führt letztlich auf den Endzweck einer dem Sittengesetz völlig entsprechenden Ordnung der Welt, die der Mensch, soviel an ihm liegt, vorantreiben muß. Die endgültige Durchsetzung dieses Ziels steht aber nicht in seiner Macht, da die Wirksamkeit der Naturgesetze und die des freien sittlichen Handelns auf verschiedenen Bahnen verlaufen.

Damit ergibt sich nun aber ein unausweichliches Dilemma. Entweder man hält eine letzte Harmonie von sittlichem Auftrag und Weltordnung für prinzipiell unmöglich. Das führt in letzter Konsequenz zu einer verminderten Achtung vor der unbedingten sittlichen Verpflichtung, insofern sich diese auf etwas Unmögliches richtet. Oder aber man glaubt – aller Erfahrung zum Trotz, doch im Vertrauen auf die innere Stimmigkeit der sittlichen Verpflichtung – an die Möglichkeit einer letzten Übereinkunft zwischen der zum Guten entschiedenen Freiheit und dem Naturverlauf. Dazu muß man aber eine Instanz annehmen, in deren Macht es liegt, die beiden Ordnungen des Sittengesetzes und des Naturgesetzes zu versöhnen.

Auch hier liegt ein Akt des Staunens zugrunde: in seinem autonomsten Zentrum erfährt das »Ich« ein Unbedingtes, das nicht von ihm selbst gemacht ist. Kant hat dies deutlich gesehen. »Zwei Dinge« gibt es ihmzufolge, die »das Gemüth mit immer neuer und zunehmender Bewunderung und Ehrfurcht [erfüllen], je öfter und anhaltender sich das Nachdenken damit beschäftigt: der bestirnte Himmel über mir und das moralische Gesetz in mir«[22]. (In diesem bekannten Satz räumt er übrigens auch dem Weg zu Gott aus der *äußeren* Erfahrung mehr Platz ein, als seine »Kritik der reinen Vernunft« erwarten läßt.)

Der von Kant zum Ausgangspunkt seiner Frage nach der Existenz Gottes erhobene Akt des Staunens führt aber weiter als alle »Beweise« der theoretisch-objektivierenden Vernunft. Er ermöglicht erstmals eine philosophische Antwort auf das Problem der *Theodizee*. Dies wird deutlich, wenn man das Argument Kants im Horizont der von Denkern wie Camus, Adorno, Benjamin und Horkheimer aufgenommenen und präzisierten Frage nach den Opfern der Geschichte von Gewalt liest, allgemeiner: nach der nicht hinnehmbaren Agonie Unschuldiger, sei diese Agonie nun von Menschen verfügt oder in der Schöpfung selbst angelegt. Der Protest gegen eine Welt, angesichts derer es »für Gott besser wäre, wenn er nicht existierte«, entspringt einer Idee von Solidarität, der gegenüber die gängigen Begriffe von Gott sich als etwas entlarven, worüber hinaus Größeres in der Tat gedacht werden kann – aber nicht nur *gedacht*. In solcher Evidenz einer unbedingten Solidarität wird dieses Größere vielmehr auch *erfahren* – bei den zitierten Denkern nur eben nicht als *Gott*. Denn: ist Gott allmächtig, dann scheint er mangels gerechten Handelns den Maßstäben sittlicher Vernunft – nach Kant also seinem eigenen »heiligen Willen« – nicht zu genügen. Ist er aber nicht allmächtig, so wird man ja mit den traditionellen Begriffen von Gott brechen müssen.

Daß dieser berechtigte Protest dennoch nicht an einem Gottespostulat vorbeikommt, läßt sich an einer Situation äußerster Entscheidung verdeutlichen, wie sie Albert Camus in seinem Roman »Die Pest« bei der Schilderung des Todeskampfes eines Kindes und der Reaktion der unmittelbar Betroffenen eindrücklich herausgehoben hat[23]. Für den »Anwalt der Anklage« im Theodizeeprozeß gibt es einen kritischen Punkt, der von Camus (und erst recht von anderen!) vielleicht doch nicht genügend bedacht wurde.

Wie verhält sich dieser Anwalt nämlich, wenn sein Mandant, der unschuldig Leidende, in die äußerste Krise des gegen Gott schreienden Leidens geführt wird? Aug' in Aug' mit dem in die Agonie geworfenen Menschen kann sich für den mit unbezweifelbarem Recht Protestierenden eine bedrückende Aporie ergeben, dann nämlich, wenn der Blick des Sterbenden bis zuletzt fragend auf ihn gerichtet bleibt. Weicht der »Anwalt der Anklage« diesem Blick seines Mandanten schließlich nicht doch unter Verzicht auf ein wirklich durchgehend solidarisches Handeln aus, so wird er nicht an einer seinen gesamten Daseinsentwurf herausfordernden Entscheidung vorbeikommen. Entweder er bleibt bei seinem Urteil über die absolute Sinnlosigkeit dieses Leidens. Dann wird es einen Augenblick geben, von dem an er den Sterbenden mit sich allein läßt; wo er zum anderen (wenn auch nur unausgesprochen) sagt: »Jetzt ist unser gemeinsamer Kampf um deinen Lebenssinn zu Ende. Von nun an bist *du* bloßer Spielball einer Macht, die allen Sinn verweigert. *Ich* aber bleibe auf einem Feld zurück, wo der Kampf des Sisyphos, wenn auch absurd und nie gewonnen, so doch vielleicht nicht ganz ohne Sinn ist«.

Oder aber der »Anwalt der Anklage« läßt in seiner Entschiedenheit zu äußerster Solidarität seinen Mandanten auch bei diesem letzten Schritt in die Sinnlosigkeit nicht allein, sondern signalisiert ihm: »Ich versuche mitzugehen«. Was geschieht mit diesem Schritt in den nicht einsichtigen Sinn des Leidens hinein, das nur Dunkel und Grund für den gerechtesten aller Proteste herzugeben scheint? Nicht immer wird es bis zum letzten Ausloten der damit gesetzten Option kommen. Wo der Blick des Sterbenden aber bis zuletzt auf der berechtigtsten aller menschlichen Fragen, der nach Sinn, beharrt, nach dem Sinn auch dieses Schritts ins letzte Grauen, und der bei ihm Ausharrende diesem Blick nicht ausweicht, sondern signalisiert: »Ich versuche mitzugehen«, da kommt dieser nicht an einem paradoxen Handeln vorbei. Man kann keinen bewußten Schritt in eine auch noch so unbekannte Richtung tun, ohne wenigstens eine auch noch so unbestimmte Hoffnung auf Sinn wachzurufen. (Diesen phänomenologischen Tatbestand hält auch das deutsche Wort »Sinn« fest, das, seiner ursprünglichen Bedeutung nach, mit »Weg, Reise, Richtung« verwandt ist.) Mit dem bloßen Schritt auf jenes Dunkel zu setzt der solidarisch Mitgehende eine Hoffnung auf Sinn wider allen Anschein von Sinnlosigkeit, unterschreibt er gleichsam blanko einen Scheck, den nur jenes »etwas« einzulösen vermöchte, »über das hinaus Größeres nicht gedacht werden kann« – das aber auch, im Horizont der radikalen Theodizeeproblematik, nur mit äußerster Anstrengung überhaupt gedacht werden kann.

Eine solche aporetische Option solidarischen Handelns ist aus anderen Zusammenhängen her nicht ganz unbekannt. »Nachts schlafen die Ratten doch«, läßt Wolfgang Borchert einen krummbeinigen alten Mann zu dem Jungen sagen, der in den Trümmern des Wohnhauses seinen toten Bruder bewacht[24]. Lügt die Mutter, fragt Peter Berger, wenn sie ihr weinendes Kind mit Worten tröstet wie: »Hab' keine Angst«, »Alles ist in Ordnung«, »Alles ist wieder gut«[25]?

Beim Heranziehen solcher Analoga muß man allerdings auf der Hut sein, daß man nicht unversehens aus dem Bereich der reinen praktischen Vernunft in die durch Neigung affizierte Vernunft hinüberwechselt, in ein mitmenschliches Verhalten etwa, das sich evolutionär aus lange vorgegebenen Triebmustern der Primaten herleiten läßt. Man wird stets den Kern des Gedankens im Auge behalten müssen: In der unbedingten Evidenz sittlicher Verpflichtung weiß ich mich auf einen Wert des anderen Menschen hin gerufen, der dessen Eingezwängtsein in Naturprozesse und ideologische Entwürfe übersteigt. Aus dieser Einsicht erwächst zum einen der Protest gegen alle mörderische Gewalt in Schöpfung und Geschichte. Damit zugleich entspringt aber auch eine Appellation an die Instanz, die mir die Augen über das wahre Antlitz des anderen öffnet. Es entspringt das Postulat, diese Instanz selbst, der Ursprung des unbedingten »du sollst«, möge sich gegen die Gewalt durchsetzen, die zu verabscheuen sie mich unwiderruflich lehrt – und zwar nicht erst in einer immer schon zu spät kommenden »Rettung von oben herab«, sondern in einem Akt, der den Anschein der Sinnlosigkeit des Leidens von innen her unterläuft.

Die Antwort auf die Theodizeefrage, die sich im Anschluß an Kants Postulat der Existenz Gottes geben läßt, hält sich allerdings ausschließlich im Rahmen der praktischen Vernunft, insofern sie sich für ein unbedingt Gesolltes entschieden hat. Sie weist nicht etwa einen auch noch so minimalen Fetzen theoretischen Wissens auf. Wie eine Welt aussehen könnte, in der sich der Sinn unschuldigen Leidens (oder wie immer man die vielen gegen Gott sprechenden Fakten unserer Erfahrungswelt benennen mag) auftut, wissen wir nach wie vor nicht. Nur, *daß* es eine solche Welt geben muß, wenn das Sittengesetz – zeitgenössisch ausgedrückt: die Idee unbedingter Solidarität –

nicht etwas Unmögliches fordert und dadurch in Widerspruch mit sich selbst gerät, erkennen wir mit unumstößlicher Gewißheit, und genau das umschreibt Kant mit dem Begriff »Postulat«.

Es sind alte Wege, denen wir hier nachgegangen sind. Lohnt es sich nicht dennoch, zumindest einige Strecken wieder freizulegen – in einer Zeit, die am Pluralismus des jeweils Modischen zu ersticken droht und so die Gegenkräfte des Fundamentalismus auf den Plan ruft, wo nicht mehr Denken, sondern nur noch der blinde Glaubensgehorsam gefragt ist?

2. Warten lernen: Wege zu einem fremdartigen Glück

2.1. Sisyphos I

Das Absurde

Albert Camus hat in einem berühmten Essay den »Mythos von Sisyphos« aufgegriffen, um darin die Grundkonstellation des menschlichen Daseins, und d. h. nach Camus zugleich: des »Absurden«, sichtbar zu machen. Absurd ist das Dasein nicht schon dadurch, daß es der Mensch in seinem Leben mit »schweren Brocken« zu tun hat. Das haben andere Lebewesen auch. Entscheidend ist der »Götterfluch«: der Stein »gehört« auf den Gipfel des Berges – kommt dort aber nie zur Ruhe. Dem Menschen, und ihm allein, sitzt unausrottbar die Idee einer Einheit, einer Harmonie im Nacken, der die Wirklichkeit spottet.

Diese von Camus essayistisch aufgezeigte »Elementarstruktur« des Daseins scheint mir in der Tat unhintergehbar, als solche aber auch in streng philosophischer Reflexion nachweisbar zu sein. Bereits mit dieser Feststellung gehe ich auf Konfrontationskurs mit fast der gesamten herrschenden Philosophie, die unhintergehbare philosophische Nachweise für nicht möglich hält: Das Denken ist ein Epiphänomen der Sprache[1]; denn was immer wir denken, verdanken wir dem Spiel der Sprache, das uns immer schon voraus ist, bevor wir zum Mitspielen (oder gar »Gespieltwerden«?) zugelassen werden.

Aber was ist mit diesem Gedanken über »alles Denken« selbst? Verdankt auch er sich der Sprache? Kann sich »die Sprache« noch einmal selbst zusammenfassen und reflexiv sich und alles Denken erfassen? Nein, dieser »Alles-Gedanke« enthält – wie alle anderen prinzipiellen Relativismen (»Es gibt keine Wahrheit« etc.) – einen »performativen Selbstwiderspruch«. Er entspringt nichts anderem als dem Denken selbst, das über seine

Bedingtheit durch Sprache und Geschichte nachdenkt, diese Reflexion aber nicht gründlich genug durchführt.

Bei Descartes findet sich die wohl schärfste Reflexion auf die Würde der menschlichen Vernunft. Er sieht sich in seinem »universalen methodischen Zweifel« nicht nur der Bedrohung durch ein »aus dem Lot des Logos geratenes« *Universum*, sondern möglicherweise auch einem voluntaristischen, nur auf seine eigene Ungebundenheit (»Ab-solutheit«) bedachten *Gott* ausgesetzt. Um die Mitte des 14. Jahrhunderts schien der Kosmos des abendländischen Menschen in sich selbst zusammenzubrechen. In Europa wütete die Pest wie nie zuvor. Die oberste Spitze der Wahrheit verbürgenden Hierarchie, das Papsttum selbst, erwies sich als korrupt – und zweizüngig im großen abendländischen Schisma. Angesichts dieser tiefen Unterwanderung aller durch die Schöpfung und Offenbarung verbürgten Ordnung in Natur und Gesellschaft formulierte Wilhelm von Ockham seine philosophische Theorie von einem Gott, der in seiner absoluten Allmacht vielleicht nichts anderes mit dem Menschen vorhat, als ihn an der Nase herumzuführen.

In seiner zweiten Meditation »über eine erste Philosophie« stellt sich Descartes dieser alles ernsthafte Denken gefährdenden Hypothese: »Aber es gibt einen, ich weiß nicht welchen, allmächtigen und höchst verschlagenen Betrüger, der mich geflissentlich stets täuscht. – Nun, wenn er mich täuscht, so ist es unzweifelhaft, daß ich bin. Er täusche mich, soviel er kann, niemals wird er es doch fertigbringen, daß ich nichts bin, solange ich denke, daß ich etwas sei.«[2] Selbst ein Gott kann mir jenen archimedischen Punkt menschlicher Autonomie nicht nehmen, wenn ich mich wirklich dazu entschließe, mein Denken zu denken: auch der allmächtigste Betrug muß durch dieses Nadelöhr hindurch, das ich selbst in dem »Ich denke« bin. Gilt das nicht auch für die Macht der Sprache und alle sich mir darin zuschickende, sich je nur geschichtlich enthüllende Wahrheit (bzw. Brutalität) des Seins?

Wie oben in Kap. 1.2 bereits angeführt, arbeitet Descartes – in der dritten Meditation – ein weiteres Strukturmoment unserer Vernunft heraus, das nicht weniger unerschütterlich ist als die

Selbstgewißheit des »Ich denke« angesichts einer auch noch so chaotisch erscheinenden Welt: Die Idee des Unbedingten ist nicht (etwa durch Projektion) aus dem Bereich des Bedingten zu gewinnen. Sie ist vielmehr in all unserem Denken und Handeln am Werk – so etwa im universalen Zweifel an aller Wahrheit, der ohne die ihn bewegende Frage nach einem Unbedingten schlechthin unerklärlich bleibt.

Soweit scheint mir Descartes' Argumentation in den »Meditationen über erste Philosophie« unhintergehbar. Was folgt, ist ein teilweise recht fragwürdiges Exempel von metaphysischer Spekulation, mit schwerwiegenden Konsequenzen bis in unsere Gegenwart. So nimmt Descartes mit der scholastischen Tradition die metaphysische Geltung des »Satzes vom Grund« an (»nichts ist ohne hinreichenden Grund«). Mit welchem Recht? Von daher schließt er auf die Existenz Gottes. Diese dient ihm letztlich aber nur dazu, untrügliche Gewißheit über die Gültigkeit mathematischer Evidenz zu gewährleisten. Über die Mathematisierung der »res extensa«, der zu bloßem »Stoff« herabgewürdigten »materia«, versucht er dann, die gesamte natürliche Welt einschließlich des menschlichen »Körpers« in den quantifizierenden Griff zu bekommen. Gegen *diesen* »Vater der Moderne« wehren sich heute zu Recht seine »postmodernen Kinder«.

Wenn man das bleibend Gültige an der Cartesischen Reflexion auf einen letzten Boden von sicherer Wahrheit näher betrachtet, so werden wir geradewegs zu Camus' Begriff des Absurden geführt. Wie sieht nämlich die Elementarstruktur menschlichen Daseins aus? Wir haben hier: 1) ein Subjekt, dem niemand die Würde seines »Ich denke« nehmen kann, auch wenn Sprache immer schon in dieses Denken hineinspricht; 2) ein »anderes« zu diesem Denken, seine Welt, die das Ich selbst in der schärfsten Reflexion auf sich selbst (»me«, »moi«: der Akkusativ zu dem aktiven »Ich«) nie ganz los wird; 3) die Idee eines Unbedingten, die das Ich unerbittlich begleitet und ihm daher seine Welt in unaufhebbarer Fremdartigkeit erscheinen läßt. Diese »unangenehme Idee in seinem Hinterkopf« – der »Fluch des Sisyphos« – ist es, die ihm die Welt erst zum ständigen Problem macht. Andere Lebewesen arrangieren sich irgendwie mit ihrer Umwelt. Der Mensch hat es aber nie nur mit dem Stein, sondern mit dem Gipfel zu tun, auf den dieser Brocken hinauf soll. Das kann man ihm jedenfalls nicht ausreden – und wo man das in einer Kritik an allen Absolutheitsideen dennoch versucht, verfällt man nur um so ungeschützter heimtückischen Surrogaten des Gipfelsturms auf der scheinbar bloßen Horizontale.

Ein glücklicher Mensch

Der von Camus im Rückgriff auf den Mythos von Sisyphos gewonnene Begriff des »Absurden« läßt sich in strenger philosophischer Reflexion als unhintergehbare Elementarstruktur allen menschlichen Bewußtseins erhärten. Damit ist so etwas wie der äußerste Rahmen einer generellen Sinnfrage abgesteckt, innerhalb dessen sich alle konkreten Sinnfragen bewegen. Alle weltanschaulichen bzw. religiösen Ausgriffe auf einen Sinn für Dasein insgesamt werden sich – trotz größter Vielfalt im Detail – letztlich als Versuche einer Antwort auf jene umgreifende Sinnfrage verstehen lassen[3].

Camus hat aber nicht nur die *Frage* nach Sinn neu – und, wie mir scheint, korrekt – definiert. Er hat auch eine *Antwort* auf diese Frage zu geben versucht. Wenn dem Menschen aufgrund des Götterfluchs seine Welt auch immer fremdartig bleibt: Gibt es dann nicht wenigstens Aussicht auf ein »étrange bonheur«, ein fremdartiges Glück? In dem genannten Essay finden sich nur die Grundlinien seines Konzepts sinnvoller Existenz skizziert. Das Basisproblem, das sich von der Situation des Absurden her stellt, ist das des Suizids. Camus schließt nicht nur eine philosophische Legitimation des *physisch* vollzogenen Suizids aus. Sie würde bedeuten, daß das »denkende Schilfrohr« (Pascal) seine Würde preisgibt – sei es gegenüber dem es zermalmenden Universum, sei es gegenüber den Flüche verhängenden Göttern. Aber auch bei einem rational nicht verantworteten Schritt ins Transzendente, in ein metaphysisches Terrain, das der allgemeinen menschlichen Erfahrung verschlossen bleibt, verstößt der Mensch gegen die Grundevidenz seines Daseins. Er begeht einen *philosophischen Suizid*. Gibt es sinnvolle Existenz bei bewußt durchgehaltener Absurdität?

»Sisyphos ist der Held des Absurden. Dank seinen Leidenschaften und dank seiner Qual. Seine Verachtung der Götter, sein Haß gegen den Tod und seine Liebe zum Leben haben ihm die unsagbare Marter aufgewogen, bei der sein ganzes Sein sich abmüht und nichts zustande bringt. Damit werden die Leidenschaften dieser Erde bezahlt [...]. So sehen wir nur, wie ein angespannter Körper sich anstrengt, den gewaltigen Stein fortzubewegen, ihn hinaufzuwälzen und mit ihm wieder und wieder einen Abhang zu erklimmen; wir sehen das verzerrte Gesicht, die Wange, die sich an den Stein schmiegt, sehen, wie eine Schulter sich gegen den erdbedeckten Koloß legt, wie ein Fuß ihn stemmt und der Arm die Bewegung aufnimmt, wir erleben die ganz menschliche Selbstsicherheit zweier erdbeschmutzter Hände. Schließlich ist nach dieser langen Anstrengung (gemessen an einem Raum, der keinen Himmel, und an einer Zeit, die keine Tiefe kennt) das Ziel erreicht. Und nun sieht Sisyphos, wie der Stein im Nu in jene Tiefe rollt, aus der er ihn wieder auf den Gipfel wälzen muß. Er geht in die Ebene hinunter.

Auf diesem Rückweg, während dieser Pause, interessiert mich Sisyphos. Ein Gesicht, das sich so nahe am Stein abmüht, ist selber bereits Stein! Ich sehe, wie dieser Mann schwerfälligen, aber gleichmäßigen Schrittes zu der Qual hinuntergeht, deren Ende er nicht kennt. Diese Stunde, die gleichsam ein Aufatmen ist und ebenso zuverlässig wiederkehrt wie sein Unheil, ist die Stunde des Bewußtseins. In diesen Augenblicken, in denen er den Gipfel verläßt und allmählich in die Höhlen der Götter entschwindet, ist er seinem Schicksal überlegen. Er ist stärker als sein Fels [...].

Ich verlasse Sisyphos am Fuße des Berges! Seine Last findet man immer wieder. Nur lehrt Sisyphos uns die größere Treue, die die Götter leugnet und die Steine wälzt [...]. Dieses Universum, das nun keinen Herrn mehr kennt, kommt ihm weder unfruchtbar noch wertlos vor. Jedes Gran dieses Steins, jeder Splitter dieses durchnächtigten Berges bedeutet allein für ihn eine ganze Welt. Der Kampf gegen Gipfel vermag ein Menschenherz auszufüllen. Wir müssen uns Sisyphos als einen glücklichen Menschen vorstellen.«[4]

»Ein glücklicher Mensch« sollte ursprünglich einmal der Untertitel von Camus' sprachlich wohl schönstem Roman »Der Fremde« lauten. Die Grundaussage ist auch hier, daß Erwartungen einer alles versöhnenden Harmonie den Menschen daran hindern, die Erde wirklich wahrzunehmen. Sehr brutal hindern, vor allem über die Sprache, die von zwischenmenschlichen Arrangements über »das wahre Glück« durchsetzt ist. Aus dem »philosophischen Suizid« der einzelnen wird so die gemeinsam verhängte Hinrichtung dessen, der am Grabe seiner Mutter nicht die vorgeschriebenen Tränen vergießt.[5] Diese Hinrichtung vor Augen, wächst dem Verurteilten aber die wunderbare Fähigkeit zu, all die faszinierenden Details seiner normalen Lebensumstände vor sein Bewußtsein zu bringen. Er erfährt, »daß ein Mensch, der nur einen einzigen Tag gelebt hat, mühelos hundert Jahre in einem Gefängnis leben könnte«[6]. Vom Gefängnisgeistlichen befragt, ob er sich denn gar kein anderes Leben vorstellen könne, antwortet er: ja, eines, »in dem ich mich an dieses erinnern kann«.[7]

»Fremdartiges Glück«: so könnte man vielleicht am besten Camus' Konzeption vom »seligen Leben« zusammenfassen. Um diese Konzeption adäquat darzustellen, müßte man sein gesamtes Werk in seinen sehr verschiedenen Phasen durchgehen. Das kann hier nicht geschehen[8]. Statt dessen möchte ich mich einer anderen Variante des »Mythos von Sisyphos« zuwenden – nicht weniger skeptisch gegenüber einem »Himmel, in dem Gott schweigt« (Camus), aber vielleicht doch überzeugender als Antwort auf die Frage nach Sinn in einer absurden Welt.

2.2. Sisyphos II

Ein Kellner

Wolfgang Borcherts Erzählung »Schischyphusch oder der Kellner meines Onkels« gehört zu seinen ganz frühen Prosastücken[9]. Eine Nacherzählung fällt mir schwer. Ich bin immer versucht, die ganze Geschichte vorzutragen.

Sie ist als Rückschau auf eine Episode geschrieben, die der Erzähler als kleiner Junge erlebt hat. Ein heißer Sonntag in einem vollbesetzten Gartenlokal. »Dramatis personae«: der Junge mit seiner Mutter und seinem Onkel, ein Kellner, noch ein Kellner, eine Menge Leute – als »Chor« der Tragikomödie. Der Onkel ist »Kriegsversehrter«. Er hat ein Holzbein und einen Zungenfehler. »Nicht bedeutend, aber immerhin deutlich genug. Er konnte kein s sprechen. Auch kein z oder tz. Er brachte das einfach nicht fertig. Immer wenn in einem Wort so ein harter s-Laut auftauchte, dann machte er ein weiches feuchtwässeriges sch daraus. Und dabei schob er die Lippen weit vor, daß sein Mund entfernte Ähnlichkeit mit einem Hühnerpopo bekam.« Endlich kommt ein Kellner. Der Onkel, »der keine alkoholarmen Getränke schätzte«, bestellt gewohnheitsmäßig: »Schwei Aschbach und für den Jungen Schelter oder Brausche«. Der Kellner ist, trotz Hochsommer und Gartenlokal, sehr blaß. Doch auch der Onkel wird »unter seiner blanken braunen Haut« blaß, als der Kellner wiederholt: »Schehr wohl. Schwei Aschbach. Eine Brausche. Bitte schehr.«

Damit beginnt ein Kampf zwischen dem Koloß von Rhodos und einem Zicklein. Der Onkel ist fassungslos, daß so ein Winzling von Kellner seinen Sprachfehler nachzuahmen wagt. Doch auch dieser fühlt sich zutiefst in seiner Ehre verletzt. Der Onkel steht (im Sitzen) auf. Der Kellner weicht »zwei kurze zittrige unsichere Schritte zurück«.

> »So standen sie nun und sahen sich an. Beide mit einer zu kurzen Zunge, beide mit demselben Fehler. Aber jeder mit einem völlig anderen Schicksal [...]. So standen sie sich gegenüber. Mordbereit, todwund der eine, lachfertig, randvoll

mit Gelächtereruptionen der andere. Ringsherum sechs- bis siebenhundert Augen und Ohren, Spazierläufer, Kaffeetrinker, Kuchenschleckerer, die den Auftritt mehr genossen als Bier und Brause und Bienenstich. Ach, und mittendrin meine Mutter und ich. Rotköpfig, schamhaft, tief in die Wäsche verkrochen. Und unsere Leiden waren erst am Anfang.«

Der Onkel bemerkt sehr bald den wirklichen Zusammenhang, spielt aber seine Rolle als entrüsteter Halbgott vor vollbesetztem Hause weiter. Der Kellner aber hält alles für Bosheit und Provokation. Schließlich faßt er sich

»ein großmütiges, gewaltiges, für uns alle und für ihn selbst überraschendes Herz. Er trat ganz nah an unsern Tisch, wedelte mit seinem Taschentuch [die Serviette in der Wahrnehmung des Jungen] über unsere Teller und knickte zu einer korrekten Kellnerverbeugung zusammen. Mit einer kleinen männlichen und entschlossen leisen Stimme, mit überwältigender zitternder Höflichkeit sagte er: ›Bitte schehr!‹ und setzte sich klein, kühn und kaltblütig auf den vierten freien Stuhl an unserem Tisch. Kaltblütig natürlich nur markiert [...]. Er setzte sich nur so klein und sachlich hin und ich glaube, daß höchstens ein Achtel seines Gesäßes den Stuhl berührte. (Wenn er überhaupt mehr als ein Achtel besaß – vor lauter Bescheidenheit).«

Aus seiner Brieftasche zieht er »ein Stück pappartiges zusammengekniffenes Papier heraus«, das nicht nur seine gesamteuropäische Kellnerkarriere ausweist, sondern auch den Vermerk trägt: »Schprachfehler scheit Geburt«.

Der Kellner muß lange auf »den Baß meines Onkels« warten.

»Und als er dann kam, war es so unerwartet, was er sagte, daß ich vor Schreck einen Schluckauf bekam. Mein Onkel ergriff plötzlich mit seinen klobigen viereckigen Tatmenschenhänden die kleinen flattrigen Pfoten des Kellners und sagte mit der vitalen wütendkräftigen Gutmütigkeit und der tierhaft warmen Weichheit, die als primärer Wesenszug aller Riesen gilt: ›Armesch kleinesch Luder! Schind schie schon scheit deiner Geburt hinter dir her und hetschen?‹ Der Kellner schluckte. Dann nickte er. Nickte sechs-, siebenmal. Erlöst.

Befriedigt. Stolz. Geborgen. Sprechen konnte er nicht. Er begriff nichts. Verstand und Sprache waren erstickt von zwei dicken Tränen [...]. Er begriff nichts. Aber sein Herz empfing diese Welle des Mitgefühls wie eine Wüste, die tausend Jahre auf einen Ozean gewartet hatte.«

Doch der Onkel schreitet gleich wieder zur Tat. In einer verbalen Fast-Vergewaltigung nötigt er den Kellner eines anderen Reviers, »acht Aschbach« zu bringen. Vier davon verschwinden gleich hinter seiner zu kurzen Zunge und werden nachgefüllt. Über die Herkunft dieses Sprachfehlers aufgeklärt, betritt der Kellner einen neuen Lebensabschnitt, »an der Riesentatze meines Onkels [...] mit einem kleinen aufstoßenden Lacher, einem Gelächterchen, zage, scheu, aber von einem unverkennbaren Asbachgestank begleitet«. Endlich darf jetzt auch der Onkel losplatzen. Gegenüber diesen »Urweltlauten« war das »erste kleine neuprobierte Menschlachen des Kellners [...] wie das schüttere Gehüstel eines erkälteten Ziegenbabys«. Siebenhundert Augen und Zwerchfelle lassen sich die weiteren Akte dieses seltsamen Gelächterduetts nicht entgehen. Der Junge und seine Mutter versinken vor Scham.

Als dann aber aus dem Lachen des Kellnerzickleins ein anhaltendes Bocksgelächter wird, schließlich unterbrochen von kurzen schrillen Schreien, die wie »Schischyphusch« klingen, macht ein einziges Donnern des Onkels »aus dem schischyphuschschreienden Ziegenbock [...] wieder den kleinen lispelnden armseligen Kellner«. Wie aus einem Traum aufwachend, zieht er sich in sein früheres Leben zurück.

›»Verscheiung. Ja, verscheien Schie dasch Schischyphuschgeschrei [...]. Schischyphusch war nämlich mein Schpitschname. Ja, in der Schule schon. Die gansche Klasche nannte mich scho. Schie wischen wohl, Schischyphusch, dasch war der Mann in der Hölle, diesche alte Schage, wischen Schie, der Mann im Hadesch, der arme Schünder, der einen groschen Felschen auf einen rieschigen Berg raufschieben schollte, eh, muschte [...]. In der Schule muschte ich dasch immer schagen, diesch Schischyphusch. Und allesch hat dann gepuschtet vor Lachen, können Schie schich denken, werter Herr [...].

Und dasch, verscheihen, kam mir beim Aschbach nun scho insch Gedächtnisch, alsch ich scho geschrien habe‹[...]. Dann sah er auf meinen Onkel«.

Der selbst sitzt nun aber still am Tisch und sieht vor sich auf die Tischdecke. »Er wagte nicht, den Kellner anzusehen. Mein Onkel, mein bärischer bulliger riesiger Onkel wagte nicht, aufzusehen und den Blick des kleinen verlegenen Kellners zu erwidern. Und die beiden dicken Tränen, die saßen nun in seinen Augen. Aber das sah keiner außer mir. Und ich sah es auch nur, weil ich so klein war, daß ich ihm von unten her ins Gesicht sehen konnte.« Er schiebt dem Kellner einen mächtigen Geldschein hin, nimmt seinen Stock. »[...] wir standen auf, meine Mutter stützte meinen Onkel und wir gingen langsam auf die Straße zu. Keiner von uns dreien sah auf den Kellner. Meine Mutter und ich nicht, weil wir uns schämten. Mein Onkel nicht, weil er die beiden Tränen in den Augen sitzen hatte. Vielleicht schämte er sich auch, dieser Onkel [...,] die drei- bis vierhundert Gesichter an den Tischen waren stumm und glotzäugig auf unseren Abgang konzentriert.«

Dem Jungen tut plötzlich der Kellner leid.

»So klein stand er da und ich liebte ihn plötzlich, als ich ihn so verlassen hinter uns herblicken sah, so klein, so grau, so leer, so hoffnungslos, so arm, so kalt und so grenzenlos allein! Ach, wie klein! Er tat mir so unendlich leid, daß ich meinen Onkel an die Hand tippte, aufgeregt, und leise sagte: ›Ich glaube, jetzt weint er.‹[...]. Da ließ mein Onkel den Arm meiner Mutter los, humpelte schnell und schwer zwei Schritte zurück, riß seinen Krückstock wie ein Schwert hoch und stach damit in den Himmel und brüllte mit der ganzen großartigen Kraft seines gewaltigen Körpers und seiner Kehle: ›Schischyphusch! Schischyphusch! Hörscht du? Auf Wiederschehen, alter Schischyphusch! Bisch nächschten Schonntag, dummesch Luder! Wiederschehen!‹[...]. Noch einmal fegte er mit seinem Krückstock über den Himmel, als wollte er die Sonne herunterraken, und noch einmal donnerte er sein Riesenlachen über die Tische des Gartenlokals hin: ›Schischyphusch! Schischyphusch!‹

Und Schischyphusch, der kleine graue arme Kellner, wachte aus seinem Tod auf, hob seine Serviette und fuhr damit auf und ab wie ein wildgewordener Fensterputzer. Er wischte die ganze graue Welt, alle Gartenlokale der Welt, alle Kellner und Zungenfehler der Welt mit seinem Winken endgültig und für immer weg aus seinem Leben. Und schrie schrill und überglücklich zurück, wobei er sich auf die Zehen stellte und ohne sein Fensterputzen zu unterbrechen: ›Isch verschtehe! Bitte schehr! Am Schonntag! Ja, Wiederschehen! Am Schonntag, bitte schehr!‹[…].«

»Hab ich dein Ohr nur, find' ich schon mein Wort«

In Camus' Roman »Die Pest« kämpfen die Menschen gegen eine der unheimlichsten Epidemien, die die »Schöpfung« für sie bereithält. Hier bei Borchert hat die Natur nur ein winziges Stückchen Zunge vergessen – und Menschen vermögen Menschen daraus eine wahre Hölle zu bereiten. Das »malum physicum« konzentriert sich auf die unverwechselbare Geschichte eines »zu kurz Gekommenen«.

Camus nimmt in seinem »Mythos von Sisyphos« ausführlich Bezug auf den antiken Hintergrund, hat sich aber – trotz intensiver Beschäftigung mit Nietzsche und dem Lob des Dionysischen in seiner frühen Erzählung »Hochzeit in Tipasa« – ziemlich weit von den griechischen Ursprüngen der Tragödie entfernt. Es fehlt ihm weitgehend der Sinn für das Komödiantische und Ausgelassene, das kennzeichnend für den altgriechischen Kontext der »Tragödie«, des »Bocksgesangs«, ist. Borchert weist explizit nur kurz auf den Inhalt der Sisyphos-Sage hin. Die »lustige« Geschichte scheint kaum etwas mit einer Tragödie gemein zu haben. Achtet man aber genau auf die »klassischen Untertöne« in der Erzählung, so tritt das wahrhaft Tragische eines menschlichen Schicksals inmitten des kraß dionysischen Umfelds umso greller ans Licht. Sisyphos selbst wird zum Bock aller Böcke. Der »Chor« der lächerlichen Gaffer setzt das grausame Gelächter in ungeheurer Plastizität fort, das dem »kleinen Kellner« schon die Schule zum Hades werden ließ. Das Motiv des grausamen Sonnen- und Himmelsgottes, das nicht nur den Roman »Der Fremde«, sondern auch andere Werke Camus' (wie die späte Erzählung »Der Abtrünnige«) beherrscht, durchzieht auch Borcherts frühe »Sonntagsgeschichte«, kaum merklich zunächst, bis zu dem Punkt, wo »der Onkel« mit seinem Krückstock die Sonne selbst bedroht. Wie bei Camus bildet die Theodizee-Frage auch bei Borchert den Hintergrund für das gesamte Schaffen, selbst hier schon, wo dem (Ersten Welt-)Krieg noch die geradezu positive Funktion zugewiesen wird, Vaterlandshelden ansehnliche Blessuren zu verschaffen.

Wieso gibt Borcherts Erzählung eine Antwort auf die aus der Grundsituation des Absurden aufbrechende Frage nach Sinn? Das Absurde ist hier – stärker noch als in Camus' »Der Fremde« und »Der Fall« – ganz auf das »Haus des Seins« (Heidegger), die Sprache hin verdichtet. Das »Problem des Sisyphos« wird »sprechakttheoretisch« formuliert: Die tiefste Verwundung des Menschen besteht darin, daß er sich nicht angemessen zu Wort bringen kann. »Hab ich dein Ohr nur, find' ich schon mein Wort«[10]. Doch wo ist jemand in einer solchen Weise »ganz Ohr«, daß der andere sich ganz vor sich selbst zu bringen vermag?

Der »kleine Kellner« findet zum erstenmal aus der Wüste seines erbärmlichen Daseins, als er in die Geborgenheit des »armesch kleinesch Luder!« hineinfallen darf. Doch dieses »Ohr« des Onkels ist noch zu »jovial«, zu nahe beim jenseits des Menschengeschicks thronenden »Zeus« angesiedelt. Aus solcher Anerkennung von oben kann man wieder herausfallen. Das verschlossene Ohr wirft das mißgestaltete Wort auf sich selbst zurück. Auch Zeus muß erst dahin kommen, wo Tränen die Sicht versperren und damit den Weg zum inneren Auge freiräumen.

Menschsein als Ikonoklasmus

In seinem Drama über die »geschlossene Gesellschaft« (»Huis clos«) stellt Jean-Paul Sartre eine perfekte Hölle mit sparsamsten Mitteln dar. Ihr Zweck läßt sich auch ohne so aufwendige

Requisiten wie Teufel, Feuer und Folterinstrumente erreichen. Man braucht nur (z. B.) drei Menschen in einen mit durchschnittlichem Komfort ausgestatteten Raum einzuschließen und sich selbst zu überlassen. Den Rest besorgen die Leute selbst: »Die Hölle, das sind die anderen«.

Ein wichtiges Leitmotiv des Stücks ist das Fehlen eines Spiegels. Als die hübsche junge Estelle sehnsüchtig an ihren Boudoir zurückdenkt, bietet sich die andere Frau als Ersatz an:

»Soll ich Ihnen als Spiegel dienen? Kommen Sie, ich lade Sie zu mir ein. Setzen Sie sich auf meinen Diwan [...]. Da setz dich. Rück näher. Noch näher. Sieh mir in die Augen: siehst du dich darin? (Estelle): Ich bin ganz klein. Sehr schlecht sehe ich mich [...]. Sie machen mir Angst. Mein Bild in den Spiegeln war zahm geworden. Es war mir so vertraut [...]. Ich werde lächeln: mein Lächeln wird auf den Grund Ihrer Pupillen dringen, und Gott weiß, was dort aus ihm wird [...]«[11].

Die Frage nach dem »ganz Ohr sein« kann man auch als Frage nach dem angemessenen »Spiegel« oder besser »Bild« formulieren: Sisyphos auf der verzweifelten Suche nach einem Verhältnis zur Welt, in der das »Ich« sich nicht bleibend an ein anderes und letztlich Fremdes ausgesetzt erfährt, sondern »im anderen ganz bei sich selbst ist«. Auch die mit dem Begriff des Absurden gewonnene generelle Sinnfrage des Menschen ist letztlich eine Version des alten Problems von »Einheit und Vielheit«, an dem sich die ganze Geschichte der Metaphysik abgeplagt hat. Wenn der mit dem Götterfluch unbedingten Einheitsverlangens behaftete Mensch eine letzte Einheit von »Ich« und »Nicht-Ich« nicht einmal zu *denken* vermag, dann ist die absurde Situation permanent – und bleibt alles Fragen nach Gott müßig, weil er uns als mißgestaltete Kreaturen ins Dasein geworfen hat.

Bei Borchert scheint mir nun ein Weg zur wenigstens prinzipiellen Lösung jener Urfrage angedeutet. Ich versuche diese *Antwort* – wie vorher die von Camus formulierte *Frage* durch Rückgriff auf Descartes – im Rückgang auf Anselm von Canterbury begrifflich-reflexiv etwas schärfer zu erfassen[12]. Im Zusammenhang seiner Trinitätslehre sagt Anselm: »das Wort ist genau das, was es als Wort oder Bild ist, als Bezug auf ein anderes (oder:

einen anderen), weil es nur Wort oder Bild von irgendetwas (oder: von irgendjemandem) ist«[13]. Im Begriff »Wort« oder »Bild« läßt sich nach Anselm erfassen, wie Einheit und Pluralität so zusammenbestehen können, daß weder das eine noch das andere zerstört wird: Das Bild ist etwas außerhalb dessen, was es »zu Wort« bringen soll, und dennoch geht das, was es ist, ganz in den reinen Ausdruck des anderen auf – wenn es denn ein vollkommenes Bild gäbe. Aber läßt sich ein solches »reines« Bildsein überhaupt denken? In jedem Bild, das wir anschauen, bleibt doch auch noch etwas über das hinaus vorhanden, was es zum Ausdruck bringen soll. An dieser Sperrigkeit der »Ausdrucksmaterie« stößt sich der Künstler ja ständig wund – sei es, daß er als Maler mit dem Bild oder als Dichter mit dem Wort zu tun hat. Eben damit haben wir aber den reinen Begriff des Bildes oder Wortes bereits gedacht: wir stoßen uns wund daran, daß das tatsächliche Bild oder Wort hinter dem zurückbleibt, was uns immer schon in ihrer Idee vor Augen schwebt – wir stehen wie Sisyphos immer wieder »am Fuße des Berges«, mit dem »Götterfluch im Nacken«.

Aber muß es wirklich bei diesem Götterfluch des Absurden bleiben? Es läßt sich nämlich zumindest *begrifflich* entwerfen, wie ein adäquates Wort oder Bild tatsächlich zustande kommen könnte: Würde ich mich in letzter Entschiedenheit zum Wort oder Bild des anderen *machen*, ohne mich an einen Restbestand meines Ich festklammern zu wollen, dann wäre der strenge Begriff von Bild oder Wort erfüllt. Würden darüber hinaus sich alle Menschen in Freiheit zu diesem »Einander-zum-Wort-oder-Bild-Werden« entscheiden, dann käme »Einheit in Pluralität« als Horizont wirklicher Sinnerfüllung trotz der absurden Grundsituation in Sicht. Es müßte sich dann »nur noch« die gesamte materielle Welt – bis hinein in den Leib des Menschen – als »Medium« dieses Zum-Bild-Werdens verstehen lassen, oder, als Imperativ formuliert: wir müßten aufhören, Materie »cartesianisch« lediglich als verfügbaren Stoff zu nutzen, ihr vielmehr jenen inneren Frei- und Spielraum einräumen, in dem sie allein Medium solcher Worte und Bilder werden kann, die Sprache zu einem für alle bewohnbaren »Haus des Seins« aufschließen.

Verlieren wir die Erzählung Borcherts nicht aus dem Auge. Das »Ohr«, in dem der andere sich zu Wort bringen, das »Bild«, in dem der andere ans Licht kommen kann, ist keine statische Angelegenheit. »Bild« und »Wort« sind, auch bei festester Entschiedenheit zum anderen, ein stets vorläufiger Versuch, der immer wieder daran scheitert, daß das »Individuum ineffabile« ist, d. h. nie *aus*-gesagt, nie endgültig zu Wort gebracht werden kann. Das ersttestamentliche Bilderverbot im Hinblick auf Gott und alles Geschaffene (Ex 20,4) ist, realistisch betrachtet, ein *Gebot*: Wir können es gar nicht vermeiden, uns ein Bild vom anderen zu machen (wenn wir ihn nicht einfach »links liegen lassen« wollen; und auch das wäre noch ein Bild, und zwar das schlechteste). Wir müssen nur bereit sein, jedes Bild immer wieder zerbrechen zu lassen, in ehrlicher Anerkennung der Tatsache, daß der, die oder das andere eben doch noch ganz anders ist. Das Bilderverbot ist eigentlich das Gebot, uns ständig einem Ikonoklasmus auszusetzen, unsere Worte und Bilder unaufhörlich zur Kompostierung freizugeben.

2.3. Warten mit Godot

Ein anderer Zeus

Erst wenn wir unsere Jovialität, unsere »Zeushaftigkeit«, ernstlich unter die Perspektive eines »Menschseins als Ikonoklasmus« stellen, erhebt sich die Frage als unabweisbar, ob nicht doch noch ein anderer »Vokativ« (Derrida) hinter der Grundsituation des Daseins steht, die sich »mit bloßem Auge« nur als Götterfluch erkennen läßt. Der Begriff einer letzten Entschiedenheit, vorbehaltlos Wort und Bild für den anderen zu werden, bietet die einzige Möglichkeit einer Lösung des »Sisyphos-Problems«, die im Ausgriff auf eine letzte Identität nicht – »suizidal« – die absurde Grundsituation überspringt. Doch wie soll eine solche Entschiedenheit sinnvoll sein, wenn der andere nicht wenigstens einen Funken von Unbedingtheit in sich trägt? Woher aber dieser Funke? Wir sind wieder bei der Frage nach dem letzten Grund unserer absurd erscheinenden Bestimmung durch ein Unbedingtes angelangt, die wir in der Reflexion auf die Cartesischen »Meditationen« offen gelassen haben. Die Frage nach einem wirklich existierenden Unbedingten, das »Gott« genannt zu werden verdient, kann spekulativ, mit den Mitteln der theoretischen Vernunft, nicht beantwortet werden. Das wäre ein eigenartiger Gott, der sich dem bloß zuschauenden Denken erschlösse! Ist aber schon die *Frage* nach Gott als obsolet zu betrachten, dann bleibt die unbedingte Entschiedenheit für einen anderen Menschen letztlich ohne vernünftige Legitimation. Zumindest ein Funke von Unbedingtheit muß in ihm wirklich *sein*, wenn eine vorbehaltlose Entschiedenheit für ihn nicht aus einem reinen Dezisionismus erfolgen soll[14]. Die Fragesituation hat sich umgekehrt: Nicht das Fragen nach Gott erscheint mehr als obsolet, sondern der einzige in sich konsistente Entwurf von Sinn für menschliches Dasein läuft ins Leere, solange die Frage nach Gott nicht gestellt wird.

Wie aber müßte das »Woher eines Funkens von Unbedingtheit im Menschen« geartet sein, wenn es in der Perspektive eines »Menschseins als Ikonoklasmus« Sinn geben soll? Mehr läßt sich in einer wirklich kritischen Philosophie von Gott nicht erfragen. Aber ein Weniger an philosophischem Fragen würde nicht nur die Gefahr eines religiösen Fundamentalismus mit sich bringen; es wäre auch ein vorzeitiger (und damit letztlich »fundamentalistischer«) Abbruch des philosophischen Fragens selbst.

Bei dem Versuch einer Antwort auf diese nun notwendig erscheinende Frage nehme ich zunächst wieder einen literarischen Text zur Hilfe. In seinem Drama »Der seidene Schuh« läßt Paul Claudel Don Camilo in seiner Verbannung den abgründigsten aller Atheismen ersinnen, der nur in klarer Erkenntnis der abgründigen Liebe Gottes möglich ist. Camilo verweigert sich Gott unendlich in dem Wissen, daß dieser auch nicht das kleinste Stäubchen seiner Schöpfung fallenlassen kann:

> »[...] der Unendliche leidet an mir Begrenzung und Widerstand, das wird ihm durch mich wider seine Natur auferlegt, ich kann der Grund sein, daß er sich grenzenlos quält und

leidet [...,] der Schöpfer kann sein Geschöpf unmöglich verlassen. Wenn es leidet, leidet auch er [...]. In meiner Macht steht es, diese Gestalt zu vereiteln, zu der er mich bilden wollte [...]. Ich leide an ihm in der Endlichkeit, er aber leidet an mir im Unendlichen und in alle Ewigkeit«[15].

Diesen Text braucht man nicht gleich theologisch zu lesen. Er kann zunächst einmal zur weiteren Klärung des Begriffs eines rein zwischenmenschlichen »Wort-oder-Bild-Werdens« füreinander dienen. Menschsein bleibt absurd, wenn auch nur *ein* schwarzes Schaf nicht mitmacht. Es ist sehr schwer, sich eine Weltordnung vorzustellen, in der »Menschsein als Ikonoklasmus« regiert. Aber es braucht wenig Phantasie zu der Einsicht, daß eine einzige Gegenstimme ausreicht, um das Chaos in Gang zu halten.

Betrachtet man nun aber den Text im Hinblick auf die Frage nach dem Woher unserer Bestimmung durch ein Unbedingtes, so muß man dem »Atheisten Camilo« zugestehen, daß er einen sehr bedenkenswerten Gottesbegriff entwickelt (nur vielleicht nicht konsequent genug verfolgt) hat. Im allgemeinen pflegt man über »Gott« und »Schöpfung« zu reden, ohne sich hinreichende Gedanken über die Aporie zu machen, in der man sich dabei bewegt. Wenn Gott wirklich »das absolute Sein« ist, wie kann es dann außerhalb seiner überhaupt noch etwas geben, das bei genauerem Hinblick nicht in bloßen Schein zerfällt oder aber schon durch seine pure Existenz die Absolutheit des absoluten Seins anficht?

Das Lösungsangebot von »Wort und Bild«, das wir oben der Trinitätslehre Anselms von Canterbury entliehen haben, um es auf seine Brauchbarkeit für die absurde Situation des Sisyphos hin zu testen, könnte auch in der aporetisch erscheinenden Frage nach einem »Außerhalb des unbedingten Seins« weiterhelfen. Wenn Gott irgend etwas »aus sich heraussetzt«, so kann dies nur dann nicht für Gott oder das »andere zu ihm« zerstörerisch auslaufen, wenn dieses etwas *Bild* Gottes ist, genauer: wenn dieses etwas sich selbst in Freiheit zum Bild Gottes macht oder zumindest das »Bilden« Gottes mit voller Zustimmung an sich geschehen läßt.[16] Denn ein von Gott bloß dahingesetztes Bild

44

könnte nie den freien Akt Gottes abbilden, in dem es gesetzt wurde, wäre also kein adäquates Bild Gottes. Damit haben wir aber genau das, womit Camilo sich brüstet: Hat sich Gott einmal entschieden, überhaupt etwas zu schaffen, so muß er auch »B und C« sagen. Er muß dieses etwas auf eine Freiheit hin schaffen, die alles Geschaffene einschließlich sich selbst zum Bild Gottes werden läßt (»B«). Und will diese geschaffene Freiheit das nicht, dann hat Gott »Pech gehabt«. Er kann nie mehr ganz absolut sein, wenn ihm auch nur ein mickriges kleines »Nein« mit unendlicher Ausdauer entgegengehalten wird (»C«). Die andere Möglichkeit, daß sich diese gottbedrohliche Freiheit mit einem solchen Nein in Nichts auflöst (oder wie die schönen Auswegsversuche alle lauten), erweist sich bei genauerem Hinsehen als eine Scheinlösung. Gott kann ein solches etwas, das dann doch wieder in Nichts zerfällt, nicht wirklich »göttlich«, d.h. mit unbedingtem Nachdruck, sondern nur bedingt gewollt haben – etwa in dem Sinne: Probieren wir mal aus, was aus geschöpflicher Freiheit herauskommt! Wie läßt sich eine solche bloß bedingte Willenshandlung aber mit dem durch und durch unbedingten Willen Gottes vereinbaren?

Aber: Gottes Sein selbst abhängig davon, ob es dem Menschen gefällt, endlich einmal mit seinem Neinsagen zum Willen Gottes aufzuhören – ist dieser Gedanke allein nicht schon Anzeichen der totalen Unvernunft? Nur dann nicht, wenn sich in Gott selbst immer schon eine für Menschen unausdenkliche Spannung zwischen Freiheit und Freiheit abspielt, eine Differenz, »wie sie größer nicht gedacht werden kann«, um Anselms Gottesbegriff abzuwandeln. Selbst die innergöttlichen Personen sind im Umgang miteinander nie »vor Überraschungen gefeit«, sagt Hans Urs von Balthasar[17]. Wie sollen wir uns bei solcher Unausdenklichkeit dann aber Gottes Wesen auch nur einigermaßen zutreffend vorstellen? Als Wartenkönnen.

Im Hinblick auf diese Kategorie gibt es übrigens einen erstaunlichen Einklang zwischen den großen Weltreligionen, zumindest was die jeweiligen Vorstellungen über den *Mittler* letzten Heils angeht. Vielleicht muß man noch weiter abschwächen: Wenigstens am Rande großer Weltreligionen finden sich hin und wieder einsame Denker (und Denkerinnen, etwa in der Mystik), die Wartenkönnen als das Tor zur Erlösung beschreiben. So heißt es etwa in der Bodhisattva-Tradition des Mahayana-Buddhismus von Avalokiteshvara, er habe zwar die Erleuchtung erreicht, jedoch auf das Eingehen ins Nirvana verzichtet, um allen Menschen, die sich an ihn wenden, zu helfen. Und als man dem jüdischen Rabbi Hayim von Volozhyn aufgrund seiner Gerechtigkeit sofort nach seinem Tode Einlaß in den Himmel gewährte, lehnte er den Eintritt ab, bis auch alle anderen zugelassen würden. Es wurde ihm gesagt, daß zur Zeit diese Zusicherung noch nicht möglich sei, weil der Beschluß über das Kommen des Messias noch ausstehe. So weigert sich Rabbi Hayim noch immer, das Paradies zu betreten und wartet geduldig an dessen Pforten, im Gebet für die schließliche Erlösung aller Menschen[18].

Und wir Christen mit unserer Unterteilung der Menschheit in (zukünftige oder schon ausgemachte) Himmels- und HöllenbewohnerInnen?[19] Zum Glück bleiben uns Hans Urs von Balthasar und Joseph Ratzinger, der auch noch als Präfekt der Glaubenskongregation zustimmend den Kirchenvater Origenes zitiert[20]. Mit Blick auf Mt 26,29 (»Von jetzt an werde ich nicht mehr von der Frucht des Weinstocks trinken bis zu dem Tag, an dem ich mit euch von neuem davon trinke im Reich meines Vaters«) sagt Origenes:

> »Mein Heiland kann sich nicht freuen, solange ich in Verkehrtheit bleibe […]. Solange wir nicht so handeln, daß wir zum Reiche aufsteigen, kann er den Wein nicht allein trinken, den er ›mit uns‹ zu trinken versprach […]. Der also ›unsere Wunden auf sich nahm‹ und unsertwegen litt als ein Arzt der Seelen und der Leiber, er sollte sich nichts mehr machen aus den schwärenden Wunden? […] Noch haben […] auch die Apostel selbst ihre Freude nicht erhalten, sondern auch sie warten, daß ich ihrer Freude teilhaft werde. Denn auch die von hinnen scheidenden Heiligen erhalten nicht sogleich den vollen Lohn ihrer Verdienste, sondern sie warten auf uns, auch wenn wir verzögern, auch wenn wir träge bleiben […]. Es warten auch [Abraham,] Isaak und Jakob, und alle Propheten

warten auf uns […]. ›Ein Leib‹ nämlich ist's, der der Rechtfertigung harrt, ›Ein Leib‹, der zum Gerichte aufersteht. ›Sind es viele Glieder, so doch Ein Leib; es kann das Auge nicht zur Hand sagen: ich brauche dich nicht […]. Du wirst also [zwar] Freude haben, wenn du als Heiliger aus diesem Lande scheidest; dann aber erst wird deine Freude voll sein, wenn dir kein Glied mehr fehlt. Warten wirst nämlich auch du, wie du selbst erwartet wirst‹«[21].

Ich muß gestehen, daß mir diese Fassung des »Wartens *mit* Godot« am meisten unter die Haut geht. Der Blick wendet sich vom Hingerichteten auf seinen (»himmlischen«) Leib, der im gemeinsamen Zuwarten – zu *meinem* Leib werden kann (»wenn *dir* kein Glied mehr fehlt«). Hier kommt ein Wartenkönnen in den Blick, wie es nur im Horizont einer Entschiedenheit für den anderen erahnt werden kann, die durch die Frage nach der Länge der Zeit des Leidens nicht irregemacht wird.

Das letzte Zitat ist einer Betrachtung des Origenes über einen *erst*testamentlichen Text entnommen. Aus jüdischer Erfahrung kann man am ehesten lernen, was Warten heißt. Und Origenes selbst hat sich wie kaum ein anderer seiner Zeit in geduldigem Eingehen auf das Fremdartige des anderen geübt, das zum Wartenlernen gehört, als er sich mit viel Mühe auf die Suche nach dem ursprünglichen Wort des »Alten« Testaments machte (in seiner »Hexapla«). Wir Christen konzentrieren uns im allgemeinen mehr auf die Kategorie des Leidens, die aber nur als integrierender Teil des Wartens ihren eigentlichen Sinn gewinnt. Ein paar aphoristische Gedanken zu einer »Phänomenologie des Wartens« können vielleicht etwas weiterhelfen.

Warten ist kein »Existential« im Sinne Martin Heideggers – wie etwa das »Sein zum Tode« oder die »Sorge« zum Dasein gehört. Warten ist kein bloßes Geschick und auch keine bloß allgemein reflektierte Daseinsbestimmung. Eine ganz bestimmte Wahl gehört vielmehr dazu. Warten geschieht nicht ohne eine auch noch so minimale Hoffnung auf Sinn. Niemand kann mich warten *machen*, nicht einmal im strengen Sinne warten *lassen*. Nicht einmal die Deutsche Bahn. (Bei vorhandenem Kleingeld kann ich z. B. einfach im Intercity-Restaurant verschwinden und bewußt ein paar Züge verpassen.) Auch nicht der Beamte im Sozialamt, der die Mutter von fünf Kindern ungebührlich lange warten »läßt« (wie jovial!). Daß sie wartet (und dem Mann nicht eine langt und geht), liegt an ihrer *entschiedenen* Sorge für ihre Kinder. Darin unterscheidet sich Warten von Leiden. Menschen können leiden *machen*. Wenn ein Mensch aber das Leiden als Teil des Wartens übernimmt, ist es auch mit diesem Machen vorbei.

Die vordringlichste Aufgabe unserer Erziehungsinstitutionen scheint gegenwärtig darin zu bestehen, uns das Wartenkönnen systematisch abzugewöhnen. Zuerst die »Einheitsübersetzung« der Bibel. Möglichst alle Worte und Wendungen wurden getilgt, die durch ihre Fremdartigkeit an die Andersheit des anderen erinnern, aus dem wir leben. Jetzt die Rechtschreibreform. Sie verbannt etymologische Wörterbücher in den Hinterwald, über die wir den Details nachspüren könnten, aus denen unser »Haus des Seins« gebaut ist. »Tote Sprachen« zu erlernen erübrigt sich damit von selbst. Der »Tolpatsch« (der wegen seines Schuhwerks etwas unbeholfen daherläuft) wird zum »Tollpatsch«, also zu jemandem, der vielleicht doch eher in eine geschlossene Anstalt gehört.

Zurück zum »Warten mit Godot«. Sisyphos wartet nicht. Er findet – vielleicht – sein Glück in der entschiedenen Übernahme der erbarmungslosen Wiederkehr des Gleichen, aber dann im bewußten Verzicht auf Hoffnung. Schischyphusch wartet – »bisch nächschten Schonntag«. Über die Idee einer durchgängigen Solidarität im Leiden vermag selbst Camus einen Gott zu denken, der seinem Konzept eines »fremdartigen Glücks« nicht widerspricht[22]. Auch wir versuchen hier, einen Gott ohne »philosophischen Suizid« zu denken, aber einen, der »mit Sisyphos« wartet.

Camus zufolge käme die Frage nach Gott dann berechtigt in den Blick, wenn auch er »dem Schmerz ausgeliefert« wäre. Zeitgenössische christliche Konzeptionen von einem »leidenden Gott« (auch die von mir vertretene) kommen dem nahe. Sie laufen nur dann nicht auf einen »Atheismus ad maiorem Dei gloriam« (O. Marquard) hinaus, wenn das Leiden Gottes von seinem Wartenkönnen her gedacht wird. Sosehr Menschen leiden machen können: im vorbehaltlosen Warten wird alles Leiden ins Aktiv übersetzt.

Claudels »Atheist Camilo« behält Recht – und bleibt doch zugleich im Unrecht. Der »Weltkatechismus« spricht von der »ewigen« Hölle (Nr. 1035). Camilo behauptet, daß Gott an ihm »in alle Ewigkeit« leidet. Nur mit dieser Selbsttäuschung vermag er zu überleben. Denn die Kategorie »Ewigkeit« wird hier am falschen Ort benutzt. »Ewig« ist allein die durch nichts verrückbare Entschiedenheit Gottes, unendlich lange auf das Ja seiner Kreatur zu warten. Wer Ja zu *diesem* Warten sagt, hat teil an dieser ewigen Entschiedenheit. Das *Nein* der Geschöpfe aber findet nur gleichsam auf dem Strahl der unabschließbar unendlichen Reihe natürlicher Zahlen (1, 2, 3 usw. ad inf.) statt: Zu jedem Ja, das ihm die im Ewigen für ihn entschiedene Freiheit unendlich oft zuspricht, kann Camilo zwar unendlich oft Nein sagen. Dieses Nein-Sagen verläuft aber immer nur in Richtung auf eine unabschließbare, potentielle Unendlichkeit, gelangt nie im Ewigen an. Camilo wird nie die unbequeme Gewißheit los, daß all seinem Nein-Sagen nicht nur immer schon ein Ja vorausgeht, sondern auch ein weiteres Ja folgen wird. Kein Zwang zur Bekehrung; aber auch er muß Gott fairerweise die Freiheit seiner Geduld zugestehen. Vor allen Dingen aber leidet dieses Nein-Sagen unter der irrigen Vorstellung, daß sie den Wartenden leiden *machen* kann. Der wirklich entschieden Wartende hat alles auf ihn zukommende Leiden bereits aktiv entgegengenommen. Er ist nicht mehr der rein Passive in seiner Passion[23]. Käme Camilo seiner Selbsttäuschung auf die Spur (und das wäre »das Gericht« Gottes), dann erführe er die Hölle, die bereits (und wohl auch nicht ganz unbemerkt) in ihm brennt: Er glaubt sich als Lenker des Geschicks, indem er leiden macht, und wähnt die unter ihm Leidenden im Unglück. Was geschähe ihm, wenn er erführe, was dem Wartenden in Wirklichkeit geschieht: keine Angst vor dem Fremdartigen des anderen mehr zu haben, das Leiden bedeutet, sondern immer wieder, wenn das Fremde wirklich ins Eigene hineingelassen wird, völlig unerwartete Freude zu empfangen – ein »fremdartiges Glück«.

... und Jesus Christus?

Die hier vorgelegten philosophischen Überlegungen (garniert mit Geschichten aus der »säkularen« und religiösen Literatur) zielten auf die »Definition« des »Wesens« eines »Gottes«, der sich auch heute noch als Sinn-gebend verstehen ließe: »vorbehaltloses Wartenkönnen« (als das Äußerste göttlicher Allmacht). Was hat das alles aber mit dem Gott-Menschen zu tun, den wir im Glauben bekennen, oder dem »Mann aus Nazaret«, dessen »wahre Gestalt« die historische Kritik wenigstens in Umrissen aus der Vielzahl frommer Geschichten um ihn herum (wie etwa den Evangelien) herausdestilliert?

Mit dem Zweitgenannten sicher sehr wenig. Als das letzte (zumindest im Kern) authentische Wort des »historischen Jesus« gilt der sog. »eschatologische Ausblick« nach Mk 14,25: »Amen, ich sage euch: Ich werde nicht mehr von der Frucht des Weinstocks trinken bis zu dem Tag, an dem ich von neuem davon trinke im Reich Gottes«. Dieser Jesus blickt (im Gegensatz zu dem nach Mt 26,29) nur auf *sein* bevorstehendes Trinken im Reich Gottes voraus – andere brauchen nicht dabeizusein. Könnte nicht jeder beliebige Zelot zur damaligen Zeit einem solchen Warten Ausdruck verliehen haben, einer jener »früheren Blutzeugen [...], [die] mit einem Gebet auf den Lippen [starben] und glaubten, sich den Himmel erworben zu haben«?[24]

Ähnlich wie die Jünger Jesu verlassen die kritischen Exegeten ihren Sisyphos »am Fuß eines durchnächtigten Berges«, den er noch nicht betreten hat. Könnte es nicht sein, daß der irdische Jesus bei der Ausführung seiner Sendung nicht nur an Gehorsam[25], sondern auch an Wartenkönnen dazugelernt hat?

»Mein Gott, mein Gott, warum hast du mich verlassen?« (Mk 15,34). Ein solches Sterben ist uns von keinem anderen »Helden« der Geschichte überliefert. Es ist Menschsein in einem Ikonoklasmus, »über den hinaus kein größerer gedacht werden kann«. Jesus, der sich stets in der vertrautesten, zärtlichen Nähe zu seinem Vater wußte – noch in Getsemani ruft er ihn als »Abba« an (vgl. Mk 14,36) –, wird auch noch das letzte Bild Gottes aus dem Mund geschlagen. Gott *ist da* (vgl. Ex 3,14)

– in der furchtbarsten Namenlosigkeit seines Namens, in der äußersten Anstrengung des Wartens, die ein Mensch zu vollbringen vermag. Im Anschein des endgültigen Ausbleibens Gottes hält »der Sohn« diese Nähe im Warum seines hinausgeschrienen Gebets (vgl. Ps 22,2) aus. Ist diese Erzählung über das letzte Wort Jesu, die sicher kein Redeprotokoll darstellt, überhaupt erfindbar? Hier muß eine Erfahrung dahinterstehen, ohne die ein Mensch solche Gottesgegenwart nicht zu erdenken vermöchte.

Kommt hier aber nur das Warten eines *Menschen* zum Ausdruck; kommt in paradoxer Weise damit zugleich nicht auch Gott zu Wort, zu seinem eigentlichen, letzten Wort über sich selbst? »Wahrhaftig, dieser Mensch war Gottes Sohn«, sagt der heidnische Hauptmann. Markus legt ihm den zentralen Hoheitstitel in den Mund, den er in seinem Evangelium Jesus zuspricht.[26] »I was a stranger, could not read these people / Or this outlandish deity. Did a God / Indeed in dying cross my life that day / By chance, he on his road and I on mine?«[27]

Besteht vielleicht die wirklich entscheidende Differenz zwischen Gott und Mensch darin, daß Gott warten kann? Der von der historischen Kritik rekonstruierte Jesus verabschiedet sich mit einem Ausblick auf den seiner wartenden Lohn. Er wartet *ab*. Als mein früherer Grazer Kollege im Firmunterricht einmal fragte, welches das letzte Wort Jesu am Kreuz gewesen sei, erhielt er zur Antwort: »Mir ist jetzt alles wurscht. In drei Tagen bin ich sowieso auferstanden.« Das ist nicht allzuweit davon entfernt. *Ab*warten gehört der Philosophie des *Habens* an. Der »historische« Jesus geht auf einen Lohn nach seinem Tode zu, der ebenfalls aus einem Haben, dem größtmöglichen Haben, nämlich der Allmacht Gottes, auf ihn zukommt. Der von Markus verkündigte Jesus »haucht« *wartend* in einen, wie es scheint, bodenlosen »Godot« hinein »aus«. Doch trügt dieser Anschein? Ist Gott vielleicht nichts anderes als das pure Wartenkönnen, ohne das nach unten absichernde Netz einer »Substanz« oder »Sub-sistenz«? Besteht darin letztlich »das absolute Sein«, ist das die Essenz der »Liebe, die niemals aufhört« (vgl. 1 Kor 13,8)?

3. Der Grund christlicher Hoffnung

3.1. Zur Situation der Christologie

Wer heute im Religionsunterricht von Auferstehung spricht, muß in zunehmendem Maße mit einem offenen oder verhaltenen Gähnen rechnen. Wer in einer traditionell auf christliche Literatur ausgerichteten Buchhandlung nach Titeln zu dieser Thematik sucht, gerät leicht in einen Dschungel von esoterischen Angeboten zu allem Möglichen, was nur irgendwie nach »Fortleben« klingt. Wer am Arbeitsplatz oder auf einer Stehparty unvorsichtigerweise ein Wort über Ostern fallen läßt, wird fast unweigerlich mit der Frage konfrontiert, was er denn von der Reinkarnation halte. Wer sich in den Bereich akademisch betriebener Theologie verirrt, stößt auf Fachdiskussionen über die Auferstehung oder Auferweckung Jesu auf einem so abgehobenen Niveau, als ob es die eben genannten Phänomene im Unterricht, Buchhandel oder täglichen Leben gar nicht gäbe. Läßt sich angesichts all dessen über »den Osterglauben« überhaupt noch verantwortlich sprechen, d. h. in einer Weise, die zugleich dem überkommenen Glauben, der kritischen Vernunft und den konkreten Menschen, mit denen wir in unserem so pluralen Alltag zusammentreffen, gerecht wird?

Die Irritationen im innertheologischen Disput selbst hängen, wie schon ein oberflächlicher Blick auf die Diskussionsbeiträge zeigt, mit einem fehlenden Konsens darüber zusammen, wie man eigentlich sachgerecht an die biblischen Texte heranzugehen habe. Dieser fehlende Konsens macht sich besonders unangenehm an der Spitze der kirchlichen Hierarchie bemerkbar. Pius X. verurteilte zu Anfang dieses Jahrhunderts Exegeten, die sich der historisch-kritischen Methode in der biblischen Wissenschaft bedienten. Pius XII. gab mit seiner Enzyklika »Divino afflante Spiritu« von 1943 erstmals die konsequente Anwendung jener Methode in der katholischen Theologie frei. Er

52

stellte dort als die höchste Regel für die katholische Exegese heraus, »daß man durchschaut und bestimmt, was der Schriftsteller zu sagen beabsichtigte«[1]. Ebendies gilt dem gegenwärtigen Präfekten der Glaubenskongregation aber als ein Grundübel der heutigen historisch-kritischen Exegese: »Man will herausbringen, was der damalige Autor damals gesagt hat und gesagt bzw. gedacht haben kann.«[2] Damit entfernt diese Exegese die Bibel von mir. Sie kann nur »den Christus von gestern zeigen«.[3]

Hinter der Frage nach dem adäquaten exegetischen Zugang zur Hl. Schrift stehen allerdings noch schwieriger zu durchschauende systematische Probleme. Ich habe verschiedentlich[4] auf die grundlegende Wende vom traditionellen Auferstehungsverständnis zu der Frage nach der Auferweckung Jesu hingewiesen, wie sie sich im Verlauf der Rückfrage nach dem »historischen Jesus« herausgebildet hat.

Noch in dem bis zum Zweiten Vatikanischen Konzil maßgeblichen Katechismus[5] heißt es: »Jesus zeigte durch große Wunder, daß das Reich Gottes nahe war […]. Jesus lehrte mit untrüglicher Sicherheit. Er brauchte keinen Menschen zu fragen […]. Jesus Christus ist aus eigener Kraft von den Toten auferstanden; denn er ist der Sohn Gottes und hat göttliche Macht […]. Am vierzigsten Tage nach seiner Auferstehung ist Christus aus eigener Kraft in den Himmel aufgefahren […]. Im Himmel bestieg Jesus den Thron zur Rechten des Vaters. Er nahm jetzt auch als Mensch Besitz von der Macht und Herrlichkeit, die er als Sohn des Vaters von Ewigkeit her besitzt«[6]. Die hier zutage tretende Christologie ist von einer imponierenden Konsistenz. Zwischen dem vorösterlichen Jesus und dem nachösterlichen Christus gibt es weder ontologisch noch gnoseologisch eine Zäsur. Ontologisch wird ohne Abstriche an der göttlichen Natur schon des irdischen Jesus im Sinne der frühen Konzilien festgehalten. Und dieses göttliche Wesen tritt auch gnoseologisch voll in Erscheinung: Jedem Einsichtigen mußte schon von Anfang an deutlich sein, daß Jesus mit göttlicher Vollmacht nicht nur sprach, sondern auch handelte. Entsprechend wurde auch das Osterereignis als Auferstehung (nicht Auferweckung) verstanden. Jesus selbst schritt gleichsam durch Tod und Grab hindurch in *seine* Herrlichkeit. Das Problem war nur, daß diese Christologie sich mit einem gefährlichen Triumphalismus verband, die wahre *menschliche* Natur Jesu Christi (ebenfalls auf den frühen Konzilien definiert) nicht angemessen gewahrt wurde und die biblische Begründung, die man solcher Christologie zu geben versuchte, einer aufmerksamen Lektüre des gesamten Neuen Testaments – nicht nur einer daraus in dogmatischer Absicht entnommenen Blütenlese – nicht standhielt. Mit der Entwicklung der historisch-kritischen Exegese kam es jedoch zu einem radikalen Perspektivenwechsel, der von einer deutlichen Zäsur zwischen dem irdischen Jesus und dem auferweckten Christus bestimmt war. Ein tiefer Graben klaffte nun zwischen den Aussagen, die man historisch-kritisch über den Menschen Jesus von Nazaret machen zu können meinte, und den Äußerungen des Glaubens über den »österlichen Christus«. Je mehr innertheologisch die Ergebnisse der Rückfrage nach dem »historischen Jesus« aufgenommen wurden, entstand eine fast unerträgliche Spannung zwischen dem Jesus »bis zum Karfreitag« und der Aufer*weckung* als einem Handeln allein des göttlichen Vaters an seinem toten Sohn, wodurch sich Gott mit diesem endgültig identifizierte.

Zwei Beispiele: (1) In der dritten Auflage des »Lexikons für Theologie und Kirche« versteht J. Kremer im neutestamentlichen Teil des Artikels »Auferstehung Christi« die Auferweckung Jesu als die endgültige Errettung Jesu *aus* dem Tod. »Dabei wird Jesu Tod [...] theologisch als Trennung v[on] Jahwe, dem Quell des Lebens, in der v[om] Grab nicht exakt unterschiedenen Scheol [...] gewertet (vgl. Apg 2,24-28)«[7]. Wo legt der christliche Glaube nahe, daß Jesus irgendwann einmal von Gott getrennt gewesen wäre? (2) Im systematisch-theologischen Teil desselben Artikels erklärt H. Keßler zum Verständnis der Auferstehung Jesu als *Erhöhung*: »Jesus ist in *endgültige Einheit mit Gott* versetzt«[8]. Die Schlußfolgerung liegt nahe, daß sich Jesus vorher noch nicht in dieser Einheit mit Gott befunden habe.

Kessler betont zwar generell: »Die Identifikation Gottes mit Jesus geschah von Anfang an und durchgehend. Die Frage ist allein: Wann und wodurch wurde diese Identität Gottes mit Jesus [...] *erkannt*, und zwar *so* erkannt, daß damit die ausreichende Basis für allen künftigen christlichen Glauben gegeben war? Sie wurde zu Ostern erkannt«[9]. Die zitierte Aussage über das »Versetzen« Jesu in endgültige Einheit mit Gott ist jedoch nicht gnoseologischer Natur, betrifft nicht den Zeitpunkt des Erkennens, sondern ist ontologisch formuliert. Auch der Satz: »Nach meinem Verständnis ist [...] die – schon in seinem irdischen Leben gegebene und in seinem Sterben von seiten des Menschen Jesus her definitiv gelebte – Einheit Jesu mit Gott *im Moment des Todes* Jesu *aufgrund der* ›auferweckenden‹ Bewahrung des Menschseins Jesu durch Gott endgültig und bleibend geworden«[10] muß wohl ontologisch, nicht gnoseologisch verstanden werden. Sonst könnten die Erscheinungen des Auferstandenen für Kessler kein notwendiger Bestandteil der Osterevidenz sein. Nicht richtig ist, daß meiner eigenen Ansicht nach »die Einheit des Menschen Jesus mit Gott [...] im letzten Akt des sterbenden Jesus definitiv geworden sein« müsse[11], sofern Kessler dies ontologisch versteht. Es gibt nach meiner Auffassung keinen Augenblick im Leben Jesu, in dem seine Einheit mit Gott nicht definitiv gewesen wäre. Anderen Menschen erkennbar wurde die Definitivität dieser Einheit allerdings m. E. erst bei der Vollendung seines Weges, weil uns vor dem Bestehen des *ganzen* menschlichen Lebens ein endgültiges Urteil über den Sinn dieses Lebens nicht möglich ist.

Das fundamentalste Problem für eine Christologie, die sich auf dem heute erreichten Stand kritisch-historischer Wissenschaft zu halten bemüht, scheint mir in folgendem zu liegen: Die erste Phase der Rückfrage nach dem »historischen Jesus« war von der philosophischen, besonders klar bei Kant formulierten Annahme bestimmt, daß sich in dieser Sinnenwelt wahrhaft Göttliches nicht erkennen läßt. Diese Annahme wurde auch von Hegel geteilt, ja systematisch verschärft[12]; sie liegt aber nicht weniger dem im übrigen ganz anders ausgerichteten Denken Kierkegaards zugrunde. Sie bestimmt auch die an Kierkegaard orientierte »Dialektische Theologie«, ist hier allerdings (zumindest bei Karl Barth) vor allem theologisch motiviert, nämlich von dem gut reformatorischen Gedanken, daß an dem für uns »zur Sünde gemachten« Jesus (vgl. 2 Kor 5,21) nichts Göttliches mehr zu erkennen gewesen sei.
Auch bei dem nach 1950 anhebenden Bemühen, im Gegensatz

zu Barth und Bultmann der Rückfrage nach dem historischen Jesus wieder einen Heimatort in der Theologie zu geben, blieb die alte Voraussetzung, daß am irdischen Jesus seine Identität mit Gott nicht zu erkennen gewesen sei, weiterhin bestimmend. Über Aussagen wie Jesu einzigartiges Verhältnis zu seinem Vater oder seinen eschatologischen Vollmachtsanspruch geht die zeitgenössische Christologie, sofern sie sich der kritisch-historischen Vernunft verpflichtet weiß, im allgemeinen nicht hinaus. Damit kommt es aber nahezu unausweichlich zu Auffassungen, die sich mit der Theologie der neutestamentlichen Autoren und der frühen Ökumenischen Konzilien nur schwer vereinbaren lassen.

Fragwürdig erscheint mir z. B. die weitverbreitete Ansicht, Jesus habe in seinem irdischen Leben zwar den unvergleichlichen *Anspruch* erhoben, der endzeitliche Repräsentant Gottes zu sein, die *Legitimation* dieses Anspruchs sei aber erst mit der Auferweckung erbracht worden. Alle Evangelien sind von dem Grundgedanken durchzogen, daß Wort und Tat, Anspruch und aufgewiesene Vollmacht bei Jesus – im Unterschied zu anderen Autoritäten – Hand in Hand gingen. Sollten alle Passagen des Neuen Testaments, die auch nur im entferntesten an das Stichwort: »Wer mich sieht, sieht den Vater« (vgl. Joh 14,9), erinnern, als nachösterlich bedingte Stilisierungen des irdischen Jesus zu verstehen sein? Diese hermeneutische Regel dürfte sich kaum einer immanenten kritischen Interpretation der Schriften verdanken, sondern eher dem Prinzip, eine Interpretation von Leben und Handeln Jesu, die darin Gott selbst am Werk sieht, konsequent zu vermeiden. Damit bürdet man aber den österlichen Widerfahrnissen eine Last auf, die sie nicht zu tragen vermögen.[13]

Mit der eben genannten Ansicht verbindet sich eine Generalabsolution der Jünger, die ebenfalls in den neutestamentlichen Schriften kaum einen Rückhalt findet. Mit dem Tod Jesu am Schandholz seien die Jünger in eine »für sie letztlich ausweglose Situation nicht durch eigene Schuld oder durch eigenes Versagen gekommen [...], sondern dadurch, daß sie sich (a) auf diesen Jesus und seine Botschaft eingelassen hatten, und daß (b) der

Kreuzestod das Recht ihrer Glaubensentscheidung in Frage gestellt hatte«[14]. Der Begriff »sich (auf Jesus und seine Botschaft) einlassen« umschreibt die nach dem Zeugnis der neutestamentlichen Autoren einzig adäquate Reaktion auf Jesu unbedingten Ruf zur Nachfolge kaum angemessen. Die Evangelien stellen uns einen als legitimiert erkennbaren Anspruch Jesu vor, dem nicht Folge zu leisten Schuld bedeutet. Wo aber wäre in der Bibel (oder sonst in der Weltgeschichte) der von einem Gerechten ausgehende Anruf dadurch in seinem Einforderungscharakter gemindert worden, daß dieser »Prophet« von seinen Feinden liquidiert wurde? Je mehr man die Notwendigkeit einer nachträglichen Legitimation Jesu durch Gott betont, mindert man das Gewicht von Jesu Leben und Werk.

Befinden sich die zeitgenössischen christologischen Entwürfe, sofern sie an den Ergebnissen der Rückfrage nach dem »historischen Jesus« orientiert sind, weitgehend nicht immer noch in der Sackgasse einer Antithese, die selbst allzusehr von der bekämpften These bestimmt bleibt? Die Art und Weise, wie die traditionelle Christologie die Einheit schon des irdischen Jesus mit Gott als ausgewiesen vorstellte, bedurfte zweifellos der Überwindung. Aber ist die Konzentration auf die Aufer*weckung* als die endgültige »Identi*fikation* (d. h. das »Sich-eins-*machen*«) Gottes mit Jesus« tatsächlich die einzig mögliche bzw. sich vom Neuen Testament her nahelegende Alternative? Könnte sich nicht auch im Blick auf den ganzen irdischen Weg Jesu, auf sein radikales Ausloten seines Menschseins selbst, die Einheit *dieses* Menschen mit Gott zeigen – ohne supranaturale Zusatzqualifikationen oder ein göttliches Handeln im Nachtrag zu seinem abgelaufenen Erdenleben? Im Sinne dieser Frage sind meine Vorschläge zu einem neuen Osterverständnis zu verstehen.

3.2. Zur Metaphorik »Auferstehung/Auferweckung« und der damit gemeinten Sache

In der Diskussion um mein Osterverständnis wurde verschiedentlich hervorgehoben, daß meine Christologie (und speziell mein Verständnis des Osterglaubens) wesentlich von meiner Philosophie (und insbesondere von meiner Fichte-Rezeption) bestimmt sei.[15] Auf das Verhältnis von Theologie und Philosophie in meinen verschiedenen fundamentaltheologischen Anläufen werde ich im vierten Kapitel eingehen. Was aber die entscheidende Wende zu der Auffassung von Auferstehung angeht, wie ich sie in meinen Veröffentlichungen seit 1977 (und in meinen Lehrveranstaltungen seit 1967) vertrete, hat sich diese aufgrund tiefgreifender persönlicher Erfahrungen vollzogen, lange bevor ich mich dem Studium der Schriften Fichtes zuwandte. In diesem Kapitel werde ich deshalb versuchen, die Substanz meiner Sicht von Ostern unter Ausklammerung der späteren Präzisierungen, die sich aus der Auseinandersetzung mit Fichte ergeben haben, gegenüber den kritischen Einwänden zu verdeutlichen. Dies ist zumindest im Blick auf die beiden ersten meiner drei »Osterthesen« möglich, in denen es einmal um einen auch heute noch verantwortbaren *Sinn* des Begriffs *Auferstehung/Auferweckung* und zum anderen um die ursprüngliche *geschichtliche Basis des Osterglaubens* geht. Die dritte These betrifft die Frage der *Vermittlung* jener ursprünglichen geschichtlichen Evidenz *ins Heute*. Dieses Problem ist nur im harten Ringen um eine sachgerechte »Historik«, d. h. im Mühen um eine adäquate Methode der historischen Rückfrage nach Jesus und der Osterevidenz angemessen anzugehen, wofür mir ein Rückgriff auf Fichte von großem Wert zu sein scheint. Die hier anstehende Diskussion möchte ich daher vorerst ausgrenzen und auf das fünfte Kapitel verschieben, um dort die im vierten Kapitel thematisierte Philosophie Fichtes einbeziehen zu können. Da gelegentlich der Vorwurf gegen mich erhoben wurde, ich würde die Auferstehung als solche ablehnen[16], erscheint es mir angebracht, zunächst einige Vorüberlegungen zum Verhältnis von Metaphern und Sachbehauptungen im Hinblick auf den Osterglauben anzustellen.

Mit Hans Kessler[17] betone ich die Notwendigkeit, die Metapher »Auferstehung« bzw. »Auferweckung« (Jesu) von der damit gemeinten Sache zu unterscheiden, die mit diesen Formulierungen nur begrenzt anvisiert zu werden vermag[18]. Übereinstimmung besteht auch darüber, daß diese Metapher im Neuen Testament zwar vorherrscht, aber nicht alleinsteht, und gerade die Ostererfahrung eine Transformation der jüdisch-apokalyptischen Denkform ausgelöst hat[19]. Dort, wo Kessler zu seiner wohl dichtesten Beschreibung des Zusammenhangs zwischen Jesu Leben und Sterben und seiner »Auferweckung« gelangt, zieht auch er dieser Metapher ein treffenderes Bild vor: Der Vater hat Jesus »im Sterben nicht losgelassen, ihn vielmehr im Augenblick des Totseins mit seiner göttlich-schöpferischen Liebe unterfangen (in anderer Sprache: auferweckt)«[20]. In diesem Sinn gehören zur Sachaussage weder eine zeitliche Differenz »zwischen Karfreitag und Ostern« noch die Behauptung eines nach der Auferweckung leeren Grabes.[21]

Auf dem Hintergrund dieser Beobachtungen läßt sich nun der Unterschied in der Sachaussage zwischen der von Kessler und vielen anderen vertretenen Position und meinem Verständnis christlichen Osterglaubens deutlicher hervorheben. In bezug auf die Frage nach dem Kern der österlichen Evidenz hatte ich formuliert: »entscheidend ist allein, ob hier Jesus, der als letztgültiger Repräsentant Gottes aufgetreten war, als trotz seiner Hinrichtung lebend wirklich erkannt wurde«[22]. Hierzu sagt Kessler: »Ich stimme Verweyen zu: Das ist entscheidend. *Daß* er als solcher erkannt wurde, darin stimmen wir überein. In der Erklärung dessen, *wodurch* dies von den Jüngern *erkannt* wurde und heute erkannt wird, gehen die Wege auseinander«[23]. Hinter dieser Differenz hinsichtlich der gnoseologischen Frage, welches der grundlegende Ort für die *Erkenntnis* dessen ist, was die Metapher Auferstehung bzw. Auferweckung umschreibt, steht nun allerdings die nicht weniger zentrale Differenz in der ontologischen Frage nach dem *Realgehalt* des mit jener Metapher (mehr oder weniger glücklich) Bezeichneten. Die Entscheidung der Frage nach dem »Wodurch« der Osterevidenz dürfte von der Auffassung jenes Realgehalts nicht unwesentlich bestimmt sein.

Kessler versucht, den Eindruck einer Kluft zwischen dem Sterben Jesu und der Auferweckung durch den Vater zu vermeiden.

»[...] für mich ist die Auferweckung [...] ein Handeln Gottes [...] nicht erst nach dem Tod Jesu im Grabe Jesu, sondern ein Handeln Gottes *im* Tod Jesu *am* Kreuz«[24]. »Der Osterglaube rechnet [...] nicht nur mit einem Wirken Gottes in der Welt *durch* den irdischen Jesus, sondern auch mit einem Wirken Gottes *an* Jesus in dessen Tod – also dort, wo alle Möglichkeiten der Welt am Ende sind und nur noch Gott selbst und allein etwas radikal Neues anfangen kann«[25]. Der oben zitierte Satz [der Vater hat Jesus im Augenblick des Totseins mit seiner göttlich-schöpferischen Liebe unterfangen] geht weiter: »so daß er nicht der Vernichtung anheimfiel, sondern als identische Person (in anderer Sprache: leibhaftig) bewahrt wurde, indem er das neue, ewige Leben erhielt. Im Sterben Jesu geschah also die endgültige Begegnung der Freiheit Jesu und der Freiheit Gottes; und so geschah *im* Tode Jesu beides: Lebenshingabe *und* Aufgang neuen Lebens«[26].

Abgesehen von der begrifflichen Unschärfe, daß die Ausdrücke »im Tode«, »im Augenblick des Totseins«, »im Sterben« hier allem Anschein nach äquivalent gebraucht werden, ist der ursprüngliche Sinn des Terminus »Auferweckung« in solcher Ausdeutung nur noch mit Mühe wiederzuerkennen. Ausschlaggebend für die Sachaussage ist auf jeden Fall, daß Gott selbst *am* toten Jesus etwas tut, was dieser während seines irdischen Lebens nicht zu vollbringen vermochte: den Tod zu entmachten.

Demgegenüber behaupte ich, daß bereits der »irdische Jesus« während dieses seines Erdenlebens Gottes Leben so in sich trug, daß der Tod keine Macht über ihn hatte. Dabei verbinde ich mit dem Begriff »Gott« allerdings andere Vorstellungen als die weitgehend »vom Oben« triumphaler Macht her denkende Tradition[27]. Wenn ich den endgültigen Sieg über den Tod dann in dem und durch das *Sterben* Jesu (vor seinem Totsein) errungen sehe, so überdehne ich die Metapher Aufer*stehung* wohl kaum mehr als Kessler die der Aufer*weckung*. Und wenn ich in dem liturgischen Satz »Durch sein Sterben hat er unseren Tod vernichtet und durch seine Auferstehung das Leben wiederhergestellt« das Wörtchen »und« explikativ verstehe, dann mache ich mich wohl keiner größeren Einseitigkeit schuldig als diejenigen, die den Sieg über den Tod nur von außerhalb der Möglichkeiten Jesu her zu denken vermögen.

Vielleicht sollte man auf dem Hintergrund solcher Überle-

gungen auch den Wechsel zwischen den Metaphern »Auferweckung« und »Auferstehung« noch einmal überdenken.
Während die traditionelle Christologie zumindest seit dem
Johannesevangelium vorwiegend von »Auferstehung« sprach,
griff man im Anschluß an die historisch-kritische Exegese
bevorzugt auf den Terminus »Auferweckung« zurück, der sich
schon in den traditionsgeschichtlich frühesten Schichten der
christlichen Verkündigung findet. Die wachsende Prädominanz
der Metapher »Auferstehung« wurde der Entwicklung einer
»Hoheitschristologie« zugeschrieben (»vom verkündigenden
zum verkündigten Jesus«). Ist diese Erklärung aber hinreichend?
Die Rede von der »Auferweckung« war ursprünglich aus dem
endzeitlichen Erwartungshorizont für die Menschen allgemein
auf einen Menschen übertragen worden, der sich in einzigartiger
Weise von allen anderen Menschen unterscheidet. Im Verlaufe
der Reflexion auf das besondere Wesen dieses Menschen wurde
erkannt, daß eine bloß passive Beschreibung seines Sieges über
den Tod (Auferweckung durch den Vater) dem hier vorliegenden
einzigartigen Verhältnis von Gott und Mensch nicht hinreichend gerecht wurde. Läßt sich – unter Vermeidung aller Rück-
fälle in den »Monophysitismus«, wie sie für die traditionelle,
triumphalistische Christologie kennzeichnend waren, aber auch
unter Ausschaltung aller aufklärerischen Prämissen vom
»bloßen Menschen« Jesus – das *aktive* Moment in Jesu Sieg über
den Tod aufgrund des ihn schon auf Erden völlig durchdringen-
den göttlichen Lebens nicht noch angemessener bestimmen, als
dies bisher der Fall war? Dies scheint mir eine der wichtigsten
Fragen im gegenwärtigen Disput um das rechte Verständnis des
Osterglaubens zu sein.

3.3. Auferstehung – verstehbar?

Solange die Bedeutung eines angeblichen Faktums nicht relevant erscheint, wird man die Frage, ob es sich wirklich ereignet
hat, kaum mit großem Interesse verfolgen. Andererseits tragen
Annahmen über die außerordentliche Relevanz eines Ereignis-

ses nichts zur Klärung der Frage nach seinem wirklichen Geschehensein bei. Die Fragen »Auferstehung – verstehbar?« und »Auferstehung – geschehen?«, also die Verantwortung des Osterglaubens vor der philosophischen, den *Sinn* einer Sache problematisierenden Vernunft und die Rechenschaft vor dem Forum der historisch-kritischen Vernunft, sind streng voneinander zu unterscheiden. Nur bei einer zufriedenstellenden Antwort auf die Frage, ob sich der Sinn von Auferstehung auch heutigem Verstehen noch erschließen läßt, behält aber die Frage nach dem tatsächlichen Faktum, das den Osterglauben begründet, Gewicht.

Konsens

Unter der Überschrift »Du sollst nicht sterben!«[28] hatte ich versucht, einen Grundkonsens zwischen meiner und der von H. Kessler, Th. Pröpper und anderen vertretenen Position hinsichtlich einer anthropologisch allgemein verantwortbaren Hoffnung zu formulieren. Was macht es auch heute noch möglich, den Glauben an Gottes todentmachtendes Handeln vor dem Forum philosophischer Vernunft als sinnerschließend zu behaupten? »Ich darf den Menschen nicht in ein Bild fassen, dessen Rahmen durch die Biologie endgültig festgelegt ist, sonst verstoße ich gegen seine Würde. Dann entwerfe ich aber notwendig einen Horizont von Hoffnung, in dem der Tod nicht das letzte Wort hat«[29]. Gegen einen bloß auf *andere* zielenden Entwurf von Hoffnung hatte ich dann den Einwand erhoben: »Schließt das auf Humanität bedachte Ich auf diese Weise sich selbst nicht geradezu künstlich aus dem für alle anderen entworfenen Horizont der Hoffnung aus – ein steiler Heroismus, der allzu leicht in noch gefährlichere, weil subtiler versteckte Formen von Selbstbehauptung abgleitet?«[30] Meine Antwort verwies auf die intersubjektive Konstitution von »conscience«, von Selbstbewußtsein und Gewissen: »Erst über die Anerkennung durch andere finde ich zu mir selbst und verpflichte ich mich gleichursprünglich auf die Anerkennung anderer Freiheit [...]. Aus diesem Grundakt humaner Existenz entspringt aber auch ein ›Urvertrauen‹. Das ›Du sollst sein!‹ geschenkter Freiheit eröffnet mir einen Horizont von Hoffnung, der keine Projektion von Selbstbehauptung darstellt [...]. Hier ergeht so etwas wie das Versprechen eines Landes, ›das allen in die Kindheit scheint und worin noch niemand war‹ [...]«[31].

Es hat mich dann doch etwas erstaunt, daß nicht nur H. Kessler, sondern im Anschluß an ihn auch K. Müller und Th. Pröpper den von mir selbst erhobenen Einwand aufgreifen, gegen mich wenden und die von mir gegebene Antwort auf den Einwand offenbar übersehen. H. Kessler: »Nach Verweyen bleibt die Überlebenshoffnung des Menschen, der auf seine *eigene* Rettung im Tode hofft, dem doppelten *religionskritischen* Verdacht einer Projektion des Egoismus [...] und einer Entwertung des Diesseits zur bloßen Probezeit für das Jenseits [...] ausgesetzt«[32]. »[...] weshalb soll die Fehlform [egoistischen Überlebenswillens] jede (der Intersubjektivität [...] entsprechende) Hoffnung des Menschen auch für sich selbst diskreditieren können? [...] Wenn der andere mir sagt, daß ich für ihn wichtig bin, und ich Verantwortung für ihn habe, darf und muß ich dann [...] nicht auch für mich hoffen, weil ich sonst auch nicht ernsthaft für den anderen hoffe?«[33] Ich sehe nicht, wie sich diese zuletzt zitierten Sätze wesentlich von meiner Position unterscheiden. – K. Müller (mit Bezug auf die zitierte Stelle bei Kessler): »Ihr unbestreitbares Recht zieht diese Anfrage aus der Unterbelichtung der Ichdimension, in die Verweyens Konzept ersichtlich durch die logische Funktion des Anerkennungsgedankens gebracht wird. Jedoch handelt es sich bei dem sittlichen Heroismus zugunsten des anderen, den Kessler moniert, längst nicht nur um ein Implikat von Verweyens Ostertheologie. Er beeinflußt auch direkt und, wie mir scheint, folgenreich das Gesamtkonzept«[34]. – Th. Pröpper fragt sich, warum Verweyen »jede futurische Hoffnung [...] fast nur mit negativen Konnotationen belegt [...], desgleichen die individuelle Hoffnung so streng vom anderen her begründet und an die Hoffnung für ihn bindet [...], als dürfe sie nie zur eigenen werden [...]«[35].

Vielleicht lassen sich die von mir »im Kreis der einschlägigen Disputanten« für konsensfähig gehaltenen Ausführungen über den Zusammenhang zwischen »Hoffnung für andere« und »Hoffnung für mich« noch etwas präziser herausarbeiten. Der Zuspruch »Du sollst sein!« entreißt mich der Sorge um meine eigene Existenz und gibt mir den Anstoß und die Kraft, dieses Wort so weiterzusagen, daß ich für den *anderen* einen Hoffnungshorizont über sein bloß biologisches Dasein hinaus entwerfe. Die Entwürfe meines Selbsterhaltungstriebs (für den nächsten Augenblick oder über mein letztes Stündlein hinaus), in denen ich für gewöhnlich befangen bin, werden durch diesen Anstoß beiseitegefegt.

Das heißt nun aber nicht, daß der mir mit einem solchen »effet« zugeworfene Ball, den ich gar nicht anders als unmittelbar weitergeben kann und mag, in meinen Armen kein »Echo« seiner Dynamik hinterließe. Er prägt in mir durchaus ein zu recht bestehendes Grundgefühl des »Du sollst sein!« – auch und gerade dann, wenn ich, von seiner Bewegung getragen, kaum noch Zeit und Anlaß finde, über meine eigene nähere oder fernere Zukunft nachzudenken. Es ist nur sehr schwierig, diese auch im Hinblick auf *mich* berechtigte Hoffnung über den Tod hinaus zu thematisieren, ohne daß dabei sogleich ganz andere Kräfte ins Spiel kommen[36].

So habe ich schon häufiger Bedenken angemeldet gegenüber der Formulierung K. Rahners: »Jeder Mensch vollzieht mit transzendentaler Notwendigkeit [...] den Akt der Hoffnung auf seine eigene Auferstehung. Denn jeder Mensch will sich in Endgültigkeit hinein behaupten [...]«[37]. Solches Sich-selbst-behaupten-Wollen könnte doch als eine naheliegende Konsequenz des puren Faktums erklärt werden, daß sich der allgemein animalische Trieb nach Selbsterhaltung irgendwann einmal mit Bewußtsein ausgestattet findet und sich dann natürlich nicht mit dem Tode abfinden mag. Vor einem Einwand dieser Art ist selbst die aufs äußerste reduzierte »Osterperspektive« von K.-H. Ohlig nicht gefeit: »Warum soll man nicht ohne Einschränkungen die Feuerbachsche These rezipieren, daß Religion auf einer Projektion des Mängelwesens Mensch beruht? Brauchten wir Religion, wenn wir keine Mängelwesen [...] wären? Natürlich ist Religion, auch das Christentum, Produkt menschlicher Selbst-, Welt- und Geschichtserfahrung, resultierend aus der soteriologischen Frage des Menschen nach Sinn, Ganzheit, Orientierung, Erlösung oder Heil, und selbstverständlich sind alle konkreten Religionen kulturspezifische Varianten dieser Erfahrung«[38]. Bei einer solch funktionalistischen und generalisierenden Betrachtungsweise erübrigt sich im Grunde die Wahrheitsfrage bzw. die Notwendigkeit jener rationalen Verantwortung von Hoffnung, wie sie nach 1 Petr 3,15 gefordert ist.

Dissens besteht nun allerdings darüber, wie die als allgemein-menschlich verstandene »Disposition Hoffnung« näher zu fassen ist. Es geht gewiß um eine Entmachtung des Todes, die der Mensch selbst nicht leisten kann. Ist damit aber schon ein Verstehenshorizont für *Auferweckung* im Sinne eines Handelns Gottes *nach* dem Tode aufgewiesen? Meine These lautet: »Die Kategorie ›Auferstehung‹ bzw. ›Auferweckung‹ kann heute nicht mehr als Schlüsselbegriff für eine letzte Sinnerwartung verständlich gemacht werden, wenn erst *nach dem Tode Jesu* Gott den für den Glauben an seine letztgültige Selbstmitteilung entscheidenden Offenbarungsakt gesetzt hat«[39].

Da die Diskussion in den letzten Jahren weitgehend um den Aspekt der Theodizeefrage in meiner These kreist, will ich mich hier auf diesen Punkt beschränken.

Ich behaupte: »Eine nachträgliche Aktion Gottes zur Rettung oder gar Legitimation der unschuldig zu Tode Gequälten (sei es durch menschliche Henker oder den Allmächtigen selbst) vermag deren Leiden nicht zu rechtfertigen«[40]. »Mit nachträglichen Inthronisierungen bringt man einen Iwan Karamasoff nicht davon ab, sein ›Eintrittsbillet in die ewige Harmonie‹ zurückzugeben. Diese Harmonie ist zu teuer erkauft mit den Tränen der Unschuldigen. […] Wenn die österliche Erfahrung von Kraft und Herrlichkeit etwas anderes wäre als reine Entfaltung dessen, was der Hingang Jesu bis in seinen letzten Schrei hinein vorzeigt, so setzte sich unsere Gotteserkenntnis letztlich doch wieder zusammen aus der Torheit des Kreuzes und einer ganz anderen Erfahrung von Macht, die die Selbstoffenbarung Gottes am Kreuz zu einem Vorläufigen abstempelt«[41].

Die Diskussion um diese sich vom Theodizeeproblem her ergebenden Fragen hat inzwischen einen so hohen Subtilitätsgrad erreicht, daß »Uneingeweihte« kaum noch durchblicken. Der Angelpunkt scheint mir nach wie vor in der Frage zu liegen, ob die Annahme eines (ontologisch betrachtet) *nachträglichen* Handelns am *toten* Jesus bzw. (gnoseologisch betrachtet) der erst nach dessen Tod für uns *erkennbaren* Identifikation Gottes mit Jesus als notwendige Voraussetzung für einen authentischen Osterglauben anzusehen ist. Beides wird, soweit ich sehe, von Pröpper und Kessler immer noch aufrechterhalten. Allein schon damit bleibt aber das von mir aufgezeigte Ärgernis solchen Osterverständnisses im Rahmen der Theodizeefrage bestehen. Ich beschränke mich hier auf den gnoseologischen Teil des Problems.

Die Diskussion hat sich vor allem an zwei Punkten festgefahren.
(a) Th. Pröpper sagt: »Ohne Jesu Verkündigung wäre Gott nicht als schon gegenwärtige und bedingungslos zuvorkommende Liebe, ohne seine erwiesene Bereitschaft zum Tod nicht der Ernst und die unwiderrufliche Entschiedenheit dieser Liebe und ohne seine Auferweckung nicht ihre verläßliche Treue und todüberwindende Macht und somit auch nicht Gott selbst als ihr wahrer Ursprung offenbar geworden«[42]. Ich hatte die Logik dieses Satzes mißverstanden: »Wenn schon mit dem Abschluß des Lebens Jesu ›die unwiderrufliche Entschiedenheit‹ der Liebe *Gottes* offenbar war – was bedarf es dann noch der Auferweckung?«[43] Pröpper will aber gerade nicht sagen, »daß schon mit dem Tod Jesu die Entschiedenheit der Liebe Gottes offenbar war, sondern daß diese Entschiedenheit *ohne* den Tod Jesu *nicht* offenbar geworden wäre [...]«[44]. »Ohne die Auferweckung des Gekreuzigten [...], in der Gott die Treue und Entschiedenheit seiner Liebe an ihrem getöteten Zeugen bewährte und durch deren Offenbarung er sich *für uns* mit Jesu Verkündigung identifizierte [...], wäre die von Jesus bis ins Äußerste vollbrachte Hingabe eben nicht auch schon *als* die unwiderruflich entschiedene Liebe *Gottes* und somit auch nicht ihre gültige Verheißung offenbar geworden«[45]. Es bleibt somit dabei, daß an jenem furchtbaren Balken selbst *Gott* sich nicht blicken ließ. Der Tod Jesu führte einen Menschen vor, der – in den Augen jedes zeitgenössischen Juden – mit seinem von Gott nicht legitimierten ungeheuren Vollmachtsanspruch den Mund zu voll genommen hatte. Daß am Kreuz *Gottes* Liebe am Werke war, konnte erst im dogmatischen Rückschlußverfahren aus den Osterereignissen geschlossen werden. Vermögen aber nachgelieferte österliche Erscheinungen *fundamentaltheologisch* überzeugend klarzumachen, daß am Kreuz *Gottes* Liebe vollbracht wurde, die alles wendet, und nicht bloß eine weitere, in Qualen durchgestandene menschliche Liebe, die Gott in Gnaden entgegennahm?
(b) Ähnlich steht es mit der Behauptung H. Kesslers, daß zwar in der äußersten Dahingabe Jesu am Kreuz »Gottes Intention und Handeln am allertiefsten verborgen sind«[46], aber »Gott seine Macht und Herrschaft über Leiden und Tod nicht von irgendwo außerhalb ausübt, sondern indem er selbst ins Leiden eintaucht« und sich als derjenige offen-

bart, »der mitten im Leiden und Kreuz präsent ist«[47]. »*Daß* es so *ist*, wird freilich erst von Ostern her erkennbar«[48]. Wie soll aber durch die Offenbarung eines Handelns Gottes erst *am toten* Jesus deutlich werden, daß Gott mitten *im Sterben* Jesu, wo er am allertiefsten verborgen war, dennoch präsent war? Das verstehe ich[49] ebensowenig wie die Annahme, daß eine Auferweckung bzw. deren Kundgabe in Erscheinungen erweisen soll, daß bei der Folterung Jesu Gott »in seiner öffentlichen Abwesenheit verborgen anwesend«[50] geblieben war.

Vom Theodizeeproblem her stellt sich die Frage, woher ein Osterglaube, demzufolge Gott erst *nach* vollbrachtem menschlichem Leiden seine Identifikation mit diesem Leiden offenbart, die Gewißheit erlangt, daß Gott selber leidet. »Nur ein Gott, der *selber leidet*, kann in einer Welt des Leidens helfen [...]«[51]. Mit dieser Aussage kommt H. Kessler dem von mir zitierten Wort A. Camus' sehr nahe: »Wenn vom Himmel bis zur Erde alles ausnahmslos dem Schmerz ausgeliefert ist, dann ist ein fremdartiges Glück (étrange bonheur) möglich«[52]. Kessler merkt hierzu zwar an: »Die Theodizeefrage wird auch durch das Leiden Gottes [...] *allein* nicht gelöst«[53]. Dem ist durchaus zuzustimmen. Es muß – über diese *notwendige* Bedingung, daß Gott selbst ins Leiden dieser Welt zutiefst einbezogen ist, hinaus – nach der *hinreichenden* Bedingung gefragt werden: Kann aus dem Leiden Gottes zugleich eine Antwort auf die bedrückendste Frage der Kreatur gewonnen werden? Aber zunächst bleibt die Frage, ob sich im Leiden des Menschen wirklich Gott selbst als der zutiefst Leidende zu erkennen gibt. Und eine angemessene Antwort auf diese Frage scheint mir durch eine Ostertheologie, die von einer erst nach dem Tode Jesu erkennbaren Identifikation Gottes mit seinem Sohn ausgeht, weiterhin verstellt. Die Behauptung einer erst postmortal erkennbaren Anwesenheit Gottes im Leiden des inzwischen Verstorbenen verbleibt diesem Leiden gegenüber in einem anstößigen Extrinsezismus.

3.4. Auferstehung – geschehen?

Gemeinsam mit der Gruppe von Theologen, die sich von H. Kessler hinsichtlich der Auferstehungsthematik angemessen vertreten weiß[54], bin ich der Auffassung, daß die Erkenntnis der Identität Gottes mit Jesus (als ausreichende Basis für allen künftigen christlichen Glauben)[55] als eine in der *Geschichte* vermittelte Erkenntnis vor dem Forum der historischen Vernunft verantwortet werden muß. In dem vorliegenden Kapitel möchte ich, wie zu Eingang von Abschnitt 2 erwähnt, die Frage nach der Verantwortung dieser Vermittlung *an uns heute* ausklammern und lediglich nach dem *ursprünglichen geschichtlichen Fundament* jener für den christlichen Glauben grundlegenden Erkenntnis fragen. Im Unterschied zu meiner Auffassung, daß sich schon im Leben und Sterben Jesu selbst Grund genug für die Erkenntnis der Identität Gottes mit Jesus gezeigt hat, muß Kessler zufolge an »eine durch Selbstoffenbarung des Gottes Jesu (den Jesus als Helfer der Verlorenen beansprucht hatte und der sich am verlorenen Jesus selbst in für die Jünger erkennbarer Weise bewährt hat) geschenkte Erkenntnis gedacht werden«[56].

3.4.1. Postmortale Osterevidenz

Wie wäre eine dem Leben und Sterben Jesu gegenüber postmortale Offenbarung der Identität Gottes mit Jesus zu verstehen? Hier bieten sich die biblischen Berichte über die »Erscheinungen des Auferstandenen« an, deren historische Faktizität heute von kaum einem historisch-kritischen Exegeten noch ernsthaft bezweifelt wird. Allerdings ist ebendiese kritische Exegese inzwischen zu dem Ergebnis gekommen, daß uns die neutestamentlichen Texte über das Wie jener österlichen Urerlebnisse »keine nachvollziehbare Vorstellung« zu machen erlauben. Es ist als historischer Grundbefund kaum mehr als das Faktum eines nicht näher bestimmbaren »Erscheinens« des Auferstandenen, eines »ophthe«, geblieben – und auch dieses »Faktum« gilt als ein bereits durch ersttestamentliche Vorgaben *interpretiertes* Widerfahrnis[57].

Kessler kommt das Verdienst zu, sich über diese »zugegebenermaßen unbefriedigend[e]« Auskunft der Exegese[58] hinauszuwagen und jener großen Unbekannten des Wie der Osterereignisse mit »Mutmaßungen« »behutsam an[zu]nähern«, wobei er

»nicht unter dem Niveau von sonstigen starken religiösen (z. B. prophetischen oder mystischen) Erfahrungen bleiben« möchte[59]. Führt gerade diese Fährte – prophetische oder mystische Erfahrungen – aber nicht in eine Aporie?

Kessler denkt etwa an die Berufungsvision des Jesaja (Jes 6,1-5). Jesaja sieht, wie »Jahwes ›Gewand-Säume den ganzen Tempel ausfüllen‹ [...]. Der Tempel ist ›voll von Rauch‹ [...]; vielleicht legen die Rauchschwaden die Vorstellung von Gewandsäumen nahe, und mehr sieht Jesaja mit seinen Augen offenbar nicht. Andere im Tempel sehen dies auch, aber es passiert nichts weiter mit ihnen. Doch bei Jesaja ist dies mit den Augen Gesehene nur äußere, symbolische Begleiterscheinung von etwas viel Wichtigerem, das mit ihm geschieht: eine Gotteserfahrung, die ihn ins Innerste trifft und zutiefst erschüttert. [...] Ähnlich bei Mose in der Wüste, hier der Dornbusch als zeichenhafte Begleiterscheinung (Ex 3). Ähnlich bei Paulus vor Damaskus, wer weiß unter welchen Zeichen (blendendes Sonnenlicht?). Ähnlich vielleicht auch bei den Jüngern nach Karfreitag in Galiläa, dort, wo die Erinnerungen an die Wege mit Jesus noch so frisch waren, daß vieles [...] zum sprechenden Zeichen werden *konnte*, unter dem der von Gott her lebendige Gekreuzigte selbst nach ihnen greifen und sich symbolisch vermittelt ihnen kundtun *konnte* [...]«[60].

Kessler greift die Ausführungen über die »realsymbolische« Vermittlung des Unbedingten in geschichtlicher Bedingtheit auf, die G. Essen zur Entfaltung einer »Historik« für einen methodisch angemessenen Zugang zur Auferweckung Jesu dienen[61]. Ist bei Essen die *empirische Grundlage* für eine wirklich *geschichtliche* Evidenz aber nicht wesentlich anders akzentuiert? »Die historische Interpretation beschreibt [...] Ereignisse, die durch simultane Beobachter empirisch beobachtbar gewesen sind oder gewesen wären«[62]. Das sei (mit Bultmann) gegen Nietzsche festzuhalten, für den es »keine Tatsachen, sondern nur Interpretationen« gibt[63].

Kritisch merkt Essen gegenüber J. Werbick an: »Was [...] schützt die theologische Interpretation vor dem Projektionsverdacht? Und wie kann verhindert werden, daß eine theologische Deutung geschichtlicher Ereignisse nicht als ein überflüssiges Superadditum kritisiert und ideologiekritisch schließlich als ein bloßer Überbau diskreditiert werden kann?«[64] Auf die von Kessler angeführten Beispiele angewandt: Wie kann z. B. der Frage begegnet werden, ob der Unterschied zwischen

»Rauch im Tempel« und »Gewand-Säumen Jahwes« letztlich nicht doch ein theologischer Überbau ist?

Essen zufolge kommt dem Kriterium der »empirischen Triftigkeit« (J. Rüsen) eine unhintergehbare Kontrollinstanz für den Tatsachengehalt einer historischen Aussage zu[65]. Dies gilt dann erst recht für die ursprüngliche geschichtliche Evidenz, die einer historischen Rekonstruktion zugrunde liegt. »Die Bedeutung eines Ereignisses, der Selbsterweis einer Freiheit zu sein, ist gegeben in sinnlich-realer Vermitteltheit. Die empirische Erscheinung aber ist die Gestalt, auf die Subjekte verwiesen sind, wenn sie die dem Ereignis immanente Bedeutung wahrnehmen wollen«[66]. Kann man in den von Kessler herangezogenen Beispielen dafür, in welcher Richtung das Wie des österlichen »ophthe« gesucht werden sollte, sagen, daß die österliche Deutung der immanenten Bedeutung der empirischen Erscheinung entspricht und nicht vielmehr in äußerst lockerer Form bloß daran anknüpft? Ähnliches wäre im Hinblick auf die Verweise Essens auf W. Pannenbergs Stichwort von der selbstevidenten »Sprache der Tatsachen« sowie auf die »Theorie der objektiven Evidenz« nach H. U. von Balthasar und deren Rezeption in meinem fundamentaltheologischen Ansatz zu sagen[67].

Demzufolge, wie Kessler hier die »Begegnung« oder »Selbstbekundung« des Auferstandenen thematisiert, bleiben diese im wesentlichen ein rein innerliches Geschehen, demgegenüber das sich in sinnlicher Wahrnehmung Zeigende, wie Kessler selbst bemerkt, eine bloße »Begleiterscheinung« darstellt. Das »mit den Augen oder auch visionär Geschaute ist nur die situativ-imaginativ (also durchaus subjektiv) bedingte Begleitmusik«[68]. Inwiefern kann man dann aber überhaupt noch von »ermutigenden Zeichen« sprechen[69], wenn diese Zeichen nicht mehr sind als etwa ein blendendes Sonnenlicht vor Damaskus[70]? Sicherlich versteht Kessler das innere Begegnungsereignis nicht wie die »Reduktionisten«[71]. Es geschieht »nicht aus dem Subjekt heraus«, sondern ist ein »Einschlag von anderswoher«[72], ein »Erfaßtwerden [der Jünger] von außerhalb ihrer selbst«[73]. Das »anderswoher« oder »außerhalb« wird aber nicht von außen, d. h. durch sinnlich Gegenwärtiges wirklich vermittelt. Dieses dient vielmehr nur als okkasioneller, im Grunde beliebig auswechselbarer Anlaß für eine im wesentlichen inspiratorische[74] Offenbarung der entscheidenden Wahrheit über Jesus Christus.

Dementsprechend kommt es in den Ausführungen Kesslers über die von seiten der Jünger mitzubringende Bereitschaft, die »Zeichen« richtig zu deuten, zu frappierenden Inkonsistenzen gegenüber früher Behauptetem: »Es war ein innerlich-gläubiges Sehen der ihnen widerfahrenden *außer*subjektiven Zeichen, die sie gerade *als* Zeichen des lebendig sich ihnen zuwendenden Jesus wahrzunehmen bereit waren. Sie [...] wagten erneut [,] eine Beziehung radikalen Glaubensvertrauens einzugehen zu Jesus, den sie gerade dabei als lebendig (als ›auferstanden‹) erfuhren«[75]. Diese Feststellung wirkt überraschend angesichts der Aussage, daß mit der Kreuzigung Jesu »der Glaube und die Hoffnung der Jünger [zusammengebrochen waren]«[76]. Ja, es wird nicht bloß ein Faktum konstatiert: »Wenn derjenige, der das Ankommen der unbedingten Herrschaft (der Güte) Gottes bei den Verlorenen an sein eigenes Dasein geknüpft hatte, nun selber tot und verloren war, war dann nicht die Möglichkeit [!] des Glaubens an *diesen* Gott zerstört, die Jüngerschaft *Jesu* (als des endgültigen Gottesboten) zu Ende?«[77] »Wie sollen die Jünger auf diesem Hintergrund [der Kreuzigung] – ohne weitere ermutigende Zeichen – die Tragfähigkeit der Gottesbotschaft Jesu erfahren [...]?«[78]. Auf die Interpretation der österlichen Widerfahrnisse bezogen: Wie sollen nach einem solchen Zusammenbruch des Glaubens, ja, der Möglichkeit des Glaubens die Jünger jetzt plötzlich zu dem Wagnis imstande sein, Zeichen, die *an sich* mehrdeutig und vielleicht nur Vortäuschung von göttlicher Zuwendung sind[79], als ermutigende Zeichen zu interpretieren?

Kesslers Versuch, die Ostererscheinungen als den entscheidenden geschichtlichen Ort für die Erkenntnis der Identität Gottes mit Jesus auszulegen, vermag nicht zu befriedigen. Doch bietet eine »postmortale Osterevidenz« überhaupt eine hinreichende Basis für eine solche Interpretation?

3.4.2. Unbedingtes in geschichtlicher Kontingenz?

Ob man in Erscheinungen des Auferstandenen oder schon vorher – etwa, mit einer langen theologischen Tradition, in den

Wundern Jesu – eine ausreichende Evidenz gegeben sieht, Jesus als »wahren Menschen und wahren Gott« zu bekennen: im Hintergrund steht immer die erkenntnistheoretische Frage, ob und gegebenenfalls wie sich ein schlechthin unbedingtes Sein in bedingtem, geschichtlichem Sein wirklich erkennen läßt. Mit dem Glauben an den bereits gekommenen Messias – also an die ein-für-allemal, letztgültig in dieser Geschichte ergangene Offenbarung des einen, souveränen Gottes, wie er erstmals im Glauben Israels den Horizont menschlichen Verstehens aufgesprengt hat – erfuhr diese erkenntnistheoretische Frage eine unüberbietbare Verschärfung. Geht man die Geschichte der philosophisch-theologischen Beschäftigung mit dieser Grundfrage durch, so findet man darauf allerdings keine befriedigende Antwort.

Im platonisch-augustinischen Denkrahmen ließ sich das sinnlich wahrnehmbare Sein nie wirklich als ein adäquates Medium zur Vermittlung unbedingter Wahrheit auffassen[80]. Wegweisend wurde dann für viele Jahrhunderte das Wunderverständnis des Thomas v. A.: Gott zeigt seine unbedingte Macht im Raum geschichtlicher Bedingtheit dadurch, daß er die Naturgesetze, also etwas, das sonst durch keine Macht erschüttert werden kann, durchbricht. Aber sind diese »miracula« noch als »signa« zu verstehen? Zeigen sie wirklich etwas vom Wesen des sich in Jesus Christus offenbarenden Gottes? Sind sie mehr als ein von außen aufgedrücktes »Siegel des Königs« für einen im übrigen verschlossenen »Brief«? Oder – von den weltlichen Wissenschaften her gefragt –: Was ist das für ein schlechter Werkmeister, der seine Schöpfung auf den Kopf stellen muß, um erkennbar zu werden? (Spinoza) Bedeutet ein (als Faktum ohnehin so gut wie nie zu verifizierendes) Durchbrechen von »Naturgesetzen« mehr, als daß man diese vorläufigen Hilfskonstruktionen des Menschen im Chaos der Phänomene korrigieren muß? (Hume)[81]. Seit Kant schließlich galt die Frage nach einer kritisch verantwortbaren geschichtlichen Offenbarung Gottes lange Zeit so gut wie aussichtslos. M. Blondel und (von diesem vor allem über J. Maréchal angeregt) K. Rahner haben zwar die »transzendentale Seite« des Problems energisch in Angriff genommen: Der Mensch wartet unausweichlich auf ein geschichtlich ergehendes Wort Gottes. Die »kategoriale Seite« der fundamentalen Frage wird aber auch von ihnen kaum zureichend behandelt: Inwiefern ein sinnlich-geschichtliches Ereignis trotz seiner unausweichlichen Kontingenz Gottes Präsenz in dieser Welt wirklich vermitteln kann, bleibt ein ungelöstes Problem[82].

In der gegenwärtigen Diskussion ist Th. Pröpper einer der wenigen, die – zwar in der »Spur« K. Rahners, in Anknüpfung an die Freiheitslehre J. G. Fichtes aber wesentlich über die Anthropologie Rahners hinausgehend – die Basisfrage für die Verantwortung christlichen Glaubens systematisch weiterverfolgen[83]. Über die Rezeption der von H. M. Baumgartner skizzierten »transzendentalen Historik« hat G. Essen den anthropologischen Ansatz Pröppers für den Entwurf einer »Historik der Auferstehung« fruchtbar gemacht[84]. Ich versuche, die für die Frage nach der geschichtlichen Vermittelbarkeit von letztgültiger Offenbarung wichtigsten Züge dieser Anthropologie kurz nachzuzeichnen.

Festen Boden gewinnt ein Denken, dem es um die Verantwortung von Letztgültigkeitsbehauptungen geht, allein im Rückgang auf die formale Unbedingtheit, die das Kennzeichen aller Freiheit ist. Dieses Entworfensein auf Unbedingtheit, das zugleich Wahl der zu sich selbst entschlossenen Freiheit ist, bleibt aber solange ein absurder Wurf, wie die formale Unbedingtheit sich nicht auch inhaltlich unbedingt realisieren kann. Das vermag jedoch nur über eine gegenseitige Anerkennung zu geschehen, in der freie Subjekte einander unbedingt jenes »Du sollst sein!« zusagen, von der oben, zu Eingang von Abschnitt 3, die Rede war. In ihrer geschichtlichen Kontingenz kann *menschliche* Freiheit solche Unbedingtheit allerdings nur »realsymbolisch« *versprechen*. Zur *Erfüllung* dieses Versprechens ist allein Gott – das wirkliche Unbedingte – imstande. Der so skizzierte, mit freier Existenz immer schon eröffnete Horizont muß auch für eine Historie maßgebend sein, sofern sie den fundamentalsten Horizont von Humanität nicht verfehlen will.

Mit dieser Ermittlung eines prinzipiell gegebenen *Sinns* von Osterglauben stellt sich nun aber die Frage nach der grundsätzlichen *Realisierbarkeit* dessen, was diesen Glauben an ein faktisches Ereignis zu rechtfertigen vermag, noch einmal in aller Schärfe. Das den Horizont unbedingter Freiheit erfüllende Handeln Gottes vermittelt sich *geschichtlich*.

Die leitende Frage für den Umgang mit Geschichte geht dahin, ob sich in dieser Geschichte »ein Ereignis realisiert hat, in dem dem Menschen die endgültige Bestimmung dadurch widerfahren ist, daß in ihm die vollkommene Freiheit geschichtlich begegnet«[85]. Die Transzendenz des Menschen erfährt ihre definitive Bestimmung dadurch, »daß die vollkommene Freiheit als das die endliche Freiheit schlechthin Erfüllende sich *geschichtlich* mitteilt und für den Menschen zur Realität wird«[86].

Wie ist das geschichtliche Medium aber genauer zu verstehen, in dem sich das »endliche Freiheit schlechthin Erfüllende« mitteilt? Menschliche Freiheit kann Unbedingtes nur zusagen, nicht aber realisieren. Dies ist eine Grundannahme in der Anthropologie Pröppers, die sich in diesem Punkt mit dem Verständnis der jedem »Realsymbol« letztlich eignenden Ambivalenz bei Rahner deckt. Dennoch vermisse ich hinsichtlich der Frage, ob die alles entscheidende und erfüllende Tat Gottes sich in menschlicher Freiheit oder aber in einem anderen geschichtlichen Medium offenbart, bei Essen und Pröpper eine letzte Klarheit.

»Weil nur im geschichtlich-symbolisch sich mitteilenden Selbsterweis Freiheit für andere Freiheit Wirklichkeit werden kann, bedurfte die endgültige Selbstmitteilung Gottes als Liebe der Freiheit eines Menschen, um geschichtliche Wirklichkeit für den Menschen zu werden«[87]. Ein geschichtliches Ereignis kann seine Bestimmtheit dadurch erfahren, »daß die göttliche Freiheit es als die Form der symbolischen Vermittlung beansprucht, um für die Menschen offenbar zu werden. In christologischer Perspektive bedeutet dies, daß die Liebe Gottes im Menschen Jesus eine Gestalt fand, *die ihrer Unbedingtheit entsprach und angemessenen Ausdruck gab*«[88]. Selbst in Pröppers bisher letztem kritischen Beitrag zu meiner Position, wo er nachdrücklich betont, daß Jesu Hingabe ohne die Auferweckung des Gekreuzigten nicht *als* die unwiderruflich entschiedene Liebe *Gottes* offenbar geworden wäre[89], bezeichnet er die Lebenshingabe Jesu als »den geschichtlich vollendeten Ausdruck« der Unbedingtheit göttlicher Liebe bzw. Jesus selbst als »das geschichtliche Dasein des für die Menschen entschiedenen Gottes selbst«[90], fragt dann aber: »Widerspricht es nun dieser durch Jesu Freiheit vermittelten Bewegung des Kommens Gottes zur Welt, wenn Gott ›an ihm vollendet, was er in ihm für uns begann‹«?[91] Ja, durchaus, meine ich[92] – wenn nämlich Gottes *vollendendes* Tun nicht doch schließlich der Geschichte entrückt ist (was, wenn ich Pröpper und Essen richtig verstehe, gerade nicht der Fall sein soll).

Reicht der Hingang Jesu selbst nicht aus, um Gottes Liebe *vollendeten* Ausdruck zu verleihen, dann scheinen mir nur zwei erwägenswerte Alternativen übrigzubleiben. *Entweder* die vollendende Tat Gottes am toten Jesus offenbart sich *rein* innerlich. Diese Position steht, soweit ich sehe, in der Diskussion, um die es in dem vorliegenden Buch geht, nicht zur Debatte. *Oder* jene Erfüllungstat Gottes vermittelt sich in einem geschichtlichen Zeichen, das über die irdische Geschichte Jesu selbst hinausgeht. Welches Geschichtsfaktum vermag aber mehr von Gottes rettender Liebe zu sagen als das Zeichen, das Jesus selbst ist? Ich bin H. Kessler dankbar, daß er seine (oben von mir hinterfragten) »Mutmaßungen« publik gemacht hat, und würde es begrüßen, wenn jeder so ehrlich mit *seinen* Vorstellungen über den empirisch (von allen Augen, die für auch unangenehme Wahrheiten nicht verschlossen sind) wahrnehmbaren Grundbestand ans Licht rückte, der von den Jüngern und Paulus als Erscheinung des Auferstandenen identifiziert wurde. Ich habe den Verdacht, daß entweder (im Vergleich zu dem, was Jesu Leben allen vernehmlich gezeigt hat) immer nur ein recht banaler Sachverhalt benannt werden könnte, der erst aufgrund einer aus dem *Innern* des wahrnehmenden Subjekts (kraft einer Wirkung des heiligen Geistes) heraus erfolgenden Aktivität als Offenbarung des Auferstandenen verstanden wurde. Oder aber man fällt in den Kontext jener Wundervorstellung zurück, derzufolge sich Gottes Auferweckungshandeln im Durchbrechen von Naturgesetzen bemerkbar gemacht habe[93]. In beiden Fällen werden die Kriterien verfehlt, die G. Essen in seiner »Historik« für einen verantwortlichen Umgang mit dem Osterglauben herausgearbeitet hat.

Was rechtfertigt aber überhaupt die Prämisse, daß in menschlicher Freiheit das Unbedingte selbst – hier: die Wirklichkeit *göttlicher* Liebe – nicht vollendet zur Erscheinung kommen könne? Eigentlich müßte man die Frage umgekehrt aufzäumen: Was kann das Unbedingte (wenn es denn ein solches gibt) überhaupt derart einschränken, daß es irgendwo nicht so erscheinen kann, wie es will? Was kann dem Unbedingten überhaupt eine Grenze setzen? Die Antwort des Thomas von Aquin: Nichts. Nicht einmal die ehernen Naturgesetze; denn die hat Gott selbst gesetzt. Aber seine Antwort führte nicht nur in die Sackgasse des »Extrinsezismus« (im Verhältnis von Offenbarung und der sie beglaubigenden Mirakel). Sie hatte die Frage auch nicht tief genug ausgelotet. Denn da ist in der Tat etwas in der Schöpfung, das dem Unbedingten eine Grenze setzen kann, auch wenn es von diesem selbst gesetzt ist: die geschaffene Freiheit, die auch noch dem größten Erweis der Liebe Gottes gegenüber Nein zu sagen vermag. *Diese* (vom Unbedingten selbst »verschuldete«) Bedingtheit des Unbedingten kann nur von der geschaffenen Freiheit selbst her überwunden werden: indem die Freiheit sich restlos so vom Unbedingten durchdringen läßt, daß in ihr nichts als das Unbedingte offenbar wird. (Um zu dieser Einsicht zu kommen, braucht man nicht den »späten Fichte« gelesen zu haben. Das Johannesevangelium genügt voll und ganz.) Ist diese volle Einheit des göttlichen und des menschlichen Willens aber vollbracht, was bedarf es dann noch mehr, damit das Unbedingte *als Unbedingtes* erscheint, damit die gegenseitige Verherrlichung und vollendete Einheit von Vater und Sohn offenbar wird?

3.4.3. Erhöhung im Fleische

Auf dem Hintergrund des soeben Ausgeführten wird meine zweite »Osterthese« vielleicht etwas besser verständlich: »Wenn Gott erst *nach dem Tode* Jesu den entscheidenden Offenbarungsakt gesetzt hat, dann wird der Glaube an die Inkarnation des göttlichen Wortes unterhöhlt«[94]. Verstehensschwierigkeiten bereitet dieser Betonung der Inkarnation als entscheidenden Ort göttlicher Selbstoffenbarung nicht zuletzt die Tatsache, daß man sich im Zuge traditionsgeschichtlicher Forschung daran gewöhnt hat, den frühesten Verkündigungsschichten wegen ihrer »historischen Nähe« zum Geschehenen einen höheren Wert bei der Frage nach dem wirklichen Jesus der Geschichte beizumessen als späteren Überlieferungen. Ich habe an anderer Stelle auf die Fragwürdigkeit dieser Annahme hingewiesen[95] und oben (Abschnitt 2) angedeutet, warum es den frühchristlichen Gemeinden aus der ursprünglichen Erfahrung mit Jesus von Nazaret heraus notwendig erscheinen konnte, die (zuerst für die Gewißheit, daß Jesus trotz seiner Hinrichtung lebt, gebrauchte) Metapher »Auferweckung« zugunsten von »Auferstehung« in den Hintergrund treten zu lassen.

H. Kessler begegnet meiner »zweiten These« mit dem folgenden grundsätzlichen Einwand: Der Glaube an die Inkarnation des göttlichen Logos in Jesus wurde erst aufgrund der Ostererfahrung möglich. »Man kann also nicht umgekehrt aus einem in Wahrheit erst *nach*österlichen Glaubenswissen über die Inkarnation Gottes in Jesus die *Entstehung* des Osterglaubens herleiten; das wäre ein zirkuläres Verfahren«[96]. Zirkulär ist das Verfahren nur, wenn man die Prämissen Kesslers teilt. Meiner Auffassung nach wurde bereits »im Fleische« Jesu Gottes ganze »Herrlichkeit« offenbar. Wegen der Angst und Herzensträgheit der Jünger kam diese Erkenntnis allerdings erst nach dem Karfreitag zum Durchbruch. Erst die »göttliche Nachhilfe«, die sie in den Ostererscheinungen erfuhren, brachte sie (mit der Gewalt und Plötzlichkeit, wie sie tiefgreifenden Konversionen eignet) zu der Einsicht, daß nicht Jesus *am Kreuz*, sondern sie selber *angesichts des Kreuzes* gescheitert waren. Trotzdem bedurfte es noch einer geraumen Zeit, bis sie ihre hinausgezögerte Anerkenntnis, daß der Tod keine Macht über *diesen* Menschen beanspruchen konnte, offen zuzugeben wagten. Die damals allen geläufige Kategorie »Auferweckung«, die von einem Handeln Gottes an dem toten Jesus sprach, half ihnen, von jenem Sieg über den Tod zu sprechen, ohne auf ihre eigene Niederlage eingehen zu müssen. Erst in theologischen Aussagen wie der über das Bekenntnis des Hauptmanns angesichts des Kreuzesschreis Jesu (Mk 15,34.37-39) oder über die »Erhöhung Jesu am Kreuz« (Joh 3,14; 8,28; 12,32.34) kam der wahre Ort österlicher Offenbarung angemessen zur Sprache.

In dieser (hier äußerst knapp skizzierten) Position werden die beiden einzigen »österlichen Tatbestände«, die der historischen Kritik wirklich standhalten, in nicht-reduktionistischer Form berücksichtigt: die Wende im Verhalten der Jünger (bzw. des Apostels Paulus) nach dem Karfreitag und ihre Berufung auf Erscheinungen des Auferstandenen zur Erklärung ihres österlichen Verhaltens. Die Wende hat ihr *sachliches* (oder »de-iure«-)Fundament in dem, was der irdische Jesus von Gott zur Erscheinung brachte. Die österlichen Begegnungserlebnisse sind aber alles andere als Resultate spekulativer Reflexion oder halluzinatorische oder sonstwie fiktive Visionen. In ihnen kam ebenjenes (vernommene und doch nicht wahr-genommene) Sachfundament in seiner vollendeten Gestalt zum Durchbruch, wenn diese zunächst auch noch im Rückgriff auf eine zwar allen geläufige, dem Sachverhalt aber nicht ganz angemessene Metapher zur Sprache gebracht wurde (»Auferweckung«, verstanden als Handeln Gottes an einem, den der Tod in seine Gewalt bekommen hat). Daß die Erscheinungen als umstürzende Konversionserfahrungen nicht ohne eine von innen her wirkende Kraft des hl. Geistes zustande kamen, ist nicht beweisbar, darf aber in Analogie zu sonstigen Glaubenserfahrungen angenommen werden. Die entscheidende Differenz meiner Position zu anderen Auffassungen: die österlichen Erscheinungen offenbaren sachlich nichts Neues; in ihnen bricht sich das Bahn, was »im Fleische Jesu« (bzw., mit Blick auf Paulus, im Fleische der Jesus als Lebenden verkündenden Kirche) wahrzunehmen war, was man aber zunächst nicht wahrhaben wollte. Wenn in dieser Position das, was mit dem Terminus »Auferweckung/Auferstehung« unverzichtbar gemeint ist, verantwortlich ausgelegt werden kann, so kommt ihr in der heutigen Verkündigungssituation ein besonderer Stellenwert zu. Denn der jahrhundertealte Streit um die Sachhaltigkeit der Erscheinungsberichte (und erst recht um die Frage, ob das Grab Jesu leer war oder nicht) stellt (nicht erst heute!) ein beträchtliches Ärgernis auch für solche dar, die das »Wort vom Kreuz« gerade *nicht* als Torheit oder Skandalon betrachten.

Was heißt aber, die mit dem Terminus »Auferweckung/Auferstehung« gemeinte Sache verantwortlich auslegen? Jede Interpretation des Osterglaubens muß zum einen Maß nehmen an den Texten, die in den »Kirchen und kirchlichen Gemeinschaften«[97] als authentische Grundzeugnisse des christlichen Glaubens gelten. Um diese exegetische Verantwortung meiner Position und ihre bisherige Kritik wird es im folgenden Abschnitt (3.4.4) gehen. Zum anderen steht eine Verantwortung vor der philosophischen und historischen Vernunft an. Dies ist Thema der beiden nächsten Kapitel. Der damit vorgezeichnete Weg führt unausweichlich in die Unübersichtlichkeit endloser Debatten. Ist es aber nicht notwendig, zunächst einmal in einer solchen Weise kritisch, wenn auch noch nicht ins »akademische Detail« ausgefaltet, über die Basis des Osterglaubens zu reden, daß der *allen* Christinnen und Christen zugemuteten »Rechenschaft über den Grund der Hoffnung, die in uns ist« (1 Petr 3,15), Genüge getan wird – etwa im Sinne des von Rahner konzipierten »Grundkurs des Glaubens« als Verantwortung auf einer vorläufigen Reflexionsstufe? Dies soll – im Hinblick auf die von mir vertretene Position – in den folgenden Überlegungen versucht werden.

Das Unbedingte kann in geschichtlicher Kontingenz erscheinen, wenn sich menschliche Freiheit ganz dafür hergibt, christologisch: wo der menschliche und der göttliche Wille in Jesus zur vollen Deckung kommen. Ein anderes Wort dafür ist die *Sündlosigkeit* Jesu, die ich als Ausgangspunkt für die Frage nach der letztgültigen Offenbarung Gottes in Jesus Christus vorgeschlagen habe[98]. Th. Pröpper wendet ein: »[...] wie soll man, ohne jede historische Rückfrage, etwa dem Verdacht entgegentreten, daß die vollkommene Sündlosigkeit Jesu nur die Projektion des Ideals seiner Anhänger sei?«[99] Zur Antwort wäre – was die historische Rückfrage angeht – auf den (vor Herausbildung eines Schriftkanons und einer »gesamtkirchlichen« Kontrollinstitution) bemerkenswerten Tatbestand hinzuweisen, daß in keinem der neutestamentlichen Zeugnisse von so verschiedenartiger Herkunft auch nur der geringste Zweifel daran laut wird, daß Jesus sündenlos gewesen ist und auch ein klares Selbstbewußtsein von dieser Sündenlosigkeit gehabt hat[100]. Die angenommene Projektion hätte so etwas wie eine »indogermanische« Sprachregelung innerhalb der verschiedensten Gemeinden zur Voraussetzung, wenn sie nicht als Implikat der aller christlichen Verkündigung zugrundeliegenden Erfahrung mit Jesus zu betrachten wäre. Dann ist aber eine Unterscheidung von Erfahrung und Projektion äußerst schwierig.

In Vorwegnahme des Projektionseinwands hatte ich allerdings

schon einige Überlegungen angestellt, auf die Pröpper nicht eingeht:

Ein derartiges Argument läuft völlig der Richtung zuwider, in die sittliche Erfahrung weist. »Die Vernunft vermag zwar absolute Sündlosigkeit zu *denken* [...]. Realisierte sittliche Erfahrung (mit sich und mit anderen) bewegt sich aber in eine Richtung, die keineswegs auf die Projektion eines Menschen hin kulminiert, der sich als sündlos zu erkennen gäbe. In dem Maße, wie in der Geschichte des Sich-Mühens um sittliche Vollkommenheit die Gestalt eines heiligmäßigen Menschen in die Nähe rückt, begegnen vielmehr Menschen, die proportional zu dem ihnen zuzuschreibenden sittlichen Rang von einem ehrlich-nüchternen Bewußtsein ihrer Unvollkommenheit geprägt sind. Demgegenüber stellt das christliche Zeugnis, das sich auf die herausfordernde Identifikation Jesu mit dem Willen Gottes als seinen Ursprung zurückführt, etwas völlig Unerwartetes dar. Sofern ich mich selbst von dem sittlichen Ernst dieses Zeugnisses unbedingt eingefordert weiß, wird mir die Annahme unmöglich, jener Verweis auf den Ursprung verdanke sich einer Projektion, in der die christliche Gemeinde ihren Stifter nachträglich hochstilisiert habe.«[101]

Im Zusammenhang der (im Rahmen des heute geltenden Verständnisses historisch-kritischer Exegese nicht zu entscheidenden) Frage, ob Jesus am Kreuz vielleicht nicht doch (an Gott verzweifelnd) zusammengebrochen sei, trägt übrigens auch Pröpper aus der Evidenz sittlich-praktischer Vernunft (zumindest implizit) ein Argument für die tatsächliche Sündlosigkeit Jesu bei: die hohen sittlichen Forderungen Jesu, die von seinen Jüngern Martyriumsbereitschaft, *radikalen Gehorsam gegenüber Gottes Willen* und ebenso entschiedenes Vertrauen verlangten, wären »nach Ostern gewiß nicht weiterverkündet worden [...], wenn sie Jesus nicht an sich selber gerichtet *und ihnen entsprochen* hätte«[102].

Mit solchen Überlegungen zur historischen Glaubwürdigkeit der neutestamentlichen Behauptung von Jesu Sündlosigkeit ist allerdings die Frage noch nicht beantwortet, woran sich dann ursprünglich erkennen ließ, daß wenigstens einmal in der Geschichte ein menschlicher Wille mit dem Willen Gottes völlig im Einklang gewesen ist und darin die Identität »wahrer Mensch und wahrer Gott« zur Offenbarung kam. Diese Frage bildet sozusagen das Schibboleth für meine Konzeption von

Ostererfahrung, ein Test, wie er sich in der traditionellen Position auf die Erschließungskraft des »ophthe« konzentriert. Sie muß in einer vertieften Reflexion auf die radikalste Möglichkeit verfolgt werden, wie menschliche Freiheit »Realsymbol« der Selbstoffenbarung Gottes sein kann.

In welcher Radikalität Gott den Menschen zum sichtbaren Zeichen seines eigenen Wesens machen kann, vermag schon ein kurzer Blick auf die prophetische Literatur des Ersten Testaments zu zeigen.

»Und das Wort Jahwes erging an mich so: Du sollst dir keine Frau nehmen, noch sollst du Söhne oder Tochter haben an diesem Ort« (Jer 16,1f). Derselbe Mensch kann dann von sich sagen: »Du hast mich verlockt, Jahwe, und ich ließ mich verlocken, du hast mich gepackt und überwältigt. Ich bin zum Gelächter geworden tagaus tagein« (Jer 20,7).

»Und das Wort Jahwes erging an mich so: Du Menschensohn, siehe, ich nehme dir deiner Augen Lust durch plötzlichen Tod, und du darfst nicht klagen noch weinen, es darf dir keine Träne kommen« (Ez 24,15f). Derselbe Mensch, der zuvor Gerstenkuchen ißt, den er vor aller Augen auf Menschenkot zu backen hatte (Ez 4,12), darf nun noch nicht einmal seiner Frau die letzte Ehre erweisen (Ez 24,17).

Der Beginn des an Hosea ergehenden Wortes Jahwes lautet: »Geh, nimm dir eine buhlerische Frau und buhlerische Kinder, denn wie eine Dirne wendet sich das Land von Jahwe ab« (Hos 1,2). Und nachdem offenbar dieselbe Frau durch weiteres Sichherumtreiben in rechtsgültige Abhängigkeit von einem anderen Eheherrn geriet, ergeht ein weiteres Wort Jahwes an Hosea: »Geh noch einmal und liebe eine Frau, die einen anderen liebt und die Ehe bricht, wie Jahwe die Kinder Israels liebt, obwohl sie sich anderen Göttern zuwenden und Opferkuchen aus Rosinen lieben« (Hos 3,1). Im Gehorsam zu dieser Sendung wird Hosea nicht weniger zum Gelächter als Jeremia. Doch indem der Prophet so zum Zeichen göttlichen Handelns wird, offenbart sich, daß Jahwe selbst um der Heimholung Israels willen nicht davor zurückschreckt, in jene Rolle zu schlüpfen, unter der er am meisten geschmäht wird: die eines Liebhabers.

Als solcher nimmt er es mit den Baalen auf, trotz der landesweiten Hurerei, die ein Ekel in seinen Augen ist. Indem Jahwe den Propheten zum Narren vor ganz Israel werden läßt, geht er selbst das Risiko ein, bis zur Unkenntlichkeit mißverstanden zu werden. Nur die Strenge des prophetischen Gehorsams macht es möglich, daß Gottes Wesen in einer bisher noch nicht erahnten Weise zutage tritt. Der souveräne Bundesherr (wohl auch in Israel zunächst nach dem Muster eines siegreichen Königs verstanden, der seinen neuen Vasallen einen Bund aufnötigt) mischt sich gleichsam unter die Baale, indem er seine Geliebte lockt, in die Wüste (den ursprünglichen Ort seiner Selbsteröffnung) führt und ihr dort zu Herzen redet (vgl. Hos 2,16). Je paradoxer die menschliche Gestalt erscheint, die er zu seinem »Realsymbol« erwählt, desto mehr vermag sich die wahre Gestalt Gottes gegenüber den vielen von Menschen entworfenen Gottesbildern durchzusetzen. Je weniger an Menschen vertrauter Menschengestalt dem Gottesknecht bleibt, desto durchlässiger wird er für den Gott Israels (vgl. Jes 52,14; 53,2 LXX).

Was der Evangelist Markus zum Kreuzestod Jesu schreibt (Mk 15,34-41)[103], liegt ganz auf dieser ersttestamentlichen Linie – und stellt dennoch deren nicht mehr zu überschreitenden Höhepunkt dar. Markus siedelt innerhalb der ihm durch die frühchristliche Verkündigung vertrauten Rede von Jesu Leben, Tod und Auferstehung einen »Sisyphusbrocken« an, wie er in der gesamten Weltliteratur nicht seinesgleichen hat. Der »Held« des Christentums (»Das Grab ist leer, der Held erwacht ...«, heißt es in einem Osterlied) verendet mit dem Schrei: »Mein Gott, mein Gott, warum hast du mich verlassen?« Seine Gefolgsleute haben längst das Weite gesucht. Aber dem die Exekution überwachenden heidnischen Hauptmann, der – dem Exekutierten unmittelbar gegenüberstehend – dessen letzten Atemstoß »sieht«, legt der Evangelist das seiner theologischen Konzeption nach einzig angemessene Bekenntnis zur göttlichen Hoheit Jesu in den Mund. Von ferne sehen zwar auch einige Frauen, die Jesus gefolgt waren, der Hinrichtung zu. Sie ziehen aber lediglich die Folgerung, daß sie ihm nun die letzte Ehre zu erweisen haben. Selbst die Auferstehungsbotschaft angesichts des leeren Grabes, verbunden mit dem Auftrag, diese Botschaft weiterzugeben, hilft nicht weiter. Sie verfallen der vom Evangelisten als typisch gekennzeichneten Jüngerreaktion auf Situationen, wo es um die eigentliche Wahrheit Jesu geht: Entsetzen, Flucht, völliges Verstummen ist ihre Antwort[104].

Schon den Markus folgenden Synoptikern, Matthäus und Lukas, war dieser Brocken zu hart. Sie schwächen das harte Gegenüber von Jesu Todesschrei und Gottessohnbekenntnis des Hauptmanns ab. Nach ihnen fand sich jemand, der den Schluß des Markusevangeliums durch einen Zusatz – eine erste Version von Evangelienharmonie – ins »rechte Lot« rückte (Mk 16,9-20). Vielleicht verdanken wir ihm, daß das Markusevangelium (das ohnehin in der Kirchengeschichte im Schatten des »Augenzeugen Matthäus« viele Jahrhunderte lang ein kümmerliches Dasein fristete) überhaupt in den Kanon der heiligen Schriften aufgenommen wurde[105].

Was ist das Einmalige an diesem österlichen Bekenntnis angesichts des letzten Schreis Jesu nach Markus? Dem Menschen ist es verboten, sich von Gott ein Bild zu machen (Ex 20,4). Gott hat sich als Jahwe, der »Ich bin da«, seinem Volk offenbart (Ex 3,14) und ihm geboten, seinen Namen nicht zu mißbrauchen (Ex 20,7). Aus Furcht, dieses Gesetz jemals zu übertreten, sagte Israel jeweils »Herr«, wo es in der Schrift das Tetragramm JHWH las – und hat damit auf Jahrtausende das Sprachspiel von Herrschaft und Knechtschaft in Israel und den ihm entstammenden monotheistischen Religionen zur Vorherrschaft gebracht.

Auch der von Markus dargestellte Jesus macht sich ein Bild von Gott und dem, was ihn in der Nähe von Gott erwartet. »Amen, ich sage euch: Ich werde nicht mehr von der Frucht des Weinstocks trinken bis zu dem Tag, an dem ich von neuem davon trinke im Reich Gottes« (Mk 14,25). Dieser Satz gilt (zumindest in seinem Kern) im Umfeld der heute praktizierten Rückfrage nach dem historischen Jesus als das letzte »authentische Jesuswort«. Die nächste mit positiven Vorzeichen versehene Aussage, woran man sich in bezug auf Jesus historisch halten zu können meint, ist das »ophthe« der Berichte über Erscheinungen des Auferstandenen. Einer, dessen Himmelserwartungen sich von denen eines durchschnittlichen Zeloten kaum unterschieden, scheitert am Kreuz so gründlich, daß niemand in Israel ihm mehr vernünftigerweise Vertrauen schenken konnte. Er wird erst durch den auferweckenden Gott »ins Recht gesetzt«, wie es heute fast durchgehend in der »kritischen« Exegese und der ihr folgenden systematischen Theologie heißt[106].

Die Kreuzesszene nach Markus bietet das gerade Gegenteil dieses Resultats historischen Rückfragens. Auch die ureigenste Vorstellung Jesu von seinem Gott – die (historisch für gesichert geltende) kindliche Anrede seines Vaters mit »Abba«, die Jesus auch noch in dem bisher härtesten Ringen seines menschlichen Wollens mit dem göttlichen Willen im Garten Getsemani in den Mund gelegt wird (Mk 14,33-36) – wird ihm schließlich zerbrochen. Der »Held« des Christentums überwindet nicht nur seinen Selbsterhaltungstrieb. Das ist auch anderen gelungen. Jesus wird auch noch das letzte genommen, was denen, die für eine gerechte Sache in den Tod gehen, bleibt – selbst wenn sie mit keinem Jenseits rechnen –: das Ruhen in der Gewißheit der richtigen Ideologie, das Wissen um den inneren Einklang mit dem »kategorischen Imperativ«, das Grundgefühl, daß der letzte Atemstoß in den alles umgreifenden göttlichen Atem mündet, in eine kosmische Einheit, wo nach der Überwindung jeder Ichverhaftetheit und Differenz die endgültige Harmonie winkt. Im Sterben Jesu vollzieht sich ein Ikonoklamus, »worüber hinaus kein größerer gedacht werden kann«. Gott, die einzige Karte, worauf dieses Leben gesetzt war, entzieht sich in die radikalste Fremdheit, jeder Vorstellung entkleidet, von dem her sich eine Beziehung zum Menschen denken ließe. Bildlos.

Und doch ist der »Ich-bin-da« hier gegenwärtig wie nie zuvor, wird sein Name geheiligt, wie sonst an keiner geschichtlich bekanntgewordenen Stelle: im nackten Du, auf das hin Jesus in diesem Gebetsschrei »aushaucht«. Gott ist da, propositionslos, in der reinen »Sprachpragmatik« dieses letzten Schreis. Und angesichts dieser aller Gewißheit entblößten Humanität spricht der heidnische Exekutor das einzige österliche Bekenntnis, das sich im Markusevangelium findet.

Treibt diese »Anwesenheit« Gottes in aller Brutalität die Theodizeeproblematik aber nicht auf die äußerste Spitze? Gott ist hier zwar nicht »verborgen anwesend«, sondern präsent in seiner ganzen unerbittlichen Macht. Aber was für ein Gott! Einer, dessen einzige Entschuldigung darin bestünde, daß er nicht existiert (Stendhal). Nur zu verständlich, daß angesichts dessen ausgerechnet ein Henker seiner Bewunderung Ausdruck verleiht.

Man darf die Kreuzesszene nach Markus nicht losgelöst von der »Theodramatik«[107] lesen, die sich in dieser totalen Auslieferung des Gerechten vollendet. Menschen finden ihre ökonomische Existenz und geistige Identität in einer Gruppe von Menschen, die sich gegenseitig anerkennen. Dazu gehören internalisierte Regeln, insbesondere, daß es andere gibt, die »nicht zu uns gehören« (vgl. Mk 9,38). Wer diese Regel mißachtet, wird selbst hinausgedrängt. Jesus begeht den gröbsten Verstoß gegen diese Grundregel menschlichen Miteinanders. Er macht in seinem Reden und Tun unmißverständlich klar, daß Gottes schrankenlose Güte sich auf alle Menschen ohne Rücksicht auf gesellschaftliche oder religiöse Zuordnungen erstreckt: Gott vergibt allen ihre Schuld, unterschiedslos, bedingungslos. So einer muß verschwinden. Er stellt unsere mühevoll abgezirkelte Identität, für die das Aussondern von »schwarzen Schafen« unverzichtbar ist, in Frage.

Was soll Gott nun tun, was soll Jesus nun verkünden? »[...] eine sündigende Freiheit, die auch noch das voraussetzungslose Angebot der Verzeihung ausschlägt, schließt sich ganz in sich selber ein. Ihr kann von außen nicht weiter geholfen werden ...«[108]. Sie zieht sich selbst das Gericht zu. Aber welche Gerichtsworte sollen gesprochen werden, wenn die »Liebe nur sich selbst hat, um für sich zu sprechen«[109], der Griff zur Gewalt ihr wesensfremd ist? »Auf die Verdoppelung der Sünde antwortet sie mit einer Verdoppelung der Liebe, die sich nun nicht mehr bloß in zeichenhaften Handlungen äußert, sondern im Leiden bewährt. Sie läßt sich weder dazu provozieren, die Waffe der Gegner zu benützen, noch überläßt sie diese ›kaltblütig‹ ihrem Geschick. Sie geht vielmehr den verhärteten Menschen

nach, läßt sich selber treffen und in ihre finstere Welt hinein-
ziehen«[110].

Es ist nicht so – wie eine jahrhundertealte Sühnetheologie meinte –, daß Gott Jesus an die Gewalt ausliefert, weil er ein Opfer
zur Besänftigung seines Zornes will. Indem er aber den Sündern
bis in den äußersten Winkel ihrer Verstockung und der daraus
resultierenden Gewalt gegen den Ruf bedingungsloser Verge-
bung nachgeht, wird Jesus auf indirekte Weise zum Opfer göttlichen Wollens. »Das, was Gott direkt will, zeigt sich im Verhalten Christi, der durch seine Feindesliebe das innerste Herz
des Vaters offenbart«[111].

Ich stimme diesen Ausführungen R. Schwagers voll und ganz
zu. Wer die Stelle der bedingungslosen Liebe in dieser Welt vertritt, auf den konzentriert sich die ganze Gewalt der Welt, die
aus der Angst um mühsam umzirkelte Identität resultiert. In
ihm wird das Leiden der Liebe zum völligen Unmaß, weil er für
nichts als diesen unbedingten Willen da ist und den geschände-
ten Willen Gottes bis in die letzte Faser seiner Existenz erleidet.
Er wird so zum vollendeten Bild der mißbrauchten Liebe, zur
nackten Gegenwart *dieses* »Ich-bin-da«. An ihm tobt sich die
ganze erbärmliche Philosophie des Habens und Machens aus.
Sie tobt sich *aus*, auch noch in einem anderen Sinn. Denn wo
diese Philosophie auf das wie selbstverständliche Sich-Loslas-
sen-Können, die reine Proexistenz trifft, ist ihr Reich zuende.
Sie glaubt es nur dadurch wieder aufrichten zu können, daß sie
Leiden macht.

Wo aber Liebe weiß, daß sie warten muß, weil der Geliebte
sich nicht loslassen zu können meint, wird den Philosophen
des Habens auch noch diese letzte Machtdomäne genommen:
solches in Freiheit übernommene Leiden können sie nicht
machen. Es tritt ihnen statt der Ohnmacht der Passivität ein
Aktiv entgegen, dem sie nicht gewachsen sind. Wer vor dieser
radikalen Äußerung eines so ganz anderen, unerwarteten
Lebens nicht die Augen verschließt, weiß, daß kein Leiden-
Machen, nicht einmal dessen letzter Herr, der Tod, diesem
Leben etwas an-haben kann.

Von hierher habe ich nun allerdings Schwierigkeiten, den »vier-

ten Akt« des Heilsdramas im Sinne von R. Schwager zu verstehen: »Ostern, der vierte Akt im neutestamentlichen Heils-
drama, macht kund, daß die Menschen, die Jesus gerichtet
haben, lügnerische Richter waren«[112]. Gewiß, die Täter und ihre
Mit- bzw. Davonläufer gewannen diese Klarheit nicht unmittelbar »unter dem Kreuz«. Dazu bedurfte es des harten Wegs in die
Konversion, die – wenigstens für die Davonläufer und den »hin-
zugekommenen Mitläufer« Paulus – in österlichen Begegnungen durchbrach. Aber bezogen diese Widerfahrnisse der Umkehr
nicht ihre Evidenz vom Galgen selbst her, wo ein von der unbedingten Entschiedenheit Gottes zur Liebe und Versöhnung Auf-
gezehrter den Philosophen des Habens und Machens das vom
Tode nicht aus den Angeln zu hebende Leben des unendlichen
Wartenkönnens vor Augen führte? Entpuppen sich nicht auch
sonst angesichts eines hingerichteten Gerechten die dafür
Verantwortlichen (und die dahinterstehende Schar der Schwei-
genden) als lügnerische Richter, auch ohne nachgelieferte Ostererscheinungen? »Sie werden auf den schauen, den sie durch-
bohrt haben« (Joh 19,37). »Das, was Gott direkt will, zeigt sich
im Verhalten Christi, der durch seine Feindesliebe das innerste
Herz des Vaters offenbart«[113]. Ist das nicht im Blick auf den Akt
von Jesu Hingabe selbst gesagt, sondern auf eine demgegenüber
nachgelieferte österliche Offenbarung?

Noch schwerer verständlich ist mir, wenn R. Schwager im Rahmen seiner kritischen Bemerkungen zu meiner Osterkonzeption die Hingabe
Jesu betreffend fragt: »Konnte von einem – sogar mitgehenden – Beobachter her aber mit ethischer Endgültigkeit entschieden werden, ob dieser Einsatz wirklich der Höhepunkt einer liebenden Hingabe oder vielleicht doch nur die letzte Versiegenheit einer moralischen
Allmachtsphantasie war?«[114] Diese Frage erscheint mir schon auf dem
Hintergrund vieler nichtchristlicher Stellungnahmen zu Jesus, sei es
von Juden, Agnostikern oder Atheisten, bedenklich. Vom Neuen Testament her gesehen, müßte dann wohl alles wirklich Überzeugende an
Jesus auf eine nachösterliche Hochstilisierung zurückgeführt werden.
Gibt es (gerade auf dem Hintergrund der Position von R. Girard und
R. Schwager) angesichts eines *jeden* liquidierten »Sündenbocks« überhaupt »Beobachter«, die sich nicht schon durch Annahme eines solchen bloßen Beobachterstatus ins Unrecht setzen? Was besagt in diesem Zusammenhang »ethische Endgültigkeit«? Wo ein Gerechter am

Holze hängt, heißt es immer unerbittlich: »Hic Rhodos, hic salta!« Und wenn Jesus nicht ohne österliche Nachhilfestunden als Gerechter zu erkennen war, dann kommen auch diese zu spät[115].

Meine entscheidende Frage an R. Schwager – wie auch an H. Kessler und viele andere zeitgenössische Theologen – bleibt: Liegen der (neutestamentlich nicht zureichend begründbaren) Annahme, daß sich Gott nicht schon »im Fleische« Jesu (d. h. in der hinfälligen Wirklichkeit des Menschen zwischen Empfängnis und Tod, die dieses Wort im Hebräischen meint) in seinem vollen Wesen offenbaren konnte, nicht theologische wie philosophische Prämissen zugrunde, die wegen ihrer allgemeinen Verbreitung zwar eine geradezu erdrückende Plausibilität zu besitzen scheinen, damit aber noch nicht als berechtigt gelten dürfen? In dem folgenden Abschnitt werde ich – in Auseinandersetzung mit den Gegenargumenten, die mir bisher bekannt geworden sind -- auf das Problem der neutestamentlichen Begründung jener Annahme noch einmal zusammenfassend eingehen. Die Frage nach den ihr zugrundeliegenden Prämissen wird im nächsten Kapitel zur Sprache kommen.

3.4.4. Zum neutestamentlichen Zeugnis

In diesem Abschnitt wird lediglich nach dem immanenten Sinn der Aussagen neutestamentlicher Autoren[116] gefragt, wie er redaktionskritisch erhoben werden kann[117]. Das Problem des Stellenwerts solcher Aussagen im Rahmen einer Rückfrage nach dem wirklichen Jesus der Geschichte wird in Kap. 5 aufgeworfen.

Meine These: Es gibt *kein* neutestamentliches Zeugnis für die Annahme (aber einige dagegen), daß der Osterglaube (d. h. nach meinem Verständnis: der Glaube daran, daß Jesus trotz seiner Hinrichtung in und aus Gott lebt und so das Heil für die ganze Welt verbürgt) erst durch Erscheinungen des Auferstandenen möglich geworden sei (Begründung des Osterglaubens). Nach dem neutestamentlichen Zeugnis ist es aber wahrscheinlich, daß der Osterglaube tatsächlich erst durch solche Erscheinungen evoziert wurde (Entstehung des Osterglaubens).

Paulus: Nach der Erkenntnis, daß die Ostergeschichten der Evangelien nicht historisch zu nehmen sind, hat sich die Forschung fast ausschließlich auf Paulus konzentriert. In 1 Kor 15,3-8 kommt sehr altes Traditionsgut zu Wort und wird dieses zudem von dem einzigen uns bekannten »Augenzeugen« einer Ostererscheinung zur Sprache gebracht. Daraus ergeben sich wichtige Konsequenzen für die Verbindung der historisch als gesichert geltenden »österlichen« Wende im Jüngerverhalten mit dem Hinweis auf Begegnungen des Auferstandenen. Die Behauptung der frühen Gemeinde, daß erst durch Ostererscheinungen ihr Glaube an den auferweckten Herrn geweckt worden sei, darf als glaubwürdig angenommen werden. In diesen Punkten gibt es gegenwärtig kaum Dissens.

Was ist damit aber für die Frage nach dem *Grund* des Osterglaubens gewonnen? Will man Rückschlüsse von der persönlichen Erfahrung des Paulus auf die Erscheinungen des Auferstandenen vor den Erstzeugen ziehen, so ergeben sich beträchtliche Probleme. Als Kern der Ostererfahrung wird gern das Wiedererkennen des gekreuzigten Jesus im jetzt Auferstandenen angesehen. Gerade diese Identifizierung trifft aber für Paulus, der den irdischen Jesus allem Anschein nach nicht gekannt hat, nicht zu. Dadurch, daß Paulus die »Großkundgebung« des Auferstandenen vor »mehr als fünfhundert Brüdern auf einmal« (vgl. 1 Kor 15,6) in eine Reihe mit seiner Ostererfahrung und der der Urapostel stellt, fällt ein etwas fahles Licht auf die Erscheinungen insgesamt. Hat Paulus überhaupt ein in sinnlich-geschichtlicher Wahrnehmung irgendwie vermitteltes Widerfahrnis vor Augen oder kann es ihm zufolge nicht ein Akt bloß innerlicher Erkenntnis gewesen sein (vgl. Gal 1,15)? Ein weiteres Problem besteht darin, daß ein gewichtiges Motiv für die Gleichsetzung aller von Paulus genannten Erscheinungen das Bemühen darstellt, sein »mißgeborenes Apostolat« als gleichrangig mit dem der durch die allerersten Widerfahrnisse ausgewiesenen »Urapostel« zu legitimieren (vgl. 1 Kor 15,8-11 mit 9,1).

Zumindest für Paulus trifft zu, daß es sich bei der ihm zuteilgewordenen Begegnung mit dem Auferstandenen nicht um den

Durchbruch einer ihm bereits im Fleische *Jesu* vermittelten Evidenz handeln kann. Ist damit aber schon ausgemacht, daß jenes Widerfahrnis wenigstens für ihn der Sachgrund, nicht bloß der Entstehungsanlaß seines Osterglaubens war? Gerade bei Paulus wird deutlich, daß die Wende in seinem Verhalten durch ein tiefes Konversionserlebnis ausgelöst wurde. Liegt der Sachgrund nicht auch für seinen Osterglauben in einer »im Fleische« vermittelten Erfahrung? Das Leben, dem er in der von ihm verfolgten Kirche – bis hin zum Blutzeugnis – begegnete, erwies sich als ein solcher Sieg über den Tod, daß er seine gesamte folgende Tätigkeit unter dem Titel »Wort vom Kreuz« zusammenfassen konnte (vgl. 1 Kor 1,18 mit 2,2), natürlich im Sinne eines Wortes von durch die Kraft Gottes entmachteter Gewalt, nicht von einem gescheiterten Messiasprätendenten.

Wenn ich hinsichtlich der Frage nach dem eigentlichen *Sachgrund* für die das Leben des »Saulus« wendende Evidenz auf die Analogie zu dem »Saulus, warum verfolgst du mich?« der Apostelgeschichte (vgl. 9,4; 22,7; 26,14) verwiesen habe[118], sollte man dabei nicht meine Ausführungen zum paulinischen Verständnis des Leibes Christi[119] aus dem Auge verlieren. Der Kirche (als Leib Christi, ohne Artikel) liegt »der Christus« oder »der Leib Christi« (korporativ-persönlich gedacht) als alle umgreifende Heilssphäre zugrunde, und diese Heilssphäre wird von Paulus als der Ort gekennzeichnet, an dem durch den Tod Christi der Tod für immer entmachtet wurde: »Einer starb für alle, also sind alle gestorben« (2 Kor 5,14). »So seid auch ihr, meine Brüder, dem Gesetz getötet durch den Leib Christi« (Röm 7,4). Das neue, von *Gott* gewirkte Leben wird durchaus der Tat jenes *Menschen* zugeschrieben, durch den alle Menschen zur Rechtfertigung kommen (vgl. Röm 5,18) bzw. alle lebendig gemacht werden (vgl. 1 Kor 15,21f), der als »Leib für euch« in die Gemeinde hineinragt (vgl. 1 Kor 11,24) und sie so zum Leib Christi macht. Die in diesen Christus Hineingetauften sind in seinen Tod hinein getauft (vgl. Röm 6,3). Wenn es nicht der – dem Apostel im Zeugnis der Zeugen vor Augen gestellte – Sieg Jesu über den Tod gewesen ist, den seine österliche Offenbarung ihm transparent werden ließ, so fällt es mir schwer, das ungeheure Gewicht zu verstehen, das dem Leiden und Sterben Jesu Christi in der gesamten Verkündigung des Paulus beigemessen wird.

Markus: Der markinischen Konzeption der »Frohbotschaft von Jesus Christus, [dem] Sohn Gottes« (1,1) zufolge spricht der römische Hauptmann angesichts des mit dem Gebetsschrei der

Gottverlassenheit aushauchenden Gehenkten das einzig angemessene Bekenntnis zur Hoheit des Erniedrigten. Hinsichtlich dieser Interpretation zeichnet sich mehr und mehr ein Konsens in der neueren Exegese ab[120]. Gerade wenn man die kompositorische Absicht[121] hinter dieser äußerst paradoxen Aussage würdigt, legt es sich nicht nahe, die Schrecklichkeit des Gebetsschreis als Grundlage der Erkenntnis des Hauptmanns abzumildern[122]. Man kann im Hinblick auf diese Evidenz des Hauptmanns zwar[123] von einer »Antizipation« des Osterbekenntnisses reden. Markus schreibt auf dem Hintergrund von Berichten über Ostererscheinungen und einer Erzählung vom leeren Grab, die ursprünglich vermutlich einen von den Frauen *befolgten* Auftrag zur Weitergabe der Osterbotschaft enthielt (etwa in der Art, wie sie sich bei den übrigen Evangelisten – wenn auch mit sehr verschiedenen Akzentuierungen – abzeichnet). Allerdings handelt es sich hier dann um eine »Antizipation im Kontrast«. Lange bevor ein besonderer Bote die Auferstehungsbotschaft verkündet, die Frauen sie (nach Mk 16,8: »vielleicht schließlich doch einmal«) weitersagen und Jesus sich in Galiläa sehen läßt, bekennt der Hauptmann »Ostern angesichts des Kreuzes«: der frühchristlichen Konzentration auf die Ereignisse der faktischen Entstehung des Osterglaubens hält Markus den eigentlichen Grund der Evidenz dieses Glaubens entgegen[124].

Matthäus: Auch dem Matthäusevangelium läßt sich meiner Ansicht nach kein Argument dafür entnehmen, daß der Osterglaube erst aufgrund von Erscheinungen des Auferstandenen *möglich* geworden (nicht: *entstanden*) sei. Bereits in der Todesstunde Jesu zerbricht dem ersten Evangelisten zufolge die Macht der Scheol. Schon hier erfolgt ein »Beben« (vgl. 27,51 mit 28,2) – eine Erschütterung der Chaosmacht, wie 8,24 wegen des ersttestamentlichen Hintergrundes der Wundererzählung erkennbar wird[125]. Bereits hier werden Tote auferweckt – die sich allerdings, der eingespielten Tradition von »drei Tagen« entsprechend, erst nach der Auferstehung Jesu zeigen dürfen[126]. Die Frauen glauben der Osterbotschaft des Engels, noch bevor ihnen Jesus erscheint (vgl. 28,8-10). Auch die abschließende

Erscheinung Jesu auf dem Berg in Galiläa dient sicher nicht dem Nachweis der Auferstehungswirklichkeit Jesu[127].

Lukas: Hinsichtlich des dritten Evangelisten habe ich auf den merkwürdigen Zusammenhang hingewiesen, daß gerade er, der doch sehr ausführliche Ostergeschichten überliefert und in der Apostelgeschichte Erscheinungen »während vierzig Tagen« als Beweise des Lebens Jesu nach seinem Leiden wertet (vgl. 1,3; 10,40f; 13,30f), Kritik an Jesu Nachfolgern übt, daß sie Jesus nicht schon unmittelbar nach seinem Tode als Lebendigen wußten. Die Frauen am Grabe werden mit der – im synoptischen Vergleich auffallenden – vorwurfsvollen Frage konfrontiert: »Warum sucht ihr den Lebenden bei den Toten?« (24.5)[128] und daran erinnert, daß Jesu eigenem Wort zufolge seiner Kreuzigung doch die Auferstehung folgen werde (24,6f). Die Emmausjünger trifft Jesu Vorwurf (bevor er sich ihnen zu erkennen gibt), daß sie wegen ihrer Herzensträgheit nicht der Rede der Propheten hinsichtlich des notwendigen Zusammenhangs zwischen Leiden und Verherrlichung des Christus geglaubt haben (24,25-27)[129].

Johannes: Schon Lukas konnte den Gesamtzusammenhang von Jesu Tod, Auferstehung, Himmelfahrt (und wohl auch Pfingsten) in umfassenden Begriffen wie »Exodus« (9,31) oder »Hinweg-und-Hinaufnahme« (analempsis: 9,51) ansprechen[130]. Diese Linie wird vom vierten Evangelisten in eine äußerst paradoxe Formulierung hinein weitergeführt: »Erhöhung« bedeutet das Aufhängen am Kreuz wie die Verherrlichung durch den Vater (vgl. 3,14; 8,28; 12,32.34)[131]. Will Johannes damit sagen, daß schon am Kreuz nicht nur die Sendung durch den Vater, sondern auch die Verherrlichung des Sohns durch den Vater »vollbracht« ist (vgl. 19,30)? Darf man ihn so verstehen, daß schon in der Schwachheit menschlichen Fleisches das durch die Hinrichtung nicht zerstörbare göttliche Leben des Logos voll zu Wort gekommen ist? Dem scheinen zum einen die Ostererzählungen zu widersprechen. Eine noch grundsätzlichere Schwierigkeit für die Annahme einer solch paradoxen Theologie stellt aber wohl die hoheitliche Charakterisierung des irdischen Jesus durch den Evangelisten dar: Ist *das* noch die

Hinfälligkeit menschlichen Fleisches, wie er Jesus auf Erden wandeln läßt?

Solche im Hinblick auf den Gesamtentwurf der johanneischen Theologie entscheidenden Fragen lassen sich kaum ohne einen genaueren Blick auf die grundverschiedenen Konzeptionen vor allem in der neueren Exegese ab Bultmann mit triftigen Gründen entscheiden. J. Rahner kommt[132] – nach sorgfältiger Abwägung der wichtigsten Positionen – zu dem Ergebnis, daß im Anschluß an die Hermeneutik von Ernst Fuchs sich in der Tat eine Lösung der Schlüsselfrage des vierten Evangeliums mit guten Gründen vertreten läßt, die dem paradoxen Begriff »Erhöhung« (wie auch dem – bei Beachtung des ersttestamentlichen Hintergrunds[133] – nicht wenigcr paradoxcn Bcgriff „Vcrhcrrlichung.«) wirklich gerecht wird. Die Offenbarung Gottes als das Sprachereignis der Liebe Gottes in Jesus von Nazaret wird beim vierten Evangelisten »zu einem Ereignis, das selbst der Tod nicht aufzuheben vermag, indem er das Ereignis der Liebe nicht desavouiert, sondern zur Vollendung führt. [...] Jene Liebe, die bis in den Tod geht, vermag zur Urerfahrung von Liebe überhaupt zu werden, weil dieser Tod selbst zur Stimme der Liebe wird, als Stimme, die anklagt und die in Anspruch nimmt gerade angesichts des Todes. [...] Der Ort des Glaubens offenbart sich als Ort des Hörens jener Klage und des Sehens jenes Gesichts des Todes«[134]. Der eigentliche Ort des Bekenntnisses dieses Glaubens ist »jenes Stehen unter dem Kreuz, das Sehen der Wirklichkeit jenes Todes, das Hören jener ›Gottesrede‹ des und durch den Gekreuzigten, das das Bekennen des Glaubens als wahres Zeugnis erst ermöglicht, damit die Welt glaube«[135].

Welche Funktion haben dann aber die Ostererzählungen des vierten Evangelisten, wenn in seiner Sicht Kreuzigung und Erhöhung nicht nur theologisch in einen Begriff gefaßt werden, sondern auch das Ansehen des Durchbohrten[136], der kein Ansehen (doxa) mehr hat[137], der Ort in der furchtbaren Wirklichkeit der Geschichte ist, wo der zum Glauben Bereite der wahren Herrlichkeit (doxa) von Vater und Sohn (17,1) innewird[138]?
Selbst der vorbildliche Jünger, der die Erhöhung gesehen (19,35) und doch nicht gesehen (20,9) hatte, braucht Zeit – aber keine Erscheinung des Auferstandenen –, um zum Osterglauben zu kommen: am leeren Grab, dessen Inhalt ihn an ein früheres Zeichen auf dem Wege des Lebendigen (die Erweckung des Lazarus) erinnert (vgl. 20,6-8 mit 11,44)[139]. Deutlich vom Sehen des Lieblingsjüngers abgesetzt ist die Schilderung, wie Maria von

Magdala und die übrigen Jünger zum Glauben finden: über Erscheinungen des Auferstandenen. »Der deutlichste Gegensatz zum Sehen des Lieblingsjüngers wird schließlich in der Thomasperikope markiert«[140]. Die Geschichte von der Erweckung des Lazarus wird durch eine Bemerkung »des Realisten« Thomas eingeleitet: »Laßt uns mit ihm gehen, um mit ihm zu sterben!« (11,16). Die Ostergeschichte wird durch ein Zwiegespräch zwischen Thomas und Jesus abgeschlossen.

Ich hatte in (allzu) knappen Zügen den Zusammenhang der johanneischen Ostergeschichte einmal mit der Lazarusperikope, zum anderen mit den Osterberichten bei Lukas herauszuarbeiten versucht[141]. Hier möchte ich nur einige Punkte festhalten. Es gibt so verblüffende Parallelen zwischen dem Lukas- und dem Johannesevangelium, daß angenommen werden darf, Johannes habe das Lukasevangelium (zum Teil?), zumindest aber lukanische Traditionen gekannt. Das sollte bei der Exegese der johanneischen Ostergeschichten nicht unberücksichtigt bleiben. Lk 24,12 (jetzt textkritisch als gesichert geltend) enthält Motive, die Johannes in der ihm eigenen Konzeption aufgegriffen zu haben scheint: Der Lauf des Petrus zum Grabe und sein Sehen der Leinentücher wird zu dem ekklesiologisch aufschlußreichen Wettlauf Joh 20,3-10 ausgestaltet[142]. Darin findet auch das Nicht-Verstehen der Schriften, wie es in der Emmausperikope ausgeführt ist, seinen Platz (vgl. Joh 20,9 mit Lk 24,25-27). Lk 24,4 ist von zwei Männern (in engelgleichem Glanz) die Rede, Joh 20,12 von zwei Engeln (die Zweizahl im Gegensatz zu den anderen Evangelisten außer Lukas!). Die Frage der Männer an die Frauen bei Lukas (24,5) ist wie die Frage der Engel an Maria von Magdala bei Johannes (20,13) mit einem »Warum?« eingeleitet. Die Frage: »Frau, warum weinst du?«, wird von Jesus ausdrücklich noch einmal wiederholt (20,15). Wird nicht auch hier – ähnlich wie bei Lukas – auf die Unangemessenheit des Verhaltens der Frau am Grab hingewiesen, die einen Toten beweint (und einen Leichnam sucht), wo sie doch wissen sollte, daß Jesus trotz seiner Hinrichtung lebt? Maria von Magdala zeigt einen ähnlichen, der neuen Wirklichkeit Jesu gegenüber inadäquaten Berührungsbedarf wie dann, die Erscheinungserzählungen abschließend, Thomas (vgl. V. 17 mit 25). *Für sie* ist Jesus noch nicht bei seinem Vater angekommen (V. 17c). Sie steht noch auf der gleichen Erkenntnisstufe wie die Jünger, und allen voran Thomas, in der »Abschiedsrede« Jesu (14,1-7, bes. V. 5). Wer dieser Stelle entnehmen möchte, daß Jesus zwar »schon auferstanden«, aber »noch nicht (zum Vater) aufgefahren« sei, würde die bei Lukas zu findende (aber auch dort vor allem theologisch motivierte) »chronologische« Auseinanderfaltung des *einen* Geschehens des »exodus« bzw. der

»analempsis« in Karfreitag, Ostern, Himmelfahrt, Pfingsten in das Werk des vierten Evangelisten hineintragen. Hier gibt es allenfalls eine »Wiederholung« der Geistaussendung (vgl. 19,30c mit 20,22): die Aufnahme der Geschichte von der Erscheinung vor den Jüngern (vgl. Joh 20,19-23 mit Lk 24,36-43) gibt Johannes Gelegenheit, den Sinn der Geistsendung näher zu thematisieren.

4. Theologie und Philosophie

Im ersten Teil meines »Grundrisses der Fundamentaltheologie« habe ich mich um die Ermittlung von rational unhintergeh-baren Kriterien bemüht, die es möglich machen, ein geschicht-liches Ereignis als eine letztgültige, »ein-für-allemal« ergangene Selbstmitteilung Gottes zu erkennen. Wenn etwas mich bis ins innerste Mark meiner Existenz hinein beansprucht, so muß ich wenigstens prinzipiell in der Lage sein, das, was da mit Absolut-heitsanspruch an mich herantritt, vor dem kritischen Auge mei-ner Vernunft auch als unhinterfragbar gültig zu erkennen. Solange es noch »unausgeleuchtete Winkel« in mir gibt, von denen her potentiell jederzeit Fragen und Zweifel hinsichtlich der Letztgültigkeit des im Glauben Angenommenen in mir auf-brechen können, bleibt – zumindest und gerade von *mir* her gesehen – in der Schwebe, ob Jesus Christus nicht doch nur einer jener vorletzten Gurus auf der Suche nach meinem per-sönlichen Heil ist, die sich mir täglich aufs neue anbieten.

Wer im *Glauben* an das »Ein-für-allemal« der Offenbarung Jesu Christi nicht nach einem unumstößlichen *philosophischen Begriff* von dem fragt, was dem Menschen letzten Sinn zu ver-leihen vermag, der mißachtet vor allem, daß der Gott Abra-hams, Isaaks und Jakobs sich an *freie* Menschen wendet, von denen er erwartet, daß sie ihm aus solcher, selbstbewußter Freiheit Antwort geben, ihn »aus ihrem ganzen Herzen, ihrer ganzen Seele, ihrem ganzen Denken und ihrer ganzen Kraft« lie-ben (Mk 12,30; vgl. Dtn 6,5). Wer zwar mit aller Kraft glaubt, aber der Auffassung ist, daß es so etwas wie eine Verantwor-tung des »Grundes unserer Hoffnung« (vgl. 1 Petr 3,15) durch rational unhintergehbare Argumente prinzipiell nicht gibt, der entscheidet sich implizit für den Fundamentalismus. Funda-mentalismus ist – neben seinem Zwillingsbruder, dem Ober-flächenpluralismus – eine der Hauptformen der schwächlichen Vernunft, die dem Anderen und Fremden nicht mit wirklichem

Freimut zu begegnen vermag, sondern sich angesichts der Herrschaft des bloßen Meinens immer schon in der grundsätzlichen Bereitschaft befindet entweder zu faulen Kompromissen oder aber zur Flucht in autoritäres und schließlich gewalttätiges Handeln – beides von der Angst genährt, sich im freien Disput blamieren zu können[1].

Mein genannter Versuch, »erstphilosophisch« einen Begriff von letztgültigem Sinn zu ermitteln, ist deutlich erkennbar von der Philosophie J. G. Fichtes geprägt. Das hat dazu beigetragen, in mir eine »anima naturaliter Fichteana«, also so etwas wie eine endogene Hinneigung zu Fichte zu vermuten. Schon aus diesem Grunde wäre es nützlich, im Rückgriff auf mein erstes systematisches Bemühen um die transzendentale Frage nach der Möglichkeit von Offenbarung[2] zu zeigen, wie lange ich der Lektüre Fichtes geradezu ausgewichen bin. Der Rückgang auf diesen früheren Versuch erscheint mir aber wegen einiger berechtigter Einwände von Kollegen, die mein Ringen um eine philosophische Verantwortung des Glaubens schon seit langem verfolgt haben, sogar notwendig. Das Verhältnis zwischen diesen beiden Entwürfen bedarf in der Tat der Klärung, um meinen 1991 skizzierten Ansatz richtig einordnen zu können.

4.1. Von Thomas von Aquin zu einer Philosophie des Staunens

In seinem Beitrag »Erste Philosophie und Sinnbegriff«[3] bemerkt G. Scherer nach einer präzisen Zusammenfassung meines Versuchs zur transzendentallogischen Ermittlung eines Begriffs von letztgültigem Sinn kritisch: »Sinn ist das des Seins Würdige. Um ihn zu berühren, genügt eine transzendentale Reflexion des Subjekts keineswegs«[4]. Es muß an den älteren Gebrauch des Wortes »transzendental« erinnert werden, der nicht die subjektiven Möglichkeitsbedingungen von Erkenntnis, sondern die universalen Bestimmungen des Seins selbst bezeichnet. Ähnliches gilt für die Konzentration auf den Begriff und die Tragweite des Sollens: »Wo Sinnerfahrungen gemacht werden, stehen zunächst ganz andere Akte der Person im Vordergrund: Verweilen, Bewunderung, welche zur Anbetung hinüberwachsen kann, Dankbarkeit, Freude und Einverständnis mit dem eigenen Dasein in der Wirklichkeit im ganzen. [...] Das Sollen erwächst aus dem Sinn. Nur aus der Sinnerfahrung kann die Bereitschaft zur Verantwortung erwachsen«[5].

»Die Sinnerfahrung kann auch als Schönheitserfahrung verstanden werden, wenn man das Schöne nicht mit dem Ästhetischen der Neuzeit verwechselt«[6].

Scherer verweist in diesem Zusammenhang auf Platos Gedanken zum Erscheinen absoluter Schönheit und bemerkt: »Die Frage ist, ob diese Erfahrung unbedingter Schönheit als Sinn nicht im fundamentaltheologisch orientierten Sinnbegriff berücksichtigt werden muß. Die theologische Tradition hat jedenfalls hier von Dionysios Areopagita bis Nikolaus von Kues einen Schwerpunkt gesetzt, zuletzt auch Hans Urs von Balthasar in seiner theologischen Ästhetik. [...] Verweyens Erstphilosophie lebt vom Rückgang auf die neuzeitliche Reflexion des Subjektes. [...] Zwar findet Verweyen [...] zu wichtigen Bemerkungen über die Materie als Sinnmedium oder die Beziehung des Menschen zur Natur. Diese werden aber bei ihm von seinem transzendentalen Ansatz her nicht vermittelt«[7].

Die Frage, inwieweit diese Einwände zu Recht gegen die Notwendigkeit einer transzendental*logischen* Ermittlung des *Begriffs* von Sinn (grundsätzlich oder in der von mir verfolgten Form) geltend gemacht werden können, soll hier zunächst zurückgestellt werden. Auf jeden Fall hebt Scherer mit aller Deutlichkeit die Kluft hervor, die zwischen meinem transzendentalen Ansatz von 1991 und dem von 1969 besteht.
In eine ganz ähnliche Richtung zielen die Fragen, die G. Larcher in seinem – für das Verständnis meines Gesamtkonzepts von Fundamentaltheologie besonders hilfreichen – Beitrag »Vom Hörer des Wortes als ›homo aestheticus‹«[8] angerissen hat. Er verweist auf die zentrale Rolle, die das Ästhetische[9] in meinen »Ontologischen Voraussetzungen des Glaubensaktes« spielt und bemerkt dann: »für einen Leser des ›Grundrisses‹ drängt sich die Frage auf, ob nicht dieser Aspekt des ›im Staunen begegnenden anderen‹ [...] auch hier noch deutlicher zur Sprache kommen müßte, wo das Problem zwar ausdrücklich gesehen

wird, sich zunächst aber die notwendige erstphilosophisch kriteriologische Frage stärker in den Vordergrund schiebt«[10]. Bevor diese Frage hinsichtlich des »Grundrisses« näher verfolgt werden kann, muß zunächst in aller Kürze skizziert werden, welche Rolle die Erfahrung von Sinn, wie sie besonders das Schöne zu vermitteln vermag, in meinen früheren fundamentaltheologischen Versuchen spielt.

Das Schöne als Spur Gottes

Meine erste größere Untersuchung war dem sog. »Gottesbeweis aus der Bewegung« bei Thomas v. A. gewidmet[11]. In der sich ihrem Ende zuneigenden »Neuscholastik« drohte die Diskussion zu diesem Argument (wie zu den kosmologischen Beweisgängen überhaupt) sich in den Disput um Einzelprobleme aufzulösen: Wie sollte man den Einwänden begegnen, die sich von den Ergebnissen neuzeitlicher Naturwissenschaft her dem klassischen Bewegungsbegriff entgegenzustemmen schienen?[12] Wodurch ließ sich (gegen I. Kant) die metaphysische Gültigkeit des »Kausalprinzips« weiter rechtfertigen? Sollte man an seiner Stelle nicht besser das »Finalprinzip« zur Hilfe nehmen?[13] Ist der Abweis eines »infiniten Regresses« durch Thomas wirklich schlüssig?

Im Anschluß an die Thomasinterpretation G. Siewerths suchte ich über diese – ohne kritische Thematisierung des metaphysischen Gesamtzusammenhangs – nicht zufriedenstellend zu lösenden Einzelfragen hinauszukommen, indem ich auf die Erfahrung des (Natur-)Schönen, d. h. jener (in der scholastischen Bedeutung des Worts) transzendentalen Bestimmung des Seins zurückging, die zwischen dem Wahren und dem Guten vermittelt, insofern sie das Erkenntnis- und das Strebevermögen zugleich weckt. Im Aufscheinen einer Rose[14] zeigt sich ein bestimmtes Seiendes in (wie Siewerth formuliert) »exemplarischer Identität« mit dem Seinsgrund überhaupt[15]. Die Frage nach »der Ursache« dieser Schönheit ist fehl am Platze, weil der Grund selbst in ihr zum Durchblick kommt. Ebensowenig besteht das Problem eines »regressus in infinitum«: Der reine

Akt des Seins wird nicht im Durchgang durch eine Menge von »Zweitbewegern« erschlossen. Er zeigt sich »exemplarisch« in diesem flüchtigen Augenblick, der bald wieder vergeht – und damit allerdings die Frage nach dem hinter das Einzelseiende zurückgetretenen Grund aufbrechen läßt[16].

Auf diesem Wege ist natürlich nicht die Existenz des »Gottes Abrahams, Isaaks und Jakobs« erwiesen. Auch im Horizont etwa des Buddhismus wird das Schöne als Durchblick auf das Göttliche wahrgenommen. *Wenn* man aber – wie Thomas v. A., und m. E. mit guten Gründen – den »Erstbeweger« über die Akt-Potenz-Lehre *monotheistisch* interpretiert, so meldet sich bei einer Vertiefung des »ersten Weges aus der Bewegung« durch den Rückgang auf die Erfahrung des Schönen umso unerbittlicher das Problem der Theodizee zu Wort.

So hatte ich bereits am Ende meiner Untersuchung von 1961 – im Anschluß an den Einwand G. Marcels gegen alle Versuche, Gottes Existenz über das Kausalprinzip nahezukommen[17] – auf die Aporie hingewiesen, denen kein kosmologisches Argument für die Existenz eines monotheistisch verstandenen Gottes entgeht: »Eine solche Aporie setzt zwar den ›Gottesbeweis‹ nicht ins Unrecht, insofern die sinnvolle Wirklichkeit vor ihrer Zerstörung, die Betrachtung des Werdens auf seine Vollendung hin damit philosophisch vorgängig ist. [...] Wie aber kann der Mensch die Reinheit der Gotteserkenntnis ohne den lebendigen Zuspruch Gottes durchhalten? Wird er nicht doch entweder an ein mit der Welt spielendes Unwesen denken oder ein gleich-urmächtiges böses Prinzip neben den guten Gott setzen? Die Geschichte zeigt, daß nur dort das Wissen um die Gottheit nicht ins Dunkel und Zwielicht gerät, wo Gott selbst dem Menschen immer wieder sein Angesicht zuwendet. Letztlich nur dort – so scheinen die Rufe des Predigers und die Schreie Jobs [...] zu lehren – wird der Mensch den Blick auf Gott als die Fülle des Seins, des Sinnes und des Guten im Angesicht des Todes zu ertragen vermögen, wo Gott selbst den Einen dem Tode überantwortete, damit alle durch Ihn zum Leben kämen, in dem nicht Tod, noch Trauer, Klage und Schmerz mehr sein wird.«

Daß man angesichts der Erfahrung des Schönen – und sei es nur eine »Hundeblume«[18] – die metaphysische Frage nach dem »Sein im ganzen« nicht ohne einige Gewaltanwendung unterdrücken kann: darin stimme ich G. Scherer nach wie vor zu. Wie lassen sich mit diesem Eingeständnis aber meine beiden

»Schritte in die Transzendentalphilosophie« – von 1969 und, vor allem, der von 1991 – vereinbaren?

Vom Wunderbaren zum Staunen

1961 konnte ich mir noch nicht vorstellen, mich je mit dem transzendentalen Denken im Sinne Kants anfreunden zu können. Zu einer ersten »Wende« dahin kam es, als ich aus drei mir von J. Ratzinger für meine theologische Dissertation vorgeschlagenen Themen den Vergleich der Philosophie G. Siewerths mit dem Denken von J. Maréchal und seiner Schule wählte. Schon der (gräßliche!) Titel: »Ontologische Voraussetzungen des Glaubensaktes. Zur transzendentalen Frage nach der Möglichkeit von Offenbarung«[19], verrät das zentrale Dilemma meiner Arbeit: Lassen sich die Frage nach dem Sein des Seienden und die Transzendentalphilosophie methodisch zufriedenstellend miteinander vereinbaren? Ich skizziere hier lediglich die Überlegungen, die für die Weiterentwicklung meines fundamentaltheologischen Ansatzes wichtig gewesen sind.

Die Untersuchung ist stark von der Philosophie G. Siewerths und der »theologischen Ästhetik« H. U. v. Balthasars geprägt – und damit zu einem guten Teil auch von deren Skepsis gegenüber der scholastischen Rezeption des »Kantianismus« bei Maréchal und seinen Nachfolgern. Im Unterschied zu Siewerth und v. Balthasar versuchte ich aber, die Schwierigkeiten, die sich aus jenem »transzendentalen Neuthomismus« für die Fundamentaltheologie ergaben, über eine immanente Kritik des dort zu findenden erstphilosophisch-transzendentalen Bemühens selbst – und d. h. transzendental – zu überwinden[20].

Nicht zuletzt auf dem Hintergrund der von M. Blondel aufgezeigten Dialektik zwischen einem Ursprungswollen (»volonté voulante«) und dem je intendierten Wollensvollzug (»volonté voulue«) in der Dynamik unseres Tuns und Handelns (»action«) hatte J. Maréchal eine Engführung in Kants Urteilsanalyse beobachtet: Über die propositionalen Aspekte des Urteils hinaus – das »ist« fungiert hier lediglich als »Kopula« zwischen Subjekt und Prädikat – darf der pragmatische Charakter des Behauptens als Affirmation von Sein nicht vernachlässigt werden. Das prädikative Aufnehmen von Objekten vollzieht sich immer schon auf dem Grund eines dynamischen Ist-Sagens, einem Vorgriff, in dem das Subjekt die ihm begegnenden Gegenstände auf ein unbedingtes Sein bezieht und so »af-firmiert«.

Diese für die Kantrezeption im scholastischen Denken bei Maréchal und seinen Nachfolgern kennzeichnende Analyse des pragmatisch-dynamischen Wesens von Urteilen – und Fragen, wie K. Rahner und E. Coreth, über andere Vertreter des Maréchalschen Ansatzes hinausgehend, betonen – war ein wichtiger Schritt zur Vermittlung zwischen scholastisch-neuscholastischer Metaphysik und transzendentalem Philosophieren. Die Analyse wurde aber nicht weit genug geführt – und das hatte Verengungen der fundamentaltheologischen Frage nach der Möglichkeit von Offenbarung zur Folge, wie z. B. K. Rahners »Hörer des Wortes« (1941) zeigt. Dabei spielte ein spezielles Reflexionsmoment eine gewisse »Verstärkerrolle«. Den genannten Autoren ging es um eine philosophische Letztbegründung, und diese suchte man über einen »retorsiven« Aufweis von Urteil bzw. Frage als unhintergehbaren Vollzügen der Vernunft sicherzustellen: selbst noch in der Behauptung, daß es keine Wahrheit gebe, geschieht Affirmation von Wahrheit und unbedingtem Sein; auch in dem Versuch, dem im Fragen immer schon intendierten Sein durch endloses In-Frage-stellen zu entgehen, läßt sich dem Intendieren (und damit Affirmieren) von Sein nicht entkommen. Damit schienen (ähnlich wie später in der »Transzendentalpragmatik« K.-O. Apels das sich in Frage und Behauptung bewegende Argumentieren[21]) Urteil bzw. Frage als letzter Gültigkeitsboden kritischer Reflexion ausgewiesen.

Im Rahmen einer solchen Thematisierung der Seinsaffirmation wird nun allerdings den Vernunftvollzügen von Frage und Urteil ein Stellenwert eingeräumt, der ihnen nicht zusteht. In ihnen kommt keineswegs die ursprünglichste Transzendentalität des Subjekts (im Sinne Kants) zu Wort. Dann wird aber auch, wenn man die fundamentalste Weise des menschlichen Bezugs zum Seienden und seinem Grund in diesen sekundären Vollzügen von Vernunft gegeben sieht, die eigentliche Transzendentalität

102

des Seins selbst (im scholastischen Sinne) verfehlt. Hier liegt der Kern meiner 1969 vorgelegten Kritik. Indem ich die Begegnung mit dem *Wunderbaren* (thaumastón) von »Rose und Hundeblume« nicht mehr nur realistisch-objektiv betrachtete, sondern innerhalb des Aktvollzugs des *Staunens* (thaumázein) reflektierte, konnte ich aufweisen, daß im Horizont des Maréchalschen Denkens das Seiende nur »domestiziert«, nämlich durch die Intentionalität des auf das Sein *vorgreifenden* Subjekts immer schon eingeschränkt, zur Sprache zu kommen vermag. Frage und Urteil sind abkünftig vom Akt des Staunens, wo sich der Seinsgrund selbst im Seienden so zur Geltung bringt, daß er alle vorgefertigten kategorialen Entwürfe und vorgefaßten Sprachregelungen sprengt: »Die Ros ist ohn warum; sie blühet, weil sie blühet«[22]. Erst wenn der Augenblick des Staunens vergeht, tritt das Subjekt in den Vordergrund: In seine Erinnerung hat sich eingeschrieben, daß das Sein selbst im Seienden zur Sprache kam. Fragend und feststellend versucht es nun, dieses hinter das Seiende zurückgetretenen Grundes habhaft zu werden – und verstellt sich bei diesen für sein Überleben notwendigen kritischen Maßnahmen den Blick für jene Augenblicke, wo das Sein (ungefragt, ungestellt und nicht von Gnaden des Subjekts) in der Kontingenz sinnlich-geschichtlicher Ereignisse zur Erscheinung drängt.

Durch den Aufweis der phänomenologischen Priorität des Staunens gegenüber Frage und Urteil konnte ich eine Möglichkeitsbedingung für geschichtlich ergehende Offenbarung schärfer herausarbeiten, die in der Maréchalschule (und schon bei M. Blondel[23]) nicht genügend thematisiert wurde: Das unseren Sinnen wahrnehmbare Ereignis muß, wenn es sich um eine Offenbarung unbedingten Seins handelt, von sich her den Charakter einer unbedingten Aufforderung haben. In den Akten von Frage und Urteil kommt Seiendes grundsätzlich nur im Horizont einer vom Subjekt entworfenen Intentionalität zur Geltung. Das Seiende selbst gilt nicht als »capax infiniti«, als ein Ort, wo das Unbedingte sich zu zeigen vermag[24]. Im Akt des Staunens hingegen erscheint Unbedingtes im sinnlich Begegnenden selbst. Es reißt das Subjekt aus dem selbstentworfenen

Rahmen von Intentionalität heraus und fordert es auf, anders dazusein als zuvor.

Dadurch, daß ich in meinem Entwurf von 1969 die *intersubjektive* Dimension menschlicher Existenz methodisch aus meiner Untersuchung ausklammerte[25], blieb aber auch mein Ansatz unbefriedigend: Ohne den systematischen Einbezug der intersubjektiven Verfaßtheit des menschlichen Daseins können der grundlegende Charakter von Offenbarung als unbedingter Aufforderung und das Wesen der davon in Anspruch genommenen Freiheit nicht angemessen zur Sprache kommen. Dabei sollte allerdings sogleich hinzugefügt werden, daß auch ein intersubjektiver Entwurf von »Erstphilosophie« das, was Freiheit ursprünglich freisetzt, nicht zu thematisieren imstande ist, wenn er Fragen und Behaupten (»Argumentieren«) als Basisvollzug von Kommunikation fixiert[26].

4.2. Vom Staunen zur radikalen Subjektreflexion

Abgesehen von der Ausklammerung der intersubjektiven Verfaßtheit der Vernunft weist meine Untersuchung von 1969 auch von ihrem prinzipiellen Ansatz her einen schwerwiegenden Mangel auf. Ich hatte – wie Rahner seine erste Auflage von »Hörer des Wortes« – schon diese »transzendentale Frage nach der Möglichkeit von Offenbarung« als »erstphilosophisch«, als Versuch einer Letztbegründung konzipiert und mich darum zunächst ausführlich mit dem methodischen Zweifel (als Ausgangspunkt wirklich kritischen Philosophierens) auseinandergesetzt[27]. Schon damals[28] war mir klar, daß in der Durchführung des methodischen Zweifels nur Gewißheit über eine absurde Grundsituation des Menschen zu erreichen ist[29]. Diesem Dilemma versuchte ich aber durch die folgende Argumentation zu begegnen: An der Wahrheit des mir begegnenden anderen (dem ›Nicht-Ich‹) kann ich nur dann zu Recht radikal zweifeln, d. h. es einem Maßstab von unbedingter Wahrheit unterwerfen, wenn ich voraussetze, daß es mit unbedingter Wahrheit überhaupt etwas zu tun haben kann. Diese Voraussetzung hinwieder mache ich nur zu Recht, wenn sie mir von irgendwoher einleuchtet. Diese Evidenz kann mir aber nur von einem Vernunftakt her zukommen, in dem sich mir anderes bereits einmal als auf unbedingte Wahrheit transparent gezeigt hat – dem Staunen[30].

Beim nochmaligen Durchdenken dieses Arguments wurde mir deutlich, daß es in analoger Form auch in meinem »Grundriß« von 1991 auftaucht, nämlich bei dem Versuch, Wesenszüge neuzeitlichen Denkens aus dem Zusammenbruch mittelalterlicher Mentalität zu verstehen[31]. Der mittelalterliche Mensch fühlte sich in einem Kosmos geborgen, der ihm nicht nur (wie dem antiken Menschen) allgemein von einem göttlichen Logos geordnet schien, sondern in dem die (durch die Kirche vermittelte) Präsenz des inkarnierten Logos selbst ihm Sicherheit verhieß. Wo dieses durch den Glauben an die Präsenz des Unbedingten verbürgte Gefühl der Sicherheit zerbrach, konnte es zu einer Radikalität des methodischen Zweifels kommen, wie sie sich bei Augustinus noch nicht gefunden hatte: in Descartes' Auseinandersetzung mit Ockhams Theorie von einem möglicherweise »allmächtigen Lügengeist«[32].

Gerade an der »geschichtshermeneutischen Verwendbarkeit« meiner Rückführung des Cartesischen Zweifels darauf, daß das in der Welt begegnende andere sich schon einmal in einem »absoluten Licht« gezeigt hat, läßt sich nun aber auch gut die »transzendentale Kurzschlüssigkeit« dieser Argumentation erkennen. Ich bin damals (im Rahmen metaphysischen Denkens) einer ähnlichen Plausibilität auf den Leim gegangen, wie sie heute »nach dem ›lingustic turn‹« weithin als der Weisheit letzter Schluß gilt: der Verwechslung geschichtlicher mit transzendentalen Möglichkeitsbedingungen. Der Zusammenbruch aller objektiven Gewißheiten bereitet zwar ein geradezu ideales »geschichtliches Biotop« für die energische Reflexion darauf, was die wesentliche Konstitution des Subjekts ausmacht. Dennoch stellt er für diese Subjektreflexion keine Möglichkeitsbedingung im strengen transzendentalen Sinn dar. Eine radikale Reflexion auf sich selbst verdankt das Subjekt nichts anderem als allein sich selbst[33].

Hier liegt nun die entscheidende Differenz meines Versuchs einer philosophischen Letztbegründung von 1991 gegenüber dem von 1969 – und zugleich auch die grundlegende Gemeinsamkeit, die meine heutige fundamentaltheologische Arbeit mit den von Th. Pröpper und Kl. Müller vertretenen Ansätzen verbindet. Wir sind der Überzeugung, daß (1) eine philosophische Letztbegründung im Rahmen einer christlichen »Hoffnung, die Gründe nennt« – wie überhaupt für ein Philosophieren, daß nicht gewillt ist, sich der Herrschaft des bloßen Meinens zu unterwerfen –, *notwendig* und (2) diese Letztbegründung nur über eine energische Subjektreflexion *möglich* ist. Die folgenden Ausführungen sollen vor allem der Klärung der Punkte dienen, die noch zwischen uns strittig sind[34].

Zunächst aber noch einmal ein genauerer Blick auf die Zweite Cartesische Meditation. Descartes' Auseinandersetzung mit der Ockhamschen Hypothese eines »trügerischen Gottes« stellt in meinen Augen einen entscheidenden Wendepunkt in der Philosophiegeschichte dar. »Er täusche mich, soviel er kann, niemals wird er doch fertigbringen, daß ich nichts bin, solange ich denke, daß ich etwas sei«[35]. Diese angesichts der dubios gewordenen abendländischen Metaphysik unternommene Begründung einer radikal autonomen Subjektphilosophie steht keineswegs in Konkurrenz zu einer im Sinne christlichen Denkens adäquaten Metaphysik. Sie wird von diesem Denken vielmehr notwendig gefordert, wenn es ernst damit sein soll, daß Gott ein aus der Tiefe unserer Freiheit gesprochenes Ja zu unserer unbedingten Inanspruchnahme durch ihn erwartet. Darin unterscheidet sich Gott von allen anderen um unser Heil besorgten Praktikern: daß er nichts mit uns anzustellen gewillt ist, was das Licht unserer autonomen kritischen Vernunft zu scheuen hätte.

Warum sollten wir diese uns durch die Cartesische Reflexion ins Bewußtsein gerufene Würde des Subjekts wieder verstecken, wenn jetzt zwar nicht mehr von einem möglicherweise trügerischen Gott die Rede ist, sondern von dem »Geschick des Seins« (Heidegger), das über Wahrheit entscheidet, von dem »Spiel der Sprache« (Gadamer), das unser Denken bis in seine Wurzeln hinein bestimmt, oder der Argumentationsgemeinschaft, deren

Mitglieder wir zu sein haben, wenn wir kritisch über Wahrheit befinden wollen (Habermas, Apel)? Wem verdanken sich eigentlich solche Aussagen mit universalem Geltungsanspruch – dem sich je nur geschichtlich zuschickenden Sein, der in unser Denken hineinredenden Sprache, der uns Argumentierende bergenden Diskursgemeinschaft oder unserem eigenen, unhintergehbaren Denken, das allein zu einer kritischen Reflexion auf all das imstande ist, was in unser Denken einfällt? Ebensowenig wie die radikale Subjektreflexion mit einer dem christlichen Denken adäquaten Metaphysik konkurriert[36], stellt sie aber auch die Folgerungen in Frage, die Hermeneutik und Sprachphilosophie aus dem »linguistic turn« zu Recht gezogen haben. Dazu gehören nur eben keine Aussagen mit universalem Geltungsanspruch.

Wie ist nun aber eine radikale Subjektreflexion angemessen durchzuführen? Beim Überdenken der kritischen Anfragen zu meinem Ansatz von 1991 ist mir ein Methodenfehler klargeworden. Um die »Elementarstruktur« menschlicher Vernunft zu ermitteln, hatte ich zunächst das unhintergehbare »Ich denke« als eine zwar »methodisch leergefegte Bühne« verstanden, »auf der für mich [aber] jedes mögliche Welttheater abläuft«[37], und dann in einer transzendentalen Hinterfragung der Kategorie des »Einfachen« die Dialektik aufgewiesen, in der sich Vernunft immer schon bewegt[38]. Bei diesem Zweischritt war ich offenbar noch allzusehr von dem augustinischen Typus der Gottesbeweise bestimmt[39]. Eine methodisch adäquate Subjektreflexion muß die unhintergehbare Dialektik des Ich am Ich selbst aufweisen. In diesem eingeschränkten Sinn kann ich der These Pröppers zustimmen, »daß die freie Vernunft selbst für die Frage absoluter Begründung und die *Idee* des schlechthin Unbedingten aufkommen könne«[40]. Die Dreierstruktur Ich – anderes – Unbedingtheitsidee läßt sich durchaus in direkter Subjektreflexion ohne Zuhilfenahme einer weiteren »Meditation« als innerste Dimension des Ich selbst aufzeigen. Mit dieser methodischen Klarstellung sind allerdings die Sachprobleme, die in der Diskussion zwischen Pröpper, Müller und mir zur Frage stehen, noch nicht beiseite geräumt.

Pröpper behauptet zu Recht, daß Freiheit um (formale) Unbedingtheit als ihr *eigenes* Charakteristikum weiß[41]. Woher weiß sie aber, daß sie selbst *nur formale* Unbedingtheit ist, wenn sich in das Ich nicht immer schon die Spur eines *nicht nur formalen* Unbedingten eingegraben hat? Woher kennt sie »die Minimalbestimmung des Gottesgedankens« – eine »vollkommene (auch material unbedingte) Freiheit«?[42] Das Wissen der menschlichen Freiheit um die Differenz ihrer bloß formalen Unbedingtheit zu jener anderen, vollkommenen Unbedingtheit könnte zureichend nur über einen dem Argument in der dritten Cartesischen Meditation analogen Gedanken erklärt werden.

Ob man diese Frage nach dem zureichenden Grund nun verfolgt oder nicht[43]; auf jeden Fall müßte eine andere, noch fundamentalere Frage gestellt werden, sobald die Möglichkeit eines positiven (nicht als »Götterfluch« verstehbaren[44]) Verhältnisses der menschlichen zur göttlichen Freiheit in den Blick tritt: Wie ist dieses Verhältnis *begrifflich* angemessen zu fassen, ohne daß (einerseits) die formal unbedingte Freiheit der vollkommenen Freiheit einen Freiheitsraum entgegensetzt, der sie daran hindert, wirklich unbedingt zu sein, oder (andererseits) angesichts des durch nichts zu begrenzenden Willens der schlechthin unbedingten Freiheit einer jeden anderen Freiheit letztlich doch nur eine scheinbare Existenz zugesprochen werden kann? Die großen Denker des Deutschen Idealismus – Fichte, Schelling, Hegel – haben (nach 1800) deutlich erkannt, daß weder bei Kant noch in der frühen Wissenschaftslehre Fichtes der in der Tradition »von Plotin bis Spinoza« ungelösten Frage nach dem Verhältnis von Bedingtem und Unbedingtem ein angemessenes Gewicht eingeräumt worden war: Sie erhebt sich auch und gerade im Horizont einer Philosophie, die bei der streng reflektierten *Freiheit*, nicht bei einem noch nicht ganz zu sich selbst gekommenen »vernünftigen Lebewesen« ansetzt. Meiner Auffassung nach stellt nur die späte Philosophie Fichtes (ab 1804) eine Antwort bereit[45], die die menschliche Autonomie im Sinne Kants ohne Widerspruch zu dem Begriff eines vollkommen Unbedingten zu denken erlaubt. Hier dürfte ein wesent-

108

licher Angelpunkt für die Differenzen zwischen meiner Fragestellung und den Ansätzen von Th. Pröpper und Kl. Müller liegen.

4.3. »Sollensrigorismus«: ein Einwand Klaus Müllers

Einer jahrhundertealten empiristischen Tradition verpflichtet,
galt der Analytischen Philosophie die transzendentale Frage
nach einem kritisch begründeten Selbstbewußtsein und damit
zugleich die nicht-metaphysische Reflexion auf ein Unbedingtes lange Zeit als obsolet. Erst nach und nach wurde der Ich-
Gedanke im strengen Sinn innerhalb – und mit den Mitteln –
dieses Philosophierens rehabilitiert. Diese Tatsache hatten im
»kontinentalen« Denken bisher nur Dieter Henrich und seinem
Ansatz verpflichtete Philosophen wirklich zur Kenntnis genommen. Klaus Müller kommt das Verdienst zu, in Aufnahme dieser Rezeption die sprachanalytische Wiedergewinnung einer
strengen Ich-Reflexion erstmals umfassend untersucht und
zugleich für die Fundamentaltheologie fruchtbar gemacht zu
haben[46].

Trotz weitgehender Zustimmung zu meinem erstphilosophischen
Ansatz stellt Kl. Müller hier doch eine »Asymmetrie« in dem Sinne
fest, daß der Gedanke der (interpersonalen) Anerkennung den Begriff
der Subjektivität beeinträchtige[47]. In diesem Einwand werden allerdings, wie mir scheint, zwei verschiedene Argumentationsebenen
nicht genügend auseinandergehalten. In Kap. 8 meines »Grundrisses«
versuche ich, in drei Schritten einen letztgültigen *Begriff* von Sinn über
die transzendental reflektierte Metapher des *Bildes* (bzw. Wortes[48]) zu
entwickeln, wobei an zentraler Stelle (8.3.3) die transzendental*logische*
Bestimmung des Begriffs eines unbedingten Sollens steht. In Kap. 9
geht es um die transzendental*genetische* Frage nach der Möglichkeit
einer für das autonome Ich verbindlichen *geschichtlichen* Sollens-
erfahrung. Hier erst knüpfe ich an Fichtes frühe Deduktion des Selbst-
bewußtseins aus einem Akt interpersonaler Anerkennung an[49]. Müllers
Kritik an »Sprachformen« in meinem Ansatz, die den Begriff der Subjektivität »verkürzen« bzw. zumindest »verdecken«[50], wird nun fast
ausschließlich durch Passagen belegt, die aus der grundlegenden
Bestimmung des *Begriffs* unbedingten Sollens stammen, nicht aus dem

Kontext, wo es um ein geschichtlich konkretisiertes Sollen und Sub-jektbewußtsein geht. Behält man dies im Auge, so scheint mir die Differenz zu der grundlegenden Position von Kl. Müller gering. »Das Ich muß sich schon selbst restlos zum Bild des Unbedingten machen; es muß all seine an sich selbst festhalten wollende Freiheit vernichten, damit das Unbedingte und es selbst zugleich wirklich sein kann«, sage ich (im Anschluß an die Terminologie des späten Fichte)[51]. Müller sagt mit Rücksicht auf den Ernstfall der vor der unbedingten Freiheit stehenden endlichen Freiheit: »Im Blick auf den Gekreuzigten einverstanden werden damit, daß die Einmaligkeit, die durch nichts aufzuwiegende Eigenbedeutung, die einem eignet, untrennbar zusammengehört mit der *Marginalität qua kontingenter Beliebigkeit hinsichtlich jeder Dimension der Existenz* [...] – das bedeutet: an der basileia partizipieren«[52].

Insofern beruhen eine ganze Reihe der kritischen Beobachtungen Müllers wohl doch auf einem Mißverständnis. Zur Veranschaulichung der Wurzeln meines Problems greift er etwa auf Schellings Bemerkungen über Fichtes »rohes Anpreisen der Sittlichkeit und Sittenlehre als des einzig Reellen im Leben und in der Wissenschaft« zurück[53] und moniert »die Aura eines Sittlichkeitsrigorismus« in meinem Denken[54]. Schon im Zusammenhang der Frage nach meiner Eschatologie hatte Müller eine wichtige Passage in meinen Ausführungen übersehen[55]. Hier übergeht er die Folgerungen, die ich aus dem voll entwickelten Sinnbegriff ziehe, Ausführungen, die seine soeben zitierten Bemerkungen doch sehr in Frage stellen[56].
Besondere Schwierigkeiten bereitet mir Müllers Interpretation meines Verweises auf eine Stelle in Anselms v. C. »Cur deus homo« (I, 21: »Von welchem Gewicht die Sünde ist«).

Es geht hier um die Frage nach möglicher Genugtuung für »eine einzige so kleine Sünde, wie es ein einziger Blick gegen den Willen Gottes ist«. Anselm sagt: »Wenn du dich im Blicke [in conspectu] Gottes sähest und jemand sagte zu dir: ›blicke dorthin‹, und Gott dagegen: ›keineswegs will ich, daß du da hinschaust‹; frage du selber in deinem Herzen: Was gibt es unter allem, was da ist, wofür du gegen den Willen Gottes jenen Blick tun dürftest?« Antwort: Das ganze Universum wiegt weniger als ein auch noch so kleines Sollen, wenn es als ein wirklich unbedingtes erkannt ist.

Im unmittelbaren Anschluß daran hatte ich formuliert: »die Verwirklichung letztgültigen Sinns scheint unmöglich, wenn auch nur ein einziges Vernunftwesen dem Unbedingten nicht, wie es soll, Raum gibt, und sei es nur für einen winzigen Augenblick«[57]. Müller greift diese Rede vom »winzigen Augenblick« gleich dreimal auf. Zum einen sieht er hier die »Sprache einer dramatischen, nachgerade nervösen Sittlichkeit« dominieren[58]. An der zweiten Stelle trifft er genau den Punkt: »Mag Sittlichkeit ihrem Begriff nach nicht den winzigsten Seitenblick zulassen, als gelebte realisiert sich kompromißlose Sittlichkeit endlicher Freiheit nur unter Einbezug (richtiger) sittlicher Kompromisse«[59]. In der Tat geht es in diesem ganzen Zusammenhang allein um »Sittlichkeit[60] ihrem Begriff nach«. Aus diesem Kontext herausgerissen und in die Perspektive eines ganz anderen Sprachspiels, nämlich das der ethischen Konkretion, hineingestellt, müssen solche Aussagen geradezu verzerrt wirken[61].

Schließlich meint Müller, hier käme die Frage der Theodizee ins Spiel: »Was ist es um das Gutsein eines Schöpfergottes, wenn auch nur ein winziger Anlaß ›von unten‹ gesehen zur Tragödie führt, die nur noch der absolut Gerechte, der Sündlose abwenden kann, einer mithin, der de facto [?] nur noch ›von oben‹ kommen muß [?] und so aus einem in seiner Singularität durch nichts zu überbietenden erneuten Handeln Gottes hervorgeht?«[62] Ich sehe (mit Anselm) hinsichtlich der Frage »Cur deus homo« keinen wesentlichen Unterschied, ob nur an einem einzigen, »winzigen« Ort, an mehreren Orten oder gar überall[63] mit *völlig ungetrübtem Blick* gegen den unbedingten Willen verstoßen wird oder wurde. In jedem dieser Fälle[64] würde verhindert, daß »Gott alles in allem ist« (vgl. 1 Kor 15,28), wenn er nicht selbst die Initiative zur Wiederherstellung der rechten Ordnung ergriffe. Aber was hat diese drückende Frage der Rechtfertigung einer gegen ihren eigenen, unbedingten Sinn verstoßenden menschlichen Freiheit, also der Anthropodizee, mit der Theodizeefrage zu tun?

Die bisher bestehende Differenz zwischen der von Müller angebotenen »Alternative«[65] und meinem Denkansatz läßt sich durch die folgende Reformulierung meines Gedankengangs vielleicht weiter verringern. Gleichzeitig hoffe ich, damit eine bessere Ausgangsbasis für die Fortführung des Gesprächs mit Th. Pröpper zu erzielen.

4.4. »Mein Ansatz«: eine überarbeitete Kurzfassung

Wie oben[66] erwähnt, erscheint in meinem »Grundriß« von 1991 die über eine transzendentale Reflexion auf die Kategorie des »Einen« ermittelte »Elementarstruktur der Vernunft« (Kap. 6.3) wie »aufgesattelt« auf ein völlig leeres, bestimmungsloses »Ich denke« (6.2). Dieser Methodenfehler hat – wie mir die Diskussion zeigt – nicht nur zu Mißverständnissen hinsichtlich der Rolle der »Spekulation über das Eine« in meinem Denken geführt[67], sondern auch erheblich erschwert, überhaupt den »roten Faden« meiner Konzeption zu erkennen. Ich versuche im folgenden zunächst, jene Elementarstruktur (und deren Resultat einer allgemeinen *Sinnfrage*) über die Subjektreflexion selbst aufzuzeigen und so den Ansatzpunkten von Pröpper und Müller näherzukommen (wobei die Unterschiede zwischen diesen beiden Ansätzen selbst hier nicht näher thematisiert werden können). Von dorther dürften sich auch die verbleibenden Differenzen hinsichtlich eines erstphilosophisch gefaßten *Begriffs von Sinn* besser akzentuieren lassen.

Sinnfrage

1. Das »Ich setzt sich« (Fichte), Freiheit im eigentlichen Sinn vollzieht sich völlig unabhängig von einem (innerweltlichen oder göttlichen) anderen und ist insofern reine, von keiner Andersheit angefochtene *Einheit*. Ohne diese unbedingte Autonomie der Freiheit gäbe es keine wahre Verantwortlichkeit vor »Gott und den Menschen«: Wo andere hineinreden oder -handeln können, trage nicht ich die letzte Verantwortung (eine ständige Versuchung für das Ich, sich an der Reflexion auf das Wesen der eigenen Freiheit vorbeizudrücken und damit denen das Feld zu überlassen, die – prämodern oder postmodern – schon auf dem Sprunge stehen, mir die eigentliche Funktion von »Subjekten« beizubiegen).

2. Und dennoch: wann immer das Ich sich setzt, setzt es sich in *Differenz*. Auch diese Differenz kommt mir nicht von außen zu. Ebensowenig, wie mir andere meine ursprünglichste Vertraut-

heit mit *mir selbst* vermitteln, können sie auch den Begriff des *anderen* in mich hineinlegen. Andere(s) *als* andere(s) wahrzunehmen ist nur aufgrund der ursprünglichen Einheit der freien Vernunft möglich. Aber es stellt das unausweichliche Ärgernis der sich in Unabhängigkeit von allem anderen setzenden Freiheit dar, daß, sobald und immer wenn sie sich setzt, sie sich *auf anderes hin* (oder von anderem ab-)setzt. Jeder Versuch, demgegenüber ihre ursprünglich reine Identität durch eine radikale Reflexion auf sich selbst zu retten, endet in einem kläglichen Paradox. Ich, der/die Reflektierende, stoße auch nach methodischer Ausschaltung von allem anderen auf ein anderes, nämlich auf *mich*, das Ich-*Phänomen*, dessen wahre und klare Bestimmtheit mir ständig entgleitet und das von vornherein (weil objektiviertes Ich) nicht identisch ist mit dem Ich als (in diesem Falle reflektierendem) Akt, der über alle Objektivierungen hinausgreift.

3. Schon mit dem Gesagten ist deutlich, daß das Ich von seiner elementarsten Strukturierung her als *absurd* erscheint. Aufgrund der ursprünglich unbedingten, durch nichts anderes vermittelbaren Identität *meiner eigenen* Freiheit kann ich mich mit der Differenz, in die ebendiese Freiheit immer schon »hineingeworfen« ist, nicht zufriedengeben. Sie scheint meinem eigenen Wesen zu widersprechen. Ich kann zwar mit Recht feststellen, daß dieses merkwürdige »Zusammentreffen« von unbedingter Einheit und Differenz in meinem Ich (seine »Kontingenz«) weder aus mir selbst noch »der Welt« zu erklären ist und – wenn es denn überhaupt erklärbar (und Vernunft in sich nicht der schlechthinnige Widerspruch) sein soll – in einer unbedingten Einheit seine Wurzel haben muß, die zugleich der Differenz mächtig ist. Auf diesen »transzendenten« Grund meiner elementarsten Situation zurückzufragen, ihn etwa als Gott zu thematisieren und auf diese Weise mein Heil zu erhoffen, käme – zumindest auf dem jetzigen Stand der Dinge – aber einem »philosophischen Suizid« (im Sinne von A. Camus) gleich. Der Widerspruch einer sich nur unbedingt und dennoch nur in der Differenz setzen könnenden Freiheit muß unter diesen ihren gegebenen Bedingungen, »immanent«, behebbar sein. Solange

dies nicht möglich erscheint, wäre ein solches Ich, auf einen absoluten Grund zurückgeführt, auch dann noch als ein kapriziöser Einfall des Göttlichen zu interpretieren, wenn »Gott« den Menschen irgendwann wieder von dieser seiner Kontingenz zu befreien vorhätte. Auf Heilsmaßnahmen eines solchen, sich rational nicht nachvollziehbar gebärdenden Göttlichen kann das freie Ich, das sich als *Vernunft*wesen verstehen will (und, wenn es sich unter einem sittlichen Anspruch erfährt, auch *soll*), verzichten.

Sinnbegriff

Den Versuch, unbedingte Einheit in Differenz zu denken und darüber eine prinzipielle Antwort auf die soeben skizzierte Sinnfrage zu geben, habe ich im Anschluß an den bei Anselm v. C. und J. G. Fichte entwickelten strengen Begriff des *Bildes* (oder Wortes) in drei Schritten unternommen[68].

1. Das Bild ist etwas außerhalb dessen, was es »zu Wort« bringt; und dennoch geht das, was es ist, ganz in den reinen Ausdruck des anderen auf – wenn es denn ein vollkommenes Bild gäbe. Allein Freiheit ist prinzipiell zu einem solchen vollkommenen Bild fähig: wenn sie sich nämlich unbedingt entscheidet, der »Raum« (und die Zeit![69]) zu sein, in dem andere Vernunftwesen zu Wort kommen und zu sich selbst finden können. Würden sich alle Menschen in Freiheit zu diesem »Einander-zum-Wort-oder-Bild-Werden« entscheiden, dann käme »Einheit in Pluralität« als Horizont von wirklicher Sinnerfüllung trotz der absurd erscheinenden Grundsituation von Freiheit in Sicht.

2. Insofern Freiheit zur Verwirklichung ihrer selbst und zur Anerkennung anderer Freiheit eines Mediums bedarf – der Materie, der Sprache, des eigenen Leibes –, ist auch dieses als Raum des gegenseitigen Wort- oder Bildwerdens aufzufassen (das sich angemessen nur als ständiger »Ikonoklasmus« verstehen läßt[70]). Über die Frage nach einem solchen Medium wären Kriterien für die grundlegenden Vollzüge menschlichen Miteinanders zu entwickeln (Stichworte: Menschenrechte; Rückgewinnung des andere verdrängenden Sprachraums durch »dekon-

114

struktivistische« Interpretation[71] und »dezentrierende« Ästhetik[72]; Entlarvung des Zusammenhangs von Ökonomie- und Leibverständnis beim frühen Marx). Hier liegen die zentralen Aufgaben für eine »Erste Philosophie«, insofern sie sich als »ancilla hermeneuticae«, in ihrer rein dienenden, nicht konkurrierenden Funktion zur Lebenspraxis und deren philosophischer wie einzelwissenschaftlicher Durchdringung zu bewähren hat. Der folgende Schritt ist allerdings der schwierigste, was die innere Kohärenz der erstphilosophischen Konzeption selbst angeht.

3. Sobald ein Begriff gefunden ist, der eine Möglichkeit zu denken erlaubt, Freiheit in Differenz als unbedingt identisch zu setzen und damit den Anschein unaufhebbarer Absurdität zu überwinden, muß die elementar-unhintergehbare »Situation« der Freiheit nicht mehr als »Geworfenheit«, sondern kann auch als »Vokativ« (etwa im Sinne von J. Derrida) verstanden werden. Die Frage nach dem Woher eines solchen Vokativs – d. h. nach einer unbedingten Einheit, die der Differenz mächtig ist – erscheint nicht mehr als obsolet. Sie *kann* legitimerweise gestellt werden[73].

Nun habe ich darüber hinaus behauptet, daß im Anschluß an die Erkenntnis, daß der Begriff des Bildes die Möglichkeit eines Freiheitsvollzugs von unbedingter Einheit in Differenz zu denken erlaubt, die Frage nach dem Woher sogar gestellt werden *muß*[74].

Hier hat mich Th. Pröpper – nicht zuletzt aufgrund meiner unausgegorenen Argumentation in diesem Kontext – mißverstanden. Auch nach meiner versuchten Klarstellung ist das entscheidende Problem noch nicht ausgeräumt[75]. Vielleicht gelingt es mir, mit den folgenden, notwendig knappen Bemerkungen zur weiteren Klärung der schwierigen Frage beizutragen.

Zunächst sollte noch einmal hervorgehoben werden, wie wenig eine wirklich transzendentale Letztbegründungsfrage überhaupt erbringen kann. Dadurch, daß ich den *Begriff* eines vollkommenen, nur durch Freiheit darzustellenden Bildes zur prinzipiellen Lösung der Sinnfrage ins Spiel bringe, ist kein Wissen darüber gewonnen, daß es andere Freiheit außer mir gibt. Erst recht ist

115

nicht geklärt, was diese Freiheit mit einem solchen Wert aus-
statten könnte, daß ich mich vernünftigerweise dazu entscheiden darf, vorbehaltlos zu ihrem Wort oder Bild zu werden. Ebensowenig ist ausgemacht, ob Materie sich grundsätzlich zum
Medium gegenseitigen Wort- oder Bildwerdens eignet. Über die
Wirklichkeit eines *Seins* (außer der Selbstgewißheit des puren,
hinsichtlich der konkreten Bestimmtheit seines Seins fraglich
bleibenden Aktes des Ich) oder *Sollens* kann transzendental
nicht entschieden werden. Die transzendentale Letztbegründungsfrage dient lediglich dazu, Kriterien dafür zu entwickeln,
inwieweit ein von mir für wahr gehaltenes Sein oder ein mich
beanspruchendes Sollen *als gültig* betrachtet werden darf. Im
Rahmen der Fundamentaltheologie dient sie insbesondere dazu,
im Rückgang auf die eigene Autonomie zu entscheiden, ob –
und gegebenenfalls welche Art von – Offenbarung (also ein
»Heteronomes«) als für meine Freiheit verbindlich bejaht werden kann.

Bietet sich also der Bildbegriff im oben beschriebenen Sinn als
einziger ernsthafter Kandidat für die Lösung der Sinnfrage an,
dann *muß* auch nach dem Woher gefragt werden, das andere
Freiheit möglich machen, sie mit einem unbedingten Wert aus-
statten und Materie als Medium von Bildwerden grundsätzlich
geeignet machen könnte. Es ist »die Frage absoluter Begründung
auf[zu]werfen«, auch wenn sie im Hinblick auf die *Existenz*
eines »absoluten Grundes« nicht beantwortet werden kann[76].
Und wenn diese Frage ernsthaft sein soll, dann ist unumgänglich ein Begriff davon zu bilden, wie ein Verhältnis zwischen
schlechthin Unbedingtem und nur formal Unbedingtem überhaupt zu denken sei[77]. Wenn ich bei dieser Frage (weitgehend im
Anschluß an die Philosophie des »späten Fichte«, dabei aber von
deren metaphysischen Implikationen abstrahierend[78]) einen
widerspruchsfreien *Begriff* von Sinn entwickeln zu können
meine, so handelt es sich hierbei weder um einen »Sinn*auf*-
weis« noch um den »Entwurf eines Begriffs *möglichen* Sinnes,
über dessen Wahrheit somit erst noch entschieden werden
müßte«[79]. Es geht um den adäquaten *Begriff* eines »erscheinenden Absoluten«, der Kriterien dafür zu entwickeln erlaubt,

wann wir es wirklich mit einer Erscheinung des Absoluten (oder »Offenbarung«) zu tun haben, wenn etwas als solches behauptet wird oder mit diesem Anspruch an uns herantritt. Ebensowenig ist in diesem Zusammenhang der Aufweis eines *wirklichen Sollens* intendiert, vielmehr nur die Ermittlung des ursprünglichen *Begriffs* von Sollen, aus dem dann alle weiteren Prinzipien gültigen Sollens abzuleiten wären. Meine Antwort: Das Verhältnis von völlig unbedingter und formal unbedingter Freiheit läßt sich dann widerspruchsfrei denken, wenn formal unbedingte Freiheit das Wesen ihrer eigenen Autonomie darin erkennt, Bild der schlechthin unbedingten Freiheit zu sein, ein Bild, das sich innerweltlich nur über das gegenseitige Zum-Bild-Werden aller Bilder jenes völlig Unbedingten zur Darstellung bringen läßt[80].

Die Frage nach den transzendentalen Möglichkeitsbedingungen für die Erkenntnis *wirklichen* Seins und Sollens wird im folgenden Kapitel im (eingeschränkten) Rahmen der Diskussion um ein angemessenes Verhältnis der Theologie zur Historie verfolgt werden. An dieser Stelle sollten lediglich noch einige der Bedenken zur Sprache kommen, die G. Scherer meiner transzendental*logisch* konzipierten Ersten Philosophie entgegengehalten hat.

»Sinn ist das des Seins Würdige. Um ihn zu berühren, genügt eine transzendentale Reflexion des Subjekts keineswegs«[81]. »Das Sollen erwächst aus dem Sinn. Nur aus der Sinnerfahrung kann die Bereitschaft zur Verantwortung erwachsen«[82]. »Zwar findet Verweyen [...] zu wichtigen Bemerkungen über die Materie als Sinnmedium oder die Beziehung des Menschen zur Natur. Diese werden aber bei ihm von seinem transzendentalen Ansatz her nicht vermittelt«[83]. Ich stimme all dem zu. Eine konkrete Evidenz von Sollen erwächst erst dort, wo Freiheit andere Freiheit ans Licht bzw. zu Wort kommen läßt und ihr damit ermöglicht, Identität in Differenz wirklich zu gewinnen (über all die fehlschlagenden Versuche des Ich hinaus, eine solche Identität aus eigener Kraft herzustellen). Diese – wie auch andere, z. B. in der Erfahrung des Schönen gegebene – Wirklichkeit läßt sich nicht transzendental vermitteln. »Erste Philosophie«, wie ich sie verstehe, tritt nicht in Konkurrenz zu einer solchen phänomenologischen Erschließung von Sein und Sinn, wie sie Scherer selbst in vorbildlicher Weise seit vielen Jahrzehnten betreibt. Wo aber die Phänomenologie, durch den »Universalitätsanspruch der Hermeneutik« unterwandert, in den Sog des Relativismus zu geraten droht, wird die Frage nach Kriterien der Gültigkeit von Werten und Sollensansprüchen – über ihre Geltung im unmittelbar geschichtlichen Kairos hinaus – unabweisbar. *Diese* Frage kann meiner Überzeugung nach nur in streng »subjektlogisch«-transzendentaler Reflexion adäquat angegangen werden.

5. Theologie und Historie

5.1. Zur prinzipiellen Problematik

Historie im Sinne des Versuchs, Ereignissen der Geschichte den Charakter des schlechthin Vergangenen, des »so als hätten sie nie stattgefunden« zu nehmen, findet ursprünglich in der Form vergegenwärtigender Erzählung – als »historia« in der Bedeutung von »narratio«, »récit«[1] – statt. »Traditio« und »historia« sind hier im wesentlichen noch nicht unterschieden. Diese ursprüngliche Weise, »Geschichte zu betreiben«, ist dadurch gekennzeichnet, daß die »objektiven Gehalte« des Tradierten relativ fließend sind. Sie erheben Anspruch auf Wahrheit primär nicht als fixierte propositionale Inhalte, sondern als integrierender Teil eines »Sprechakts«, in dem sie eine durchaus variable Gestalt gewinnen – geprägt durch den persönlichen Charakter des Tradierenden und durch seine Intention, den Rezeptionshorizont der je Angeredeten zu treffen. Dennoch muß man schon diese ursprüngliche Form narrativer Historie, insofern sie etwa auf entscheidende Ereignisse für das Zustandekommen einer Gemeinschaft gerichtet ist, im umfassenderen Genus des »Narrativen« näher eingrenzen. Sie hebt sich weitgehend von den Elementen des Spielerischen und Anekdotischen ab, die sonst für die Gattung »Erzählung« kennzeichnend sind. Nicht jedem Mitglied der Gemeinschaft ist es erlaubt, das Vergangene für die Gegenwart zu inszenieren. Der Tradent muß glaubwürdig dadurch sein, daß er für die gegenwärtige Geltung des »Vergangenen« verantwortlich einsteht. Dies aber ist ein besonderes Kennzeichen des Zeugnisses.

Schon der Übergang vom mündlichen zum schriftlichen »historein« (ver)führt allerdings dazu, das objektiv festgehaltene *Tradierte* als das eigentlich Gültige an der Tradition zu verstehen und den hermeneutischen Akt des *Tradierens*, in dem solchermaßen Fixiertes seinen ursprünglichen Sinn hat, zu vernachlässigen. Unausweichlich kommt diese Verführung dort ins Spiel, wo dem zu Tradierenden ein Absolutheitswert beigemessen wird, den es z. B. gegen eklektizistische bzw. synkretistische Tendenzen zu sichern gilt. Tradition vollzieht sich dann in der Weise, daß zunächst einmal aus der Fülle des Tradierten das »eigentlich Authentische« als »kanonisch« ausgesondert wird – unter Konzentration auf den durch seine Herkunft (etwa als »Augenzeugnis« bevollmächtigter Tradenten) qualifizierten *Stoff* und gleichzeitiger Mißachtung der dem Traditions*akt* zu verdankenden besonderen *Form* des Tradierten. Die für die Wahrung der Tradition als zuständig angesehene Autorität greift sodann aus der mehr oder weniger fest umrissenen Menge des so verstandenen Kanonischen für besonders wichtig erachtete Einzelgehalte heraus – wiederum ohne Rücksicht auf ihren Sinnzusammenhang im ursprünglichen Traditionsakt. Die auf diese Weise herausgehobenen Inhalte werden für allgemein verbindlich erklärt und gemäß der Konzeption jener Autorität zu einem systematischen Ganzen zusammengestellt – wobei das gegenüber dem ursprünglichen Zeugnis Künstliche dieser dogmatisierenden Komposition den Komponierenden nicht einmal bewußt zu sein braucht. Auf jeden Fall kann der wirkliche Geschehens- und Aussagezusammenhang des Ursprungs bei diesem Vorgang gründlich verstellt werden[2].

Auch wenn man von den besonderen Bedingungen absieht, unter denen diese generelle Gefahr für das Tradieren von als absolut Geltendem sich seit dem 14. Jahrhundert zu einer radikalen Bedrohung der *christlichen* Wahrheit verdichtete[3], läßt sich bereits von solchen grundsätzlichen Überlegungen her das Wesen »der historisch-kritischen Methode« umschreiben: Wo die Wahrheit des Ursprungs in den Geltungsansprüchen einer petrifizierten Tradition unterzugehen droht, wird sie in Abstraktion von dieser Tradition bzw. im Kampf gegen sie wiederzugewinnen gesucht. Kritische Historie etabliert sich zunächst geradezu als Antithese zur Tradition. Das ist auch das Geschick der für unseren Zusammenhang zentralen historisch-kritischen Rückfrage nach Jesus gewesen – deren Entwicklungsgang ich hier als bekannt voraussetze[4].

120

Bemerkenswert ist, daß derselbe, der die Frage nach dem sog. »historischen Jesus« in Gang gebracht hat, zugleich auch ihre Irrelevanz für die Begründung des Glaubens herausstellte: G. E. Lessing publizierte 1774–78 die radikale Kritik des Orientalisten H. S. Reimarus an den exegetischen und fundamentaltheologischen Positionen der herkömmlichen Glaubensbegründung als »Fragmente eines Ungenannten« und betonte 1777 in seiner Schrift »Über den Beweis des Geistes und der Kraft«, daß ein Urteil über eine geschichtliche Wahrheit mit seinem unaufhebbaren Charakter bloßer Wahrscheinlichkeit grundsätzlich nicht als Grundlage oder Kriterium für unsere Überzeugungen mit Unbedingtheitscharakter tauglich sei. Dieses Problem des »garstigen breiten Grabens« bildet noch immer ein Leitmotiv in der Frage nach dem Verhältnis von Glaubensverantwortung und Historie. Ich gehe hier nur kurz auf die Diskussion um die von mir vorgetragene Position ein.

Das »Lessingsche Problem« stellt sich dort nicht, wo entweder – wie in der »Dialektischen Theologie« – der Versuch einer historischen Verantwortung des Kerygmas als unsachgemäß zurückgewiesen oder aber das Geglaubte nicht als letztgültig betrachtet wird[5]. Unüberwindbar erscheint dieser »Graben« aber dort, wo man glaubend an der Letztgültigkeit einer Offenbarung festhält, gleichzeitig aber die Notwendigkeit der Verantwortung dieses Glaubens vor einer historischen Wissenschaft behauptet, die ihrem Selbstverständnis nach begründete Aussagen über ein Unbedingtes in der Geschichte nicht zu treffen vermag. Im Zusammenhang der hier zu führenden Diskussion ist insbesondere auf meine diesbezügliche Kontroverse mit Th. Pröpper zu verweisen[6]. Da deren wesentliche Punkte durch die Beiträge von Georg Essen ein schärferes Profil erhalten haben, kann ich mich im folgenden auf die Auseinandersetzung mit dessen Position konzentrieren.

In seiner sorgfältigen Untersuchung »Historische Vernunft und Auferweckung Jesu« hat G. Essen nicht nur einen glänzenden Überblick über die Geschichte des Verhältnisses von Theologie und kritischer Historie gegeben, sondern vor allem auf Defizite in der theologischen Rezeption zeitgenössischer methodischer

Fortschritte der Historik verwiesen. In seinem eigenen Bemühen um die Formulierung einer Methodik, die es .erlaubt, die zentrale Basis des christlichen Glaubens historisch zu verantworten, greift er auf die – im Anschluß an die Philosophie von Hermann Krings entworfene – transzendentale Historik Hans Michael Baumgartners zurück. Auf meinen knapp formulierten Einwand auch seinem Konzept gegenüber[7] ist G. Essen im Anschluß an eine präzise Skizze meines Vorschlags zur Revision der Hermeneutik historischer Verantwortung des christlichen Glaubens eingegangen[8]. Ich beschränke mich in dieser Replik auf zwei Aspekte.

1) Zunächst möchte ich an die oben, Kap. 3.4.2 (»Unbedingtes in geschichtlicher Kontingenz?«), genannten grundsätzlichen Schwierigkeiten erinnern, denen Pröpper und Essen begegnen, wenn sie einerseits an der historisch zu verantwortenden Überzeugung von der geschichtlichen Erscheinung eines Unbedingten festhalten und anderseits die Unfähigkeit alles Geschichtlichen betonen, Unbedingtes adäquat zu vermitteln. Diese Schwierigkeiten müssen sich erst recht dort auswirken, wo es um die *geschichtliche Weitervermittlung* eines solchen Ereignisses mit Unbedingtheitscharakter geht.

So stellt G. Essen etwa fest: »[...] weil in allen geschichtlich-symbolischen Realisierungen von Freiheit der mit ihrer antinomischen Verfaßtheit gegebene ›Überschuß des Unbedingten‹ (H. Krings) nicht zum Erliegen kommt und geschichtlich nicht aufhebbar ist, wird gerade durch die Geschichte die Frage nach dem schlechthin Erfüllenden und Sinnverbürgenden menschlicher Freiheit aufgeworfen. Zugleich aber ist der Mensch an die Geschichte verwiesen, weil sie der Ort ist, an dem die in der formal unbedingten Freiheit begründete offene Transzendenz des Menschen ihre mögliche definitive Bestimmung dadurch erfährt, daß die vollkommene Freiheit als das die endliche Freiheit Erfüllende sich *geschichtlich* mitteilt und für den Menschen zur Realität wird«[9].

An dieser Stelle glaubt Essen feststellen zu können, daß damit bereits das Lessingsche Problem überwunden sei. Etwas weiter geht er aber auf die offensichtliche Diskrepanz ein, die hier zum Ausdruck kommt: »Erreichbar ist somit der Gedanke, daß in einem geschichtlichen Ereignis Freiheit sich realisiert und als das Unbedingte in die Geschichte eintritt. Es ist die empirische Modalität, in der diese Freiheit eine

Gestalt findet, die ihrer Unbedingtheit entspricht und angemessenen Ausdruck gibt. Freilich ist sogleich zu beachten, daß das Unableitbare als Unbedingtes nur bedingt real sein kann und sich, sobald es sich realisiert hat, den Regeln und Gegebenheiten der empirischen Erscheinungswelt fügt [...]. Insofern scheint ein solches Geschehen einer historisch-kritischen Urteilsbildung verschlossen zu bleiben [...]. Und deshalb hat es den Anschein, als sei der geschichtswissenschaftlichen Methodik ein Geschehen mit Unbedingtheitscharakter verschlossen«[10].

Der Diskrepanz zwischen der menschlichen Verwiesenheit auf eine geschichtliche Realisierung schlechthin unbedingter Freiheit und den nur bedingten Realisierungsmöglichkeiten alles Geschichtlichen sucht Essen nun durch Verweis auf die Wahrnehmungsbedingungen *von seiten des Subjekts* zu begegnen, näherhin durch Betonung der Bereitschaft und Empfänglichkeit für das symbolisch Repräsentierte.

»Die symbolische Wahrnehmung ist der Akt eines seinerseits unableitbaren, freien Entschlusses eines Subjekts, die ihm unverfügbar zuvorkommende sinnlich-geschichtliche Erscheinung als die Selbstbekundung einer sich ihm eröffnenden Freiheit anzuerkennen. [...] Diese Erkenntnisstruktur aber gilt auch für die Wahrnehmung des geschichtlichen Offenbarungsgeschehens, in dem Gott sich selbst als Liebe den Menschen mitgeteilt hat. Denn in ihm erschließt sich dem Menschen das ›absolut Erstaunenswerthe‹ und begegnet ihm dieses ›Wunder der göttlichen Gesinnung‹, von dem gesagt werden kann: ›in Wahrheit, es ist so, – das wir aber nach keinen menschlichen Begriffen hätten erwarten oder voraussehen können, ja dem wir gar nicht wagen würden Glauben beizumessen, wenn es sich nicht wirklich ereignet hätte‹«[11].

Die Feststellungen über die notwendige Empfängnisbereitschaft des Subjekts sind zweifellos richtig. Will auch G. Essen – wie viele vor ihm, insbesondere z. B. K. Rahner in seiner Verhältnisbestimmung von »transzendentaler« und »kategorialer Offenbarung«[12] – damit aber auf ein »supplet« von seiten des Subjekts hinweisen, auf eine notwendige Ergänzung des geschichtlich (per definitionem nur bedingt) Begegnenden in dem Sinne, daß erst durch diesen Interpretationsakt (etwa aufgrund einer inneren, gnadenhaften Erleuchtung) eine *von sich her* zur Vermittlung von Unbedingtem unangemessene geschichtliche Gestalt als Bekundung des Unbedingten wahrnehmbar wird? Dann stünde auch diese Behauptung des uns begegnenden »Wunders göttlicher Gesinnung« unter Projektionsverdacht[13]. Zumindest entzöge sie sich der Frage nach den Kriterien einer möglichen Falsifizierung, auf die bei der Verantwortung des Glaubens vor dem Forum der Historie nicht verzichtet werden kann.

2) Bei seiner Frage nach einer methodisch adäquaten Historik sucht G. Essen – dies macht in meinen Augen einen besonders hervorzuhebenden Wert seiner Studien aus – zwei Sackgassen zu vermeiden: auf der einen Seite den Rückfall in ein transzendental unreflektiertes Verständnis von »Fakten«, auf der anderen Seite aber auch eine Überbewertung der subjektiv-intersubjektiven Interpretationsleistung in der Konstitution des Sinns geschichtlicher Ereignisse. Gerade in der letztgenannten Engführung kommt es häufig genug zu einer solchen Betonung der unvermeidlichen »Fiktionalität« im Prozeß geschichtlichen Erkennens, daß jede Behauptung eines vom »Faktum« selbst ausgehenden Anspruchs als unwissenschaftlich erscheint. Soll eine Historik fundamentaltheologisch relevant sein, dann darf nicht in der Schwebe bleiben, wer der eigentliche »Wortführer« in dem komplexen Verhältnis von Ereignis und Interpretation ist. Läßt sich eine solche Historik aber auf der Grundlage des von Hermann Krings und Hans Michael Baumgartner vorgelegten Konzepts geschichtlichen Erkennens entwickeln?

Im Konstitutionsprozeß des historischen Gegenstandes gibt es diesem Ansatz zufolge zwar das Angewiesensein auf ein »Woran« und auf eine »Vorgegebenheit«, über die das Erkenntnissubjekt nicht verfügen kann, auf das »Faktum«, das »Daß eines Seienden«, das »reine« oder das »nackte Daß«[14]. Aber »erst im Akt der Reflexion wird das Faktum als Gehalt bestimmt und als abgeschlossen und unauflösbar beurteilt«[15]. Der Begriff »Faktum« sei transzendentallogisch als ein »Konstrukt« zu bestimmen, »das aus einer intellektuell-reflexiven Initiative gegenüber Erlebtem oder Erfahrenem hervorgeht«[16]. Ohne diese von der interpretierenden Vernunft ausgehende Initiative zur Erschließung des Gehalts »muß das ›Faktum‹ bestimmt werden als ein logisch unerschlossener Gehalt«[17].

Die Priorität auf seiten des interpretierenden Subjekts gilt dabei nicht erst für die Situation des Historikers, sondern bereits für den ursprünglichen Ort des Ereignisses. Dieses kann »für den zeitgenössischen Beobachter [!] eine Sinneinheit darstellen [...], die er durch einen reflek-

torischen Akt aus der Menge der [...] diffusen Begebenheiten aus-
grenzt«[18].

Schon die wenigen angeführten Belege zeigen, wie sehr die hier
zum Tragen kommende Auffassung der Konstitution von »Fakten« bzw. geschichtlich relevanten Gehalten von Kants »Kritik
der reinen [beobachtenden] Vernunft« bestimmt ist. Von daher
kommt die Frage nach einer geschichtlichen Erkenntnis von
Ereignissen, insofern sie die sittliche Vernunft aufgrund der
ihnen selbst zukommenden Leuchtkraft (doxa) in Anspruch
nehmen, nicht wirklich in den Blick. Darüber hinaus ist an die
oben, Kap. 4.1, skizzierte Auseinandersetzung mit der Gegen-
standskonzeption in der Maréchalschule zu erinnern. Bereits in
seinem grundlegenden Werk »Transzendentale Logik« hatte
H. Krings den erkenntnistheoretischen Primat des *Urteils* hervorgehoben[19]. Diese Auffassung macht sich auch in seiner Theorie der Konstitution des geschichtlichen Faktums geltend. In
meiner Auseinandersetzung mit der Philosophie der Maréchalschule glaube ich nachgewiesen zu haben, daß im Urteil das
erkennende Subjekt sich bereits in einer solchen Position
gegenüber dem zu Erkennenden befindet, daß dieses ihm nur
noch »abgeblendet« durch einen vorgefaßten Kategorienraster
begegnen kann. Fragt man nach der grundlegenden Weise, in der
uns ein sinnlich-geschichtliches Ereignis erscheint und wir seiner ursprünglichen Wahrheit ansichtig werden können, so muß
die transzendentalphänomenologische Abkünftigkeit von Fragen und Urteilen zunächst einmal selbst zum Gegenstand der
Reflexion gemacht werden.

5.2. Das Zeugnis als Ort fundamentaltheologisch relevanten geschichtlichen Erkennens

Die im wesentlichen noch immer ungelöst scheinende Frage,
wie für die Behauptung eines als letztgültig betrachteten
geschichtlichen Ereignisses von Offenbarung vor dem Forum
kritischer Vernunft Rechenschaft abgelegt werden kann, ist
kein Problem, das man der etablierten Geschichtswissenschaft

aufbürden dürfte. Es muß von seiten der Theologie durch Ausarbeitung einer für diese Frage angemessenen Historik gelöst werden. Darüber hinaus sollte man, wenn von einer Verengung der Perspektive der neuzeitlichen kritischen Historie zu sprechen wäre, zunächst einmal eingestehen, daß sie diese Blickverengung in einem bestimmten Sinne der Theologie selbst verdankt.

Zu Eingang dieses Kapitels wurde kurz die Entwicklung beschrieben von einem »historein«, das im wesentlichen ein Akt von Tradieren war, zu einem Weitergeben von objektivierten Traditionsgehalten, bei dem die Frage nach der ursprünglichen Intention des Bezeugenden bzw. Tradierenden ausgeblendet wurde. Dieser Entwicklung parallel verlief die Monopolisierung eines bestimmten Terminus, »revelatio«[20]. Zur Bezeichnung von Offenbarung als Akt der Selbstmitteilung Gottes, dem der Glaube als eine ganzheitliche Antwort der menschlichen Person entspricht, ist »revelatio« eine denkbar schlecht gewählte Metapher. »Re-velare«, »Verborgenes enthüllen«, ist ein auf die beobachtende, »datenverarbeitende« Vernunft zugespitzter Begriff. Ihm korrespondiert das Verständnis von Glauben als »Für-wahr-Halten« von (als unhinterfragbaren »Daten«) »Vorgegebenem« – den Glaubenslehren. In diesem Sinne wurde in der Tat das Verhältnis von Offenbarung und Glaube in der scholastisch-neuscholastischen Theologie aufgefaßt.

Es erscheint von daher als konsequent, wenn die theologische Disziplin der Apologetik (und ihre Nachfolgerin, die Fundamentaltheologie) nach der Infragestellung auch der fundamentalsten Daten der Offenbarung durch die historisch-kritische Vernunft ihre Aufgabe darin sah, die »credi*bilitas*« solcher Daten sicherzustellen. Etwas ist »credi*bilis*«, wenn man ihm Glauben schenken *kann*[21]. Zu einer solchen rationalen Sicherung der »Objektseite« des Glaubhaften trat dann die Frage nach dem Glaubens*motiv* hinzu. Diese war im Blick auf das Subjekt, d. h. insbesondere das Handeln des Hl. Geistes im Inneren des menschlichen Subjekts zu behandeln[22]. Dem allen gegenüber ist schlicht festzuhalten, daß rationale Argumente für das Annehmen-*Können* der christlichen Offenbarung überhaupt keinen fundamentaltheologisch relevanten Sachbeitrag darstellen. Die »Sache Jesu Christi« kommt erst da »objektiv« zur Sprache, wo sie in eigener Kraft klarstellt, daß sie angenommen werden *soll*, sie also selbst Motiv ihrer Annahme ist. Diese »Sache« hat ihrem Selbstverständnis nach den Charakter eines unbedingt zu befolgenden Anspruchs.

Auf dem Zweiten Vatikanischen Konzil ist nun zwar Offenbarung als ein personales Wortgeschehen, das auf die Antwort des ganzen Menschen zielt (nicht nur auf seinen Intellekt mit Inanspruchnahme seines Gehorsams), deutlich hervorgehoben worden. Auch der Begriff »traditio« wurde – teilweise wenigstens – aus seiner objektivistischen Verengung befreit und auf seinen funktionalen Charakter als »Tradieren« reflektiert[23]. Abgesehen davon, daß sich dieser Gewinn in der lehramtlichen Entwicklung nach dem Konzil gegenüber den altvertrauten Denkmustern nur eingeschränkt durchzusetzen vermochte, ließ das Konzil selbst (im Gegensatz zum Vatikanum I) die *fundamentaltheologische* Frage nach der Verantwortung des geschichtlichen Ergangenseins von Offenbarung vor der Vernunft offen. Jesus Christus wird nun als *das* sich selbst (in Wort und Tat) ausweisende *Zeichen* verstanden – anstelle von Mirakeln und erfüllten Weissagungen als »äußeren Argumenten für die Offenbarung«. Aber wie war zur Zeit Jesu dieses Zeichen als Unterpfand letztgültiger Anwesenheit des sich selbst mitteilenden Gottes erkennbar? Wie ist es erst recht heute in dieser Letztgültigkeit angesichts des bloßen Wahrscheinlichkeitscharakters historischer Beurteilung von Tatsachen zu erkennen?

In den letzten Jahrzehnten wurde die Diskussion um eine fundamentaltheologisch relevante Historik durch eine ganze Reihe von Beiträgen zum Verständnis des Begriffs *Zeugnis* weitergebracht[24]. Darauf ist hier nicht näher einzugehen. Hermeneutisch wichtig ist vor allem der exakte Gebrauch des Terminus. Er muß z. B. scharf abgegrenzt werden von »Bericht«[25]. Darüber hinaus ist er als Kategorie der Fundamentaltheologie von seiner Verwendung etwa in der Justiz abzuheben. »Zeugenaussagen« werden dort vor allem als Propositionen aufgefaßt, über die ein

Richter – wie auch über Sachindizien – »objektiv« befindet. Aufgrund eines Eides mag solchen »Zeugnissen« zwar ein höherer Stellenwert beigemessen werden als anderen zu Protokoll gegebenen Aussagen. Auch dieser ethisch anspruchsvolle Akt des Eides dient aber nur zur Gewichtung der »credibilitas« eines Vorliegenden, läßt das Zeugnis nicht aus dem Kontext der Objektivierung sittlich relevanter Akte heraustreten. Seinem Selbstverständnis nach hat sich der Richter sogar davor zu hüten, sich durch den unmittelbaren Anspruchscharakter, der etwa von einem kraftvollen Zeugnis vor Gericht auszugehen vermag, in seiner prinzipiellen Haltung des Neutralität wahrenden Abwägens beirren zu lassen. Bei allem notwendigen Gespür des Richters für die Glaubwürdigkeit oder Nichtglaubwürdigkeit einer Person besteht seine wesentliche Aufgabe doch darin, aus »Zeugnissen« in bezug auf den zu behandelnden »Fall« *qualifizierte Berichte* zu gewinnen.

Seinem ursprünglichen theologischen (und tiefsten zwischenmenschlichen) Verständnis nach haben demgegenüber im Zeugnis die pragmatischen Aspekte ein deutliches Übergewicht über die in diesem Akt formulierten Propositionen. Das Zeugnis ist das primäre Phänomen, in dem sich die Wirklichkeit eines »vergangenen«, anspruchsvollen Ereignisses selbst als gegenwärtig zeigt[26]. Dies geschieht aber in einem hochgradig hermeneutischen Akt. Die bezeugte Wirklichkeit kommt nur in dem Maße zur Präsenz, (a) wie der Zeuge selbst sich von ihr durchdringen läßt, d. h. aber: seine ureigene Persönlichkeit mit den für sie charakteristischen Perspektiven ins Spiel bringt, und (b) wie es dem Zeugen gelingt, seine Adressaten tatsächlich zu erreichen, nämlich in dem gerade für sie – und möglicherweise nicht für den Zeugen selbst – vertrauten Verstehenshorizont. Das propositional zu Vermittelnde ist losgelöst von diesen pragmatischen Aspekten – Inanspruchnahme des Zeugen von dem zu Bezeugenden und den Adressaten, in der Komplexität seines persönlichen Charakters – nicht adäquat zu erfassen. Wir werden darauf zurückkommen.

Zunächst aber ist, über diesen vorläufigen Versuch einer phänomenologisch-hermeneutischen Verdeutlichung des Zeugnisbegriffs hinaus, *transzendental* das Zeugnis als ein zur Konstitution konkreter Freiheit unabdingbares Moment aufzuweisen. Nur in dem Maße, wie ein Zeugnis ein solches Moment darstellt, kann es als ein die autonome sittliche Vernunft zu Recht beanspruchendes Ereignis behauptet werden. Ich fasse hier früher gemachte Ausführungen über die transzendentale Bestimmung des Begriffs »traditio«[27] zusammen und versuche, sie auf den Begriff Zeugnis hin zu präzisieren.

J. G. Fichte hat in §§ 1–3 seiner »Grundlage des Naturrechts« von 1796 durch den Nachweis der interpersonalen Konstitution von Selbstbewußtsein erstmals aufgezeigt, wie – für Lessing und Kant noch undenkbar – eine autonome Freiheit durch geschichtliche Ereignisse zu unbedingter sittlicher Verpflichtung aufgerufen werden kann. Die oben, Kap. 4.4, als Ergebnis einer radikalen Subjektreflexion skizzierte Elementarstruktur des Ich ist zwar in jedem seiner Akte wirksam. Auch der primitivste Versuch z. B., etwas mit Gewalt besitzen zu wollen, ist Ausdruck eines sich im »Nicht-Ich« unbedingt setzen wollenden Ich (das sich hier allerdings über die Möglichkeitsbedingungen solchen Setzens und damit über sein eigenes Wesen als Ich nicht im klaren ist[28]). Um zu seinem wirklichen Wesen und in diesem Sinn zur »conscience« (Bewußtsein, Selbstbewußtsein, Gewissen) zu finden, bedarf das Ich aber eines bestimmten Aktes eines anderen Subjekts, den Fichte »Aufforderung« nennt[29].

In diesem fundamentalen interpersonalen Geschehen gründet die Erfahrung *wirklichen Sollens*: Ich will mit mir trotz der unaufhebbaren Differenz, in der ich all meine Akte setze, identisch sein. Dazu verhilft mir der andere über das Bild meiner Freiheit, das er mir, mich als freies Ich anerkennend, vorhält (etwa im Lächeln der Mutter). Der mich anerkennende andere bejaht mich aber nicht nur (und zumeist nicht primär) als in ihrer formalen Unbedingtheit zu achtende Freiheit. Er möchte, daß ich zu wirklichem, inhaltlich erfülltem Menschsein finde, und hält mir daher in dem Bild meiner Freiheit zugleich ein Bild dessen vor, was er als für erfülltes Menschsein notwendig erachtet (Fichte spricht von dem für das Selbstbewußtsein konstitutiven Akt der Aufforderung als dem Beginn von Erziehung).

Indem ich nun *mich* in jenem Bild des *anderen* will, bejahe ich zugleich die vom anderen entworfene inhaltliche Bestimmung von Freiheit, die jenes Bild vermittelt, als integrierenden Teil *meiner* Freiheit. Darin besteht aber das Phänomen des Sollens: eine nicht von mir entworfene Bestimmung von Freiheit als Ziel meiner ureigenen Freiheit anzuerkennen.

Insofern es dem anderen wirklich um *mich* als ein in seiner Eigenständigkeit (und Fremdheit) zu achtendes Wesen geht, zugleich aber darum, daß ich mich in Anspruch nehmen lasse von jenen Bestimmungen von Freiheit, von denen er als einem *ihn selbst unbedingt einfordernden Ruf* durchdrungen ist, haben wir nun vor uns, was oben in phänomenologischer Umschreibung als *Zeugnis* bestimmt wurde. Der andere verhilft mir zur Verwirklichung meiner selbst als Identität in Differenz, indem er mich als freies Wesen zu dem auffordert, was an ihn als für den Menschen verpflichtend ergangen ist und das er darum an mich weiterzugeben hat. Geschichtliches Geschehen ist nicht nur als Akt interpersonaler Anerkennung allgemein für die Verwirklichung meiner Autonomie unverzichtbar. Der ursprüngliche Vollzug meiner selbst als wirklicher, nicht nur vermeintlicher Freiheit konstituiert sich vielmehr näherhin im Akt eines Zeugnisses.

Die radikale Bestimmtheit des Menschen durch Sprache und Geschichte wird heute im allgemeinen so thematisiert, daß die Frage nach einem trotz dieser seiner sprachlich-geschichtlichen Verfaßtheit autonomen Subjekt geradezu naiv erscheint. Der Nachweis des ursprünglichen Selbstvollzugs des Subjekts im Akt eines Zeugnisses bestätigt sein durch Sprache und Geschichte zutiefst bestimmtes Sein. Er eröffnet darüber hinaus aber eine Perspektive dafür, wie die fundamentale Geschichtlichkeit des Menschen seine Autonomie nicht unmöglich macht, sondern den eigentlichen Raum zu ihrer Verwirklichung freigibt. Die transzendentale (in der Terminologie meines »Grundrisses«: transzendental*genetische*) Bestimmung des Zeugnisses als des Orts, an dem freies Sein eröffnet wird, erfüllt aber nur eine notwendige, nicht schon die hinreichende Erkenntnisbedingung für durch Sprache und Geschichte wirklich freigesetzte Autonomie. Es müssen darüber hinaus Kriterien für die Erkenntnis von *gültigen*, der Freiheit des Menschen nicht nur scheinbar Raum gebenden Zeugnissen ermittelt werden. Dazu können wir zunächst auf die oben, Kap. 4.4, skizzierte transzendental*logische* Bestimmung eines Begriffs letztgültigen Sinns zurückgreifen.

5.3. Kriterien für die geschichtliche Vermittlung eines Unbedingten

Das Zeugnis ist, dem vorigen Abschnitt zufolge, der genuine Ort für die Erkenntnis und Weitergabe eines Ereignisses mit Geltungsanspruch an die sittliche Vernunft. Es macht ein »Vergangenes«, besser (insofern es sich um ein Ereignis mit Aufforderungscharakter handelt): Ergangenes in dem Maße gegenwärtig, wie sich der Zeuge in einem zweifachen Sinn in Anspruch nehmen läßt; zum einen auf das hin, woher er sich zum Zeugnis berufen weiß, zum anderen auf die hin, die dieser Ruf erreichen soll. Wenn ich im Hinblick auf ein solches Sich-Verlieren in zwei Richtungen von einer (im Idealfall) »reinen Transparenz« gesprochen habe[30], so ist dies nicht im Sinne eines »farblosen Fluidums« zu verstehen. Das genuine Zeugnis erreicht sein Ziel nur in einer großen Komplexität von je spezifischen »Farbtönen«, also von ausgeprägter *Kontingenz* – im Zusammenspiel nämlich der in dieses Geschehen eingebrachten Eigenart des Zeugen einerseits und der nur in ihrer je besonderen Perspektive ansprechbaren Adressaten andererseits.

Wie soll in solch ausgeprägter Kontingenz nun aber ein Ereignis mit *unbedingtem* Geltungsanspruch vermittelt werden? Es gibt nur einen »Ort« in der Unüberschaubarkeit geschichtlicher Kontingenz, an dem erkennbar wird, daß sich ein Unbedingtes wirklich realisiert: ein Zeugnis, in dem der Zeuge sein eigenes Leben als völlig irrelevant betrachtet demgegenüber, was ihn unbedingt in Anspruch nimmt. In einem solchen Akt vermag die Unbedingtheit, die einem sittlich wirklich Verpflichtenden zugrunde liegt (und sittliche Verbindlichkeit ist notwendige

Voraussetzung auch für alles, was zu Recht einen *religiösen* Anspruch erhebt), gleichsam »Fleisch zu werden«, zur unabweisbaren Präsenz ihrer Wirkmächtigkeit zu kommen. Von daher ist das primäre Verständnis von »martyria« als *Blut*zeugnis einleuchtend.

Nicht jedes Martyrium ist nun allerdings glaubwürdige Verkörperung wirklich sittlichen Handelns. Im Kontext einer hochgeputschten »Religiosität« kann es sogar das gerade Gegenteil davon sein. Lassen sich Kriterien zur Aussonderung von in diesem Sinne »falschen« Zeugnissen ausmachen? Zur Beantwortung dieser Frage greife ich zunächst auf den oben, Kap. 4.4, ermittelten Sinnbegriff zurück: Ein Unbedingtes kann nur in einem solchen freien Handeln erscheinen, das Raum schafft dafür, daß alle Menschen einander in ihrer je einmaligen Einzigartigkeit zum Wort oder Bild werden. Aus diesem allgemeinen Begriff eines letztgültigen Sinns sind nun Kriterien für die Authentizität eines als unbedingt Bezeugten abzuleiten.

Solche Kriterien ergeben sich im Blick (a) auf das *Woher* und (b) auf das *Wohin* des Zeugnisses. Der Zeuge muß sich (a) als jemand erkennen lassen, der bis ins Mark seiner Existenz hinein von dem durch ihn *be*zeugten Anspruch eines Unbedingten *über*zeugt ist. Wenn auch nur ein Rest von Fideismus oder Fundamentalismus an mir zum Vorschein kommt, so zeige ich schon damit, daß ich (noch) nicht bis in den Tiefengrund meiner Vernunft von der kritisch unhinterfragbaren Gültigkeit des Woher meines Handelns durchdrungen bin. Wenn der Zeuge sich restlos als ein bloßes »Durch« dieses Grundes seines Handelns versteht, dann muß er mich darüber hinaus von sich losreißen, wenn ich mich an ihn als den Heilsmittler klammern möchte; denn sonst würde er, zu dem ich etwa als Guru aufblicke, zum falschen Zeugen, der die nicht ihm selbst gebührende Ehre annimmt.

Aus diesen vom Woher des Zeugnisses gewonnenen Aspekten ergeben sich Kriterien auch in Richtung auf (b) das Wohin. Das Gegenteil von Fundamentalismus ist Freimut, die Haltung der »parrhesia«, in der ich anderen ohne heruntergeklapptes Visier begegne. Die Überzeugung, daß die Kraft des zu Bezeugenden

132

allen vernünftigen Einwänden zu widerstehen vermag, offenbart sich in angstfreier Bereitschaft zum rationalen Diskurs. Ein authentischer Zeuge braucht (zum einen) nicht zu ausgeklügelter Überredung und raffiniertem Marketing Zuflucht zu nehmen. Er kann (zum anderen) auch die widerborstigste Freiheit an sich heranlassen, ohne seine Autorität durch Hilfsmittel absichern zu müssen, die besser nicht ans Licht der Öffentlichkeit gebracht werden.

Für die Universalisierbarkeit, die jedem unbedingt Gültigen grundsätzlich eignet, lassen sich im Hinblick auf den Ort seiner geschichtlichen Vermittlung also recht konkrete Kriterien angeben. Von hierher ist auch der Terminus »Ikonoklasmus«, den ich als Metapher für den Weg des »Einander-zum-Bild-Werdens« verwende[31], näher zu bestimmen. Das »Wohin« des Zeugnisses ist ein Adressat in einer (oft völlig unvorhersehbaren) Fremdartigkeit, die mir aufgrund meines vorgefaßten Begriffs von dem, was vernünftig ist, als pure Irrationalität vorkommen kann. Je mehr es um das Zeugnis von etwas geht, von dem ich unbedingt überzeugt bin, trifft diese Fremdartigkeit des anderen ins Zentrum meiner Vorstellungen vom Absoluten, z. B. von dem einen, allmächtigen Gott. Mit der notwendigen Bereitschaft, mir meine Bilder des Adressaten von dessen wahrer Wirklichkeit zerbrechen zu lassen, ist unmittelbar die mögliche Forderung verbunden, auch die Bilder zu zerbrechen, die ich mir von meinem Gott mache.

Die »Zerbrechlichkeit« des Zeugen geht noch weiter. Er wird im allgemeinen einer Gemeinschaft von Glaubenden entstammen und dieser verpflichtet bleiben. Sobald er aber zum Zeugnis »aufbricht«, kann das konkrete Wohin des zu Bezeugenden in krasse Einsamkeit führen. Jede Absicherung durch ein bestimmtes Wir, durch eine Gruppe von Glaubenden, in der ich mich geborgen fühle und meine Identität finde, kann gegebenenfalls zum Anlaß dafür werden, daß ich das Bild Gottes, das mir in der unverständlichen Fremdheit des anderen begegnet, verfehle. Und letztlich kann die Sperrigkeit des anderen – jenseits der Kluft, die aus verschiedenen Sichtweisen herrührt – auch (und gerade) einem authentischen Zeugnis gegenüber in einer unbeugsamen Ablehnung des Rufs zu wirklicher Freiheit bestehen. Aus der Angst um seinen Besitzstand, der durch einsichtige Worte und Taten beeinträchtigt werden könnte, mag dem anderen die Liquidierung des Zeugen angebracht erscheinen. Wenn der Zeuge diese nicht selbst besorgt – indem er vor dem drohenden Ernstfall in ein verbilligtes Aggiornamento seines »Verkündigungsangebots« ausweicht –, muß er dann wirklich »dran glauben«, in der härtesten Bedeutung von Glauben, die das Unbedingte, das der Differenz mächtig ist, einzufordern und zu schenken vermag. Auch eine Tötung des Zeugen kann aber nicht verhindern, daß das Unbedingte zur Erscheinung kommt. Ein »Mund, der mit glühender Kohle berührt wurde« (vgl. Jes 6,6f), läßt sich nicht so einfach totschlagen. Das im Sterben durchgehaltene Zeugnis wird, sofern sich hier ein authentisches Zeugnis vollendet, vielmehr zur Vollgestalt der Gegenwart des Unbedingten in dieser Welt. In diesem präzisierten Sinne läßt sich dann mit Recht vom *Blut*zeugnis als der eigentlichen Form von Zeugnis sprechen.

5.4. Fundamentaltheologie und historisch-kritische Exegese

Die Überlegungen im vorigen Abschnitt dürften deutlich machen, daß eine Rekonstruktion des »historischen Jesus«, die »hinter dem Rücken« der neutestamentlichen Zeugen über quellenkritisch bzw. formgeschichtlich erschlossenes »authentisches Jesusgut« erfolgt, für die Frage, worin das durch Jesus von Nazaret in die Geschichte gesetzte Ein-für-allemal eines unbedingt gültigen Anspruchs besteht, unbedeutend ist und darum auch nicht als Kriterium oder Regulativ für die Erkenntnis dieses Anspruchs taugt. In welchem Sinn bleibt historisch-kritische Exegese dann überhaupt für Fundamentaltheologie relevant?

Das Spezifische eines neutestamentlichen *Zeugnisses* im eigentlichen Sinn ist die theologische Gestalt, in der einem Überlieferungs*stoff* durch den jeweiligen Autor *Form* gegeben wurde. Das Interesse an dieser je besonderen theologischen Gestalt hatte sich vor der Entwicklung der historisch-kritischen Exegese allenfalls im Hinblick auf Paulus (Luther!) und (zumindest ansatzweise immer wieder im Verlaufe der Theologiegeschichte) auf den vierten Evangelisten gezeigt – ohne durchgreifende Folgen allerdings für das Bild, das man sich von dem wirklichen Jesus der Geschichte machte. Dieses wurde auf dem Weg einer Steinbruchexegese im Verbund mit variierenden Versuchen einer Evangelienharmonie erstellt[32]. Die seit Reimarus betriebene Leben-Jesu-Forschung hat die Unzulänglichkeit solcher hybriden Jesusvorstellungen erstmals radikal demaskiert. Schon insofern kommt der traditionellen Rückfrage nach dem historischen Jesus ein bleibendes Verdienst auch für den grundlegenden Wandel fundamentaltheologischer Perspektiven zu[33]. Darüber hinaus traten bereits bei der Entwicklung der Quellen- bzw. Literarkritik nun auch die Synoptiker als »Komponisten« mit je besonderen theologischen Intentionen in Erscheinung – zunächst (aufgrund der »Zwei-Quellen-Theorie«) Matthäus und Lukas, dann (bei der näheren Untersuchung des zweiten Evangeliums als angenommener »Urquelle«) auch Markus. Damit war der Weg grundsätzlich frei, die Evangelisten wirklich als *Zeugen* im eigentlichen Sinne wahrzunehmen.

Die Rückfrage nach dem »historischen Jesus« hat der Fundamentaltheologie aber nicht nur gleichsam als »Steigbügel zu einer höheren Warte« gedient. Das auf diesem mühevollen Wege zu einem authentischeren Jesusbild entwickelte *methodische Instrumentar* historischer Kritik ist und bleibt unverzichtbar auch für die Nachfolgerin der »Apologetik«. Zentrale fundamentaltheologische Relevanz hat, dem hier skizzierten Verhältnis von Theologie und Historie zufolge, unmittelbar zwar nur die redaktionskritische Methode. Erst mit ihrer Hilfe läßt sich relativ präzise die Besonderheit der jeweiligen neutestamentlichen Zeugen erkennen. Ohne die Arbeit der Quellen- und Formkritik (als analytische Methoden bei der Frage nach den früheren und frühesten Traditionsschichten) und der traditionsgeschichtlichen Forschung (als die Ergebnisse der Analyse voraussetzende synthetische Methode, deren »letztes Teilstück« die Redaktionsgeschichte bildet) ist Redaktionskritik aber nicht angemessen zu betreiben – ganz abgesehen von der Textkritik, der »Mutter« all dieser historisch-kritischen Unternehmungen, ohne die wir überhaupt keinen verläßlichen Bibeltext zur Hand hätten.

Und dennoch besteht ein wesentlicher Unterschied zwischen der redaktionskritischen Erforschung neutestamentlicher Texte in fundamentaltheologischer Absicht und der sonst innerhalb historisch-kritischer Exegese geübten redaktionskritischen Lektüre ebendieser Texte. Letztere zielt zwar auch auf die Ermittlung der je spezifischen Theologie der betreffenden Autoren. Sie läßt aber außer Betracht, daß diese Theologie als spezifische Form *bezeugter* Ereignisse den bibelexegetisch einzig adäquaten Ort für die Beantwortung der Frage nach der *geschichtlichen Wahrheit* christlicher Offenbarung unter dem Blickwinkel ihres Letztgültigkeitsanspruchs darstellt. *Daß* dieser Ort in der Tat in der jeweiligen theologischen Komposition des Überlieferungsstoffs zu suchen ist, insofern diese als ein authentisches Zeugnis angesehen werden kann, habe ich zu begründen versucht. *Wie*, und d. h. vor allem: anhand welcher wissenschaftlich verantwortbarer Kriterien, eine solche Untersuchung durchzuführen ist, kann im Rahmen dieses Beitrags nicht zulänglich erörtert werden. Auf diese generelle Frage, die in ein bisher weitgehend ungewohntes Terrain führt, wird man erst dann zufriedenstellende Antworten erwarten können, wenn die Frage selbst in ihrer ganzen Tragweite wahrgenommen worden ist. Ich wende mich abschließend nur zwei Detailproblemen zu.

1) Schon in meinem ersten Beitrag zur Thematik[34] habe ich betont, die geschichtliche Verantwortung der Behauptung einer in Jesus von Nazaret »ein-für-allemal« ergangenen Selbstmitteilung Gottes habe nicht bei einer historischen Untersuchung des Neuen Testaments anzusetzen. Auszugehen sei vielmehr von dem Zeugnis, das mich hier und jetzt so vor die anspruchsvolle Gegenwart Gottes stellt, daß es zugleich auf Jesus als das letztlich entscheidende Ereignis in der Geschichte Gottes mit den Menschen verweist. Insofern sich dieses Hier und Jetzt als ein bloßes »Durch« der unaufhaltbaren Dynamik jenes Ereignisses darstellt, bin ich dazu aufgefordert, der bezeugten »Sache« nach-

zugehen. Mache ich mich auf diesen Weg – gleichsam an der Hand der ununterbrochenen Kette christlicher Zeuginnen und Zeugen –, so werde ich ausdrücklich oder unausdrücklich (z. B. durch nicht näher gekennzeichnete »Zitate« in der Kunst) auf die Bibel, und insbesondere die Schriften des Neuen Testaments verwiesen als die wichtigste (wenn auch nicht ausschließliche) Hilfe für die Beantwortung der Frage, woher der »Stoß« rührt, der mich hier und jetzt trifft.

Damit kommt nun aber als ein wesentliches Moment innerhalb dieses komplexen Bezeugens der kirchliche *Kanon* heiliger Schriften in den Blick. Die Zeugen »heute« verweisen (zumindest implizit) auf jenen Akt, in der die Gemeinschaft der Zeugen festgelegt hat, was als authentisches Zeugnis des Ursprungs Maßstab für alles weitere Bezeugen des »Ein-für-allemal« Jesu Christi ist. In diesem Sinne kommt dem Kanon der heiligen Schriften besondere Relevanz für eine adäquate Suche nach *der* geschichtlichen Wahrheit Jesu zu, die dem Menschen zu Recht mit einem unbedingten Anspruch begegnet[35].

Auf dem Hintergrund meiner über eine Hermeneutik des Zeugnisses ermittelten spezifischen Historik für Geschichtsereignisse mit unbedingtem Anspruch verstehe ich nicht, wie H. Kessler hier von einem »Sprung in einen Kanon-Dezisionismus«[36] und von »Widersprüchen«[37] hinsichtlich meiner Interpretation des Markusevangeliums sprechen kann. Eine Antwort auf das sich vermeintlich durch den nachgetragenen, aber kanonischen Markusschluß für mich ergebende Problem läßt sich in meinen Ausführungen über das Verhältnis von paulinischem und deuteropaulinischem Leib-Christi-Begriff finden[38]. Wie die sich selbst als Paulus-Briefe ausgebenden Deuteropaulinen, beim Wort genommen, sich der anerkannten Autorität des Zeugen Paulus unterstellen, so ist auch der nachgetragene Markusschluß zu behandeln. Allgemein religions- und speziell dogmengeschichtlich verstanden, bildet »der Kanon« zwar gleichsam die Klammer um eine Fülle von authentischem »Glaubensgut« (depositum fidei), das im gleichwertigen Nebeneinander von Aussagen zu rezipieren ist. Verläßt man diese objektivierende, »instruktionstheoretische« Sicht aber zugunsten einer fundamentaltheologischen Perspektive, die den Kanon als Verweis auf die verbindlichen *Zeugnisse* des Ursprungs betrachtet, dann müssen die neutestamentlichen Schriften (die Frage nach der Rezeption des Ersten Testaments ist komplexer) auch unter dieser Perspektive gelesen werden. Mk 16,9-20 gehört sicher nicht zum

Zeugnis des Markus, ist also auch nicht für das Verständnis *dieses* Zeugnisses von Belang.

Mir scheint, daß die skizzierte fundamentaltheologische Betrachtungsweise eine qualifizierende Gewichtung innerhalb der kanonischen Schriften ermöglicht, die nicht mit der üblichen Suche nach einem »Kanon im Kanon« zu verwechseln ist. Die von mir vertretene Perspektive unterscheidet sich allerdings auch wesentlich von dem, was in den letzten Jahren unter dem Titel »kanonische Schriftauslegung« diskutiert wird[39]. Aus den Aporien ersttestamentlicher Quellen- und Redaktionskritik hervorgegangen, führt dieser Ansatz, auf die neutestamentliche Exegese übertragen, dazu, die Zeugnisse der einzelnen Autoren in ihrem Eigengewicht nicht mehr ernst zu nehmen (kaum, daß man überhaupt damit angefangen hatte). Schon die bloße Frage, »ob der Kanon eine Sammlung autoritativer Bücher ist oder eine autoritative Sammlung von Büchern«[40], zeigt, wie weit man davon entfernt ist, den Stellenwert des Zeugnisses für die Ermittlung anspruchsvoller geschichtlicher Wahrheit richtig einzuschätzen[41].

2) Das zweite der hier wenigstens kurz anzusprechenden »Detailprobleme« stellt die wohl schwierigste Frage an die von mir skizzierte »Hermeneutik des Zeugnisses« dar. Selbst wenn man einräumt, daß das »Ein-für-allemal«, wie es sich in Jesus von Nazaret ereignet haben soll, nur im Blick auf die je verschiedenen Zeugnisse der neutestamentlichen Autoren zu erkennen ist: wie kann man von einem solchen Zeugnis-»prisma«, durch das sich das *eine* Licht in ein breites Spektrum von Farben bricht, zu seinem Ursprung zurückfinden, ohne nicht in eine der bekannten Sackgassen zu geraten – Bevorzugung eines Zeugnisses vor den anderen, Harmonisierung der Verschiedenheit oder doch schließlich eine Anleihe bei dem rekonstruierten »historischen Jesus« zwecks Orientierung?

Diese Frage betrifft allerdings nicht nur meinen speziellen Ansatz. Sie hängt zugleich mit einem grundlegenden, vielleicht sogar dem fundamentalsten Problem für einen Zugang zu den Schriften des Neuen Testaments zusammen, der sich nicht mit einem fundamentalistisch-(oder synkretistisch-)frommen Umgang mit diesen (wie auch anderen) »religiösen Texten« zufriedengibt. Wer in diesen Schriften nicht bloß nach spirituellen oder ethischen Impulsen blättert, sondern hier die Wahrheit über Jesus von Nazaret, einen bestimmten Menschen der Geschichte, sucht, steht vor einer im Prinzip immer noch ungelösten Frage: Was trägt das Ringen um den Sinn dieser Texte zur Beantwortung meiner Frage nach dem Fundament meines Glaubens an Jesus Christus in einem bestimmten Ereignis der Geschichte bei, wenn ich in diesen Schriften nicht dem wirklichen Jesus der Geschichte selbst begegne?

Die unbarmherzige Antwort: »Nichts!«, die (mit je verschiedenem Vorzeichen) Reimarus und Bultmann gegeben haben, vermag nicht zu befriedigen. Aber auch das Bemühen um den historisch-kritischen Nachweis einer zumindest partiellen Kontinuität zwischen der Verkündigung Jesu und dem verkündigten Christus, wie es die »neue Suche nach dem historischen Jesus« seit Anfang der fünfziger Jahre beflügelt, stellt keine Lösung des grundlegenden Problems dar. Diese Suche hat nur sekundär den Sinn der neutestamentlichen Zeugnisse im Blick. Sie zielt primär gerade *hinter* den Sinn dieser Zeugnisse *zurück* auf Aussagen, die ihnen vorausliegen und in ihnen selbst nur in einer historisch nicht unmittelbar verwertbaren Gestalt zur Sprache kommen. Damit leistet dieses Hin-und-Her zwischen der kerygmatischen Endgestalt neutestamentlicher Jesusverkündigung und deren kläglichem, aber allein als »historisch« angesehenem Skelett eines rekonstruierten Jesus nicht unwesentlich Vorschub für jene Schein- bzw. Behelfslösungen, denen wir heute begegnen – wie z. B. archetypische und andere heilpraktische Verwertungen des neutestamentlichen Materials oder der Rückfall in eine solche Suche nach dem »volleren Sinn« (sensus plenior) der Schriften, die auf Kosten von ihrem wörtlichen Sinn betrieben wird[42].

Über die Schwere des eben umrissenen Problems wird gewöhnlich mit der Auskunft hinweggetröstet, daß die Evangelisten den irdischen Jesus im Licht der österlichen Erfahrung nachgezeichnet haben. Auch wenn man nicht – wie die Vertreter der »alten Rückfrage« nach dem »historischen Jesus« – gerade des-

wegen die neutestamentlichen Autoren insgesamt der verach-
tenswerten Kaste der »Dogmatiker« zuordnet, bleibt jene Auskunft ein schwacher Trost. Wir finden in den Evangelien also
nicht den irdischen Jesus, wie er wirklich gelebt und gelitten
hat, sondern einen mit österlichem Glanz übermalten Christus,
von dem uns nur exegetische Spezialisten verraten können,
inwieweit er nun doch etwas mit jenem Mann aus Nazaret
gemein hat. Ist es bei dieser Lage der Dinge nicht nur zu verständlich, wenn sich der christliche Normalverbraucher der
Mühe enthebt, dem je verschiedenen Zeugnis der einzelnen
neutestamentlichen Schriftsteller unter großen Mühen nach-
zuspüren, und statt dessen entweder nach einem der zur Zeit
wieder in großer Auswahl erscheinenden »historischer-Jesus«-
Romane greift oder aber das Leben Jesu meditiert, wie es ihm
im Katechismus der katholischen Kirche vorgestellt wird[43].

Die Auskunft, daß die Evangelisten den irdischen Jesus im Licht
der Ostererfahrung dargestellt haben, ist richtig. Sie behält aber
einen schalen Beigeschmack für jeden, der nach dem wirklichen
Jesus der Geschichte sucht, wenn von neuen Ereignissen nach
dem Tode Jesu her der Mann aus Nazaret anders dargestellt
wurde, als er tatsächlich gewesen ist, und die Ostererfahrung
nicht der eigentlichen Wahrheit ebendieses irdischen Jesus in
seinem wirklichen Leben und Sterben zum Durchbruch verholfen hat. Mein Ansatz zur Ostertheologie hängt aufs engste mit
der von mir vertretenen »Hermeneutik des Zeugnisses« zusammen. Im Blick auf diesen wohl grundsätzlichen Zusammenhang
zwischen der Sachaussage über Ostern und der Frage nach
einem methodisch angemessenen Zugang zur Verantwortung
der Jesusoffenbarung vor dem Forum historisch-kritischer Vernunft abschließend einige Überlegungen, die – trotz aller Vor-
läufigkeit – die Diskussion vielleicht doch etwas weiterbringen
könnten.

Ich setze ein mit dem Versuch, den im Gespräch zwischen
H. Kessler bzw. Th. Pröpper und mir bestehenden Konsens wie
auch Dissens hinsichtlich der Bestimmung dessen, was unter
»Ostern« zu verstehen ist, mit Hilfe einer neuen Formulierung
genauer zu umreißen[44]. Die Metaphern »Auferweckung« bzw.

»Auferstehung« sind übersetzbar durch: »*Vollendung der Pro-existenz Jesu in das durch nichts einschränkbare »Ich-bin-da (für euch)*«[45]. Insofern auch meiner Überzeugung nach eine solche Vollendung auf keinen Fall menschlichem Tun allein zuzuschreiben ist, sondern wesentlich als Akt *Gottes* verstanden werden muß, könnten Kessler und Pröpper dieser Formulierung wohl zustimmen. Der Dissens bestünde (ontologisch gesehen) dann nur darin, daß sie diese Vollendung als einen Akt Gottes *am toten* Jesus auffassen, ich hingegen an ein Wirken Gottes *in* dem bis zum äußersten konsequenten Sein-für, also in der Proexistenz Jesu selbst denke. In gnoseologischer Hinsicht betrachten Kessler und Pröpper die Ostererscheinungen als notwendige Bedingung für die Erkenntnis jener Vollendung. Ich halte die hinreichenden Bedingungen für diese Erkenntnis schon angesichts des Sterbens Jesu für gegeben. Sie kamen allerdings faktisch erst in den Ostererscheinungen zum Durchbruch.

Die neu gewählte Formulierung bietet im Unterschied zu früheren Versuchen dieser Art m. E. eine bessere Möglichkeit, die Frage nach dem geschichtlichen Ort für die Erkenntnis des »Ein-für-allemal« der Offenbarung Jesu Christi im Blick auf die verschiedenen Osterzeugnisse des Neuen Testaments anzugehen. Es ist in der Tat ein weiter Weg von dem ersten (rekonstruierbaren) Niederschlag österlicher Erfahrung in Wendungen wie »Gott hat Jesus von den Toten auferweckt« (vgl. etwa 1 Thess 1,10) bis zu der Behauptung des »johanneischen Jesus«: »Ich bin die Auferstehung und das Leben« (Joh 11,25). Was in jenen frühen Wendungen nicht zur Sprache kommt, ist die Frage, *warum* Gott gerade Jesus als »Erstling der Entschlafenen« (vgl. 1 Kor 15,20) erweckte. Die Zeugen der großen neutestamentlichen Traditionen – die paulinische, synoptische und johanneische – unterscheiden sich von den als frühester Schicht des Osterbekenntnisses rekonstruierbaren Wendungen durch eine ausdrückliche Reflexion auf jenes Warum. Gibt es in all dieser Vielfalt ein Gemeinsames, das einen Rückschluß von den verschiedenen neutestamentlichen Zeugnissen auf den einen geschichtlichen Ort erlaubt, an dem Jesus von Nazaret als »letztes Wort Gottes« an uns erkennbar wurde?

Hinsichtlich der entscheidenden Frage nach dem Wie der Vollendung Jesu gibt es zunächst eine unüberbrückbar scheinende *Divergenz*. Auch wenn sich häufig nicht mit Sicherheit entscheiden läßt, ob das »egeirein« im Neuen Testament mit »auf(er)wecken« oder »auf(er)stehen« zu übersetzen ist, läßt sich doch deutlich eine Entwicklung im Verständnis des damit Bezeichneten feststellen: Zunächst wurde die Vollendung des Weges Jesu als Akt Gottes *am toten Jesus* verstanden, schließlich immer mehr als (Wirken Gottes im) Tun *Jesu selbst*. Daraus resultiert ein Dilemma. Bei jedem Versuch, eine systematisch adäquate Aussage über die Auferweckung bzw. Auferstehung Jesu zu machen, ist eine Entscheidung für eine der beiden »Handlungsrichtungen« Gottes und damit auch hinsichtlich der »Stunde« der Vollendung unumgänglich. Ist diese »Stunde« vor oder nach dem erfolgten Tod Jesu anzusetzen?

Diese nicht zu umgehende Entscheidung wird durch eine Reihe von bereits getroffenen Vorentscheidungen erheblich erschwert: a) durch das traditionelle Verständnis der »Auferstehung« Jesu Christi als größtes der von ihm gewirkten Wunder[46]. Jede Interpretation von Ostern als Feier der durch Gott im Tun Jesu selbst gewirkten Vollendung Jesu steht heute von daher unter dem Verdacht, in das alte Schema der Rede von einem »Gott-Menschen« zurückzufallen, in der das Menschsein Jesu zumindest unterbelichtet bleibt; b) durch die Antithese zur traditionellen Christologie innerhalb der Rückfrage nach dem »historischen Jesus«[47]. Für Aussagen über die in der Geschichte erkennbare Vollendung eines Menschenlebens in das Leben Gottes hinein scheint in der historisch-kritischen Wissenschaft kein Platz zu bestehen; c) durch die in den beiden erstgenannten Paradigmen zumindest unterschwellig wirksame Annahme, frühestes Überlieferungsgut bzw. ein Bericht von »Augenzeugen« sei im Blick auf Authentizität hinsichtlich des in Frage stehenden Geschichtsfaktums späteren Zeugnissen im allgemeinen vorzuziehen[48]; d) durch das im protestantischen Denken theologisch rezipierte Dogma des Nominalismus, nichts in der Sinnenwelt vermöge Gottes Handeln wirklich zu vermitteln. In äußerster Schärfe kam dieses Axiom bei Kierkegaard und der ihm folgen-

142

den Dialektischen Theologie zum Tragen. Es wirkt aber kaum vermindert auch in der Theologie nach Barth und Bultmann weiter[49].

Die genannten »Vorentscheidungen« machen es schwer, im Neuen Testament überhaupt solche Zeugnisse wahrzunehmen, in denen die Vollendung Jesu als sich in der äußersten Konsequenz seiner Proexistenz selbst ereignendes Tun des lebendigen Gottes, nicht als Gottes am toten Jesus vollzogenes Handeln begriffen wird. Ich habe diese Interpretation für die Evangelisten Markus und Johannes vertreten[50]. Aber auch, wenn man dieser Interpretation folgt, scheint festzustehen, daß zumindest Paulus jene Vollendung eindeutig als Handeln Gottes am toten Jesus versteht. Dann bliebe auf jeden Fall die gedanklich nicht auszugleichende, grundlegende Divergenz zwischen den verschiedenen neutestamentlichen Zeugnissen[51]. Es gäbe damit nur die Wahl, entweder ein Zeugnis dem anderen vorzuziehen (d.h., einen »Kanon im Kanon« aufzustellen) oder es bei dem bloßen Nebeneinander von im entscheidenden Punkt divergierenden Zeugnissen zu belassen (und damit den Versuch aufzugeben, gerade in der Vermittlung durch ein vielfältiges Zeugnis das Fundament unseres Glaubens in einem bestimmten Ereignis der Geschichte zu erkennen).

Aber ist jenes Urteil über die paulinische Theologie richtig? Mir scheint, daß es bei Paulus zwei Aussagelinien gibt, die von ihm gedanklich nicht zur Einheit gebracht werden. Zu Beginn des Römerbriefs spricht Paulus von seinem Verkündigungsauftrag im Hinblick auf das »Evangelium Gottes [...] von seinem Sohn, geboren aus dem Samen Davids dem Fleische nach, eingesetzt als Sohn Gottes in Macht dem Geist der Heiligkeit nach durch die Auferstehung von den Toten« (Röm 1,1-4). Auch wenn an dieser Stelle nicht mit »Auferweckung« übersetzt werden kann, ist doch deutlich, daß gerade die mit dieser Metapher intendierte Aussage vom Handeln Gottes am toten Jesus gemeint ist. Man könnte fragen, ob nichts »an Jesus« zwischen jener Geburt dem Fleische nach und dieser Inthronisierung dem Geiste nach von Belang ist, insbesondere angesichts der Beobachtung, daß Paulus der Gemeinde von Korinth gegenüber das von ihm verkündigte Evangelium kurzgefaßt als »Wort vom Kreuz« bezeichnet (vgl. 1 Kor 1,18 mit 2,2: »Denn ich hielt es für richtig, bei Euch nichts zu wissen als Jesus Christus, und zwar als den Gekreuzigten«).

Eine ähnliche Unausgeglichenheit läßt sich aber auch innerhalb des Ersten Briefs an die Korinther selbst feststellen. In dem großen Kapitel 15 über die Auferstehung heißt es: »Was du säst, wird nicht lebendig, wenn es nicht stirbt« (V. 36). Das erinnert an die dichte Selbstaussage des fleischgewordenen Wortes im Bild des in die Erde fallenden Weizenkorns (Joh 12,24). Wenige Verse später – nach der Gegenüberstellung des »ersten, irdischen Menschen aus der Erde und des zweiten Menschen aus dem Himmel« (V. 47) – behauptet Paulus aber: »Wir werden nicht alle entschlafen, aber wir werden alle verwandelt werden – plötzlich, in einem Augenblick, beim letzten Posaunenstoß« (V. 51f). Als ich jetzt diese Passage wieder las, kamen mir jene Menschen vor Augen, deren Leben sich nur noch in dem »pneumatischen Raum« zwischen Internet und dem Außerirdischen abspielte. Als sie glaubten, beim Auftauchen des Kometen Hale-Bopp den »letzten Posaunenstoß« zu hören, wählten sie ihre eigene Version der letztlich nicht zählenden Differenz zwischen Verwandelt-Werden nach dem Entschlafen oder ohne entschlafen zu sein[52]. Die Wahrheit, daß nur das vom Sämann in diese unsere Erde geworfene Weizenkorn Frucht bringt, war ihnen längst abhanden gekommen.

Neben solchen aus der Apokalyptik stammenden Vorstellungen von der Auferstehung steht bei Paulus nun aber eine ganz andere Aussagereihe: über den Tod, der durch die Vollendung der Proexistenz Jesu in seinem Sterben besiegt ist. Ich verweise hier nur noch einmal[53] kurz auf einige Stellen: »Einer ist für alle gestorben, also sind alle gestorben« (2 Kor 5,14). »Also seid auch ihr, meine Brüder, dem Gesetz getötet durch den Leib Christi« (Röm 7,4). Mit dem »Sterben aller« bzw. dem »Getötet-sein für das Gesetz« ist hier sicher nicht der »Adamstod« gemeint, sondern ein durch das Sterben-für bzw. den Leib Christi vermittelter Heilstod. Hat Paulus hier bei dem Verweis auf das den Tod entmachtende Sterben Christi eine mystische Dimension im

144

Blick, eine »Bedeutsamkeit«, die man dem geschichtlichen Kreuzestod nicht ansehen konnte? Dieser Gedanke scheint mir ebenso abwegig wie die Annahme, bei dem eucharistischen Verzehr des »Leibes-für-euch« (vgl. 1 Kor 11,24) handelte es sich um eine magisch-sakramentale Partizipation am Herrenleib. Diese Annahme wird vom Apostel ausdrücklich zurückgewiesen: Das »Herrenmahl« findet nur dort statt, wo die Gemeinde sich in das reale Sein-für Jesu Christi hineinschmelzen läßt (vgl. 1 Kor 11,20-22). So geschichtlich-real sich die Proexistenz Jesu vollendete, muß auch in der geschichtlich-sozialen Realität der Gemeinde seine Proexistenz gegenwärtig werden – sonst ißt und trinkt man sich das Gericht (vgl. 1 Kor 11,27-34).

Gewiß ist dem Apostel erst durch eine österliche Erscheinung klargeworden, daß der Kreuzestod Jesu diese Bedeutung hat. Ist das aber so zu übersetzen: Paulus wurde in dieser Erscheinung offenbart, daß Gott Jesus aus dem Tod herausgeholt hatte, und darum durfte man das Sterben Jesu als Sieg über den Tod verstehen? Wurde auf diese Weise das bis ins letzte durchgehaltene Sein-für Jesu, der krasseste Widerspruch zur fleischlichen Existenz, die nur um sich selbst kreist, mit einer Bedeutung ausgestattet, die ihm von innen her nicht zukam? Dieser Interpretation ziehe ich den Kommentar vor, den die Apostelgeschichte gibt: Ein junger Mann namens Saulus ist einverstanden mit der Ermordung eines kirchlichen Zeugen, in der sich die Gegenwart des siegreichen Todes Jesu zeigt. Während seiner aktiven Fortsetzung des Prozesses, der aus den Zeugen Jesu Christi Blutzeugen werden läßt, hat Saulus sein Damaskuserlebnis (vgl. Apg 6,8-9,22). Auch dem Apostel Paulus zufolge findet meiner Ansicht nach der endgültige Sieg Gottes über den Tod in der letzten Konsequenz des geschichtlichen Weges Jesu selbst, in seinem Sterben am Kreuz, statt. Seine diesbezüglichen Äußerungen sind Teil einer originären, nirgendwo sonst im Neuen Testament zu findenden Leib-Christi-Theologie, die er allerdings mit einem ihm überkommenen, apokalyptisch gefärbten Bekenntnis zur Auferweckung (als einer Herausführung Jesu aus dem Totenreich) nicht wirklich vermittelt[54].

Sollte sich meine Interpretation der Ostertheologie bei Paulus,

Markus und Johannes bewähren, so ergäbe sich ein höchst interessantes Resultat. Die sehr unterschiedlichen Zugänge zu einem Verständnis von Auferstehung als Vollendung des Seins-für Jesu in das durch nichts einschränkbare »Ich-bin-da (für euch)« wurden offensichtlich jeweils in Auseinandersetzung mit früheren Traditionen gewonnen, die von deutlich anderen Vorstellungen über Ostern ausgingen. Dieses Ringen um das rechte Christusverständnis hat aber, trotz der je verschiedenen Gestalt, in der es sich niederschlug, ein verblüffendes Ergebnis: Es führte tiefer in die Wahrheit des irdischen Jesus selbst hinein, nicht von dieser fort in eine Verkündigung, die den Jesus der Geschichte im Lichte von postmortalen Offenbarungen übermalt. Solche Beobachtungen einer gegen die ursprünglichen Berichte gewonnenen größeren Nähe zum geschichtlichen Faktum scheinen schwer mit den anerkannten Axiomen kritischer Historie vereinbar. Sie entsprechen aber durchaus einer Hermeneutik des Zeugnisses, der es um die Ermittlung von Ereignissen mit unbedingtem Anspruch geht.

6. Zur Diskussion

Der 1991 von mir vorgelegte Grundriß der Fundamentaltheologie[1] ist – angefangen von den ersten gründlichen Besprechungen durch H. G. Türk[2], G. Larcher[3] und R. Fisichella[4] bis hin zu dem von G. Larcher, K. Müller und Th. Pröpper herausgegebenen Diskussionsband »Hoffnung, die Gründe nennt« und einer Reihe von detaillierten, z. T. noch nicht veröffentlichten Einzeluntersuchungen – so lebhaft (und kontrovers!) aufgenommen worden, daß sich schon von hierher eine eingehendere Antwort von meiner Seite nahelegt. Vor allem aber hat die Diskussion gezeigt, daß meine Ausführungen stellenweise recht mißverständlich geblieben waren, und mir zur Klärung mancher, bei der Abfassung des Buchs noch nicht »ausgegorener« Gedanken verholfen. Vielleicht gelingt es mir, mit meinem neuen Beitrag das Gespräch wenigstens an einigen zentralen Punkten etwas weiterzubringen.

Es sind vor allem drei Themenbereiche, in denen ich mit meinem fundamentaltheologischen Ansatz neue Lösungsvorschläge auf alte Fragen zu formulieren versucht habe: 1) Worauf gründet im letzten christliche Hoffnung? 2) Wie ist das Verhältnis von Glaube und Vernunft, von Theologie und Philosophie angemessen zu bestimmen? 3) Wie läßt sich der Glaube an eine »ein-für-allemal« in der Geschichte ergangene Offenbarung Gottes angesichts der Kontingenz alles Geschichtlichen vernünftig verantworten? Eine argumentativ vertretbare Antwort auf die erste, fundamentalste Frage ist kaum ohne eine methodisch adäquate Behandlung der beiden anderen möglich. Die letztgenannten Fragen hängen darüber hinaus selbst eng miteinander zusammen. Dennoch erscheint es mir sinnvoll, die jeweils anstehenden Probleme in voneinander abgehobenen Schritten anzugehen. Dies legt sich auch von dem tatsächlichen Verlauf der bisherigen Diskussion nahe, über die ich hier einen zusammenfassenden Überblick zu geben versuche. Die wichtigsten Detailprobleme sind Gegenstand der Kapitel drei bis fünf.

Osterglaube

Meine frühesten Publikationen zur Frage nach einer adäquaten Verantwortung des Osterglaubens – angesichts des Endes der traditionellen triumphalistischen Christologie und einiger Aporien in der neueren historisch-kritischen Behandlung des Verhältnisses von »historischem Jesus« und »auferstandenem Christus«[5] – wurden bereits in der ersten Auflage von H. Kesslers umfassender Monographie zur Auferstehungsproblematik kritisch gewürdigt[6]. Eine sorgfältige Analyse meiner Ausführungen hat – auf dem Hintergrund der von R. Pesch vorgetragenen Thesen – erstmals J. P. Galvin vorgelegt[7]. Meine weiteren Beiträge zur »Osterfrage« in »Gottes letztes Wort« und einzelnen Aufsätzen[8] wurden von H. Kessler in einem Nachtragskapitel der Neuausgabe seines Buchs einer scharfen Kritik unterzogen[9]. Knapp, aber präzise hatte sich bereits früher auch Th. Pröpper mit meiner Position auseinandergesetzt[10]. In seinem Beitrag zu dem Diskussionsband »Hoffnung, die Gründe nennt« faßt Pröpper in äußerst gedrängter Form auch die hinsichtlich der Osterfrage zwischen ihm und mir verbleibenden Differenzen zusammen[11] und verweist im übrigen auf die Position H. Kesslers, der er sich anschließt[12]. Auf H. Kessler berufen sich auch eine Reihe von weiteren Autoren, die meinen »Osterthesen« kritisch gegenüberstehen[13].

Eine weitgehende Übereinstimmung nicht nur mit meiner Position in der Osterfrage, sondern mit meinem gesamten fundamentaltheologischen Ansatz, haben G. Larcher[14] und K.-H. Menke bekundet[15]. In seinem Beitrag »The Role of the Resurrection in Christology« hebt J. P. Galvin erneut – diesmal auf dem Hintergrund der Diskussion um G. Lüdemann und in klarer Abgrenzung meiner von der durch Lüdemann vertretenen Konzeption – präzise die wichtigsten Punkte hervor, die mein Ansatz für eine fundamentaltheologisch verantwortete Christologie erbringt. Wie dieser Ansatz auch in liturgiewissenschaftlicher Sicht neue Perspektiven eröffnen könnte, zeigt sehr schön P. Ebenbauer in seinem Aufsatz »Propter crucem gaudium«[16]. Wegen der grundlegenden Bedeutung der Fragen, die zwischen H. Kessler (als »exemplarischem Vertreter einer Mehrheitsfraktion« zeitgenössischer Theologen) und mir strittig sind, möchte ich mich auch in dem hier vorgelegten Bändchen auf diese konzentrieren. Dabei kommt leider das etwas stillere Gespräch zu kurz, das ich seit einiger Zeit mit anderen Kollegen über Grundfragen der Christologie führe. Bei der weitgehenden Übereinstimmung, die sich – in den Spuren H. U. von Balthasars und gegen den Strom eines enggeführten Verständnisses der Basileia-Botschaft – zwischen R. Schwager und mir hinsichtlich des »Theodramas« Jesu Christi ergeben hat[17], bedürften die kritischen Anfragen Schwagers meinem Osterverständnis gegenüber[18] einer eingehenderen Würdigung, als ich sie hier geben kann. K.-H. Ohligs scharfsichtiger Behandlung des christologischen Dogmas aus der Perspektive eines »ehrlichen Skeptikers« zolle ich schon seit langem Respekt[19]. In seinem Beitrag »Gibt es den ›garstig breiten Graben‹?« stellt Ohlig dort, wo es ums »Allerletzte« geht, eine völlige Gemeinsamkeit mit meinem Osterverständnis fest[20]. In dem hier gesteckten Rahmen, wo es um die Frage nach der angemessenen Verantwortung einer als unüberholbar behaupteten Offenbarung geht, kann ich auch auf die Ausführungen Ohligs, die sich außerhalb dieser Fragestellung bewegen, leider nur ganz knapp eingehen.

Transzendentales und hermeneutisches Philosophieren

Besonderes Aufsehen erregte die Entschiedenheit, mit der ich in »Gottes letztes Wort« die Notwendigkeit einer »Ersten Philosophie« (in der Tradition Descartes', Kants und Fichtes) innerhalb einer systematisch konzipierten Fundamentaltheologie betont und einen eigenen Entwurf solchen Philosophierens skizziert habe. Selbst Autoren wie H. G. Türk und G. Larcher, die meinem Plädoyer für eine Erste Philosophie in dem genannten Sinne zustimmen, haben vermißt, daß ich mich in diesem Zusammenhang nicht ausführlicher mit der analytischen Philosophie bzw. der Hermeneutik auseinandersetze[21]. E. Arens unterstreicht in seinem Beitrag »Läßt sich Glaube letztbegründen?« dieses Manko[22]. Bei der Berücksichtigung solcher Einwände wird man zwei verschiedene Linien meiner Argumentation wohl deutlicher unterscheiden müssen, als ich dies in meinem Grundriß getan habe.

Zum einen stelle ich einfach eine (allgemein bekannte) *Fehlanzeige* heraus: Sprachanalytisches, hermeneutisches wie alles sich dezidiert auf den sog. »linguistic turn« berufende Philosophieren ist schon von seinem Selbstverständnis her zur Ermittlung von Letztgültigkeitskriterien nicht imstande (und hält, von wenigen Ausnahmen abgesehen, ein solches erstphilosophisches Unternehmen für geradezu hirnrissig). Sich zur Verteidigung der Möglichkeit letztgültiger Orientierungspunkte zunächst in das Getümmel dieser multiformen Philosophieentwürfe zu stürzen, halte ich für unergiebig. Hier gilt es zunächst schlicht, einen Aufweis von letztgültigen Kriterien überzeugend zu führen und gleichzeitig zu zeigen, daß solche Kriterien bei der Behauptung, das Denken sei gegenüber der sprachlich-geschichtlichen Verfaßtheit aller Vernunft so etwas wie ein bloßes Epiphänomen, bereits vorausgesetzt werden.[23]

Zum anderen sehe ich Erste Philosophie dem hermeneutischen Verstehen gegenüber in einem *positiven* Verhältnis: Wirklichkeit mit Anspruchscharakter (also das, womit es eine rationale Verantwortung christlichen Glaubens auf jeden Fall zu tun hat) läßt sich nur hermeneutisch erschließen. Diesem Erschließen von Wirklichkeit gegenüber hat eine Erste Philosophie, wie ich sie auffasse, eine bloß dienende Funktion. Sie ist sozusagen »ancilla hermeneuticae«, eine »orthopädische Hilfe« zur Festigung des »Rückgrats« in dem ständigen Zirkel von Sprachgeschehen und -verstehen. Hier gilt es, aus der zeitlos-apriorischen Struktur des Subjekts zunächst einmal aufzuzeigen, daß das Subjekt zu seiner Selbstverwirklichung notwendig auf Geschichte verwiesen ist – eine Aufgabe, die Descartes und Kant äußerst befremdend erschienen wäre und, in ihren Grundzügen zumindest, erstmals von J. G. Fichte gelöst wurde.[24] Sodann ist überall dort, wo zeitlos-gültige Kriterien im Kontext geschichtlichen Verstehens und Urteilens »angewendet« werden sollen, der Nachweis zu führen, daß diese apriorischen Kriterien im Raum des Aposteriorischen überhaupt »greifen«. D. h., die Fruchtbarkeit solcher Kriterien muß *innerhalb* der phänomenologischen bzw. hermeneutischen Arbeit selbst, an der jeweils zur Frage stehenden »Sache« verständlich gemacht werden. In dieser Hinsicht war ich bisher über erste tastende Schritte nicht hinausgekommen. In Kap. 5 habe ich nun – im Blick auf eine fundamentaltheologisch adäquate »Hermeneutik des Zeugnisses« – versucht, ein wenig konkreter zu werden.

Mit dem Verhältnis von (erstphilosophisch konzipierter) Transzendentalphilosophie und Hermeneutik in meiner Fundamentaltheologie haben sich auf hohem Reflexionsniveau P. Colombo und M. Epis auseinandergesetzt.

P. Colombo situiert zeitgenössische Theologieentwürfe im Horizont einer H.-G. Gadamer verpflichteten Hermeneutik[25]. Mir scheint, daß im Endergebnis unsere Auffassungen einander mehr verwandt sind, als dies nach der Ansicht Colombos der Fall ist[26]. Leider versteht P. Colombo die erstphilosophischen Ausführungen in »Gottes letztes Wort« als eine »(apriorisch-)*ontologische* Grundlegung«[27] – begreiflich angesichts gewisser Unklarheiten in meinen Ausführungen zu einem Begriff letztgültigen Sinns, und insbesondere auf dem Hintergrund meines Ansatzes in »Ontologische Voraussetzungen des Glaubensaktes« (1969), der gerade in diesem Punkte von dem im »Grundriß« (1991) entwickelten Konzept scharf zu unterscheiden ist[28]. Eine *ontologisch* verstandene Transzendentalphilosophie gerät notwendig in Konflikt mit der Hermeneutik. An P. Colombo wäre allerdings die Frage zu richten, wie die Philosophie ihre Aufgabe, »die *universale* Bestimmung des Wahrheitsereignisses aufzuzeigen«[29], ohne eine apriorisch-erstphilosophische Ermittlung von universal gültigen Kriterien zu erfüllen vermag.

M. Epis geht in seinem kritischen Überblick über die deutsche postkonziliare Fundamentaltheologie, wie sie sich in »Manualien« niedergeschlagen hat, ausführlich und kundig auch auf meinen »Grundriß« (und frühere Arbeiten) ein[30]. Ähnlich wie Colombo versteht Epis meinen Ansatz von 1991 ontologisch – als »eine Deduktion der Wirklichkeit im Ausgang von ihrer Möglichkeitsbedingung«[31] (Unter dieser Voraussetzung fragt er zu Recht, ob ich – trotz meiner ursprünglichen Kritik an der Maréchalschen Kantrezeption – schließlich nicht doch den Vorrang des »Staunens« zugunsten eines subjektlastigen »Vorgriffs« auf die Wirklichkeit preisgebe![32]) Ich stimme Epis zu, daß die

Aufgabe einer erstphilosophischen Reflexion nicht darin besteht, »die Wirklichkeit einzuholen, sondern ihre Erkenntnisstruktur zu umreißen«[33]. Aber auch bei Epis wird das Verhältnis der Abhängigkeit erstphilosophischer Arbeit von der geschichtlichen Wirklichkeit bzw. die Bedingtheit des Subjekts durch sprachlich-kommunikative Vorgaben in einer Weise betont, daß ich nicht sehe, wie eine Erstphilosophie imstande sein soll, universale Gültigkeitskriterien zur Beurteilung *adäquaten* kommunikativen Handelns zu ermitteln[34].

Von besonderem Interesse in diesem Zusammenhang sind die Beobachtungen, die A. Bertuletti in einem Vergleich der von I. U. Dalferth[35] und mir[36] am 13. Mai 1996 an der Theologischen Fakultät von Mailand vorgetragenen Referate gemacht hat[37]. Ich stimme Bertuletti zu: *Wenn* Theologie und Philosophie nicht (im Sinne des Nominalismus) als Unternehmungen der Vernunft verstanden werden sollen, die sich prinzipiell fremd bleiben, dann muß der Urakt der autonomen Vernunft eine Offenbarung Gottes sein – etwa in dem Sinn, wie J. G. Fichte in seiner späten Wissenschaftslehre das »absolute Ich« in der Erscheinung des absoluten Seins gründet. Wegen der gedrängten Kürze, in der Bertuletti hier seine Bemerkungen vortragen mußte, ist mir allerdings nicht recht deutlich geworden, in welchem Verhältnis der Autor jenen (für Glaube und Vernunft gleichermaßen fundamentalen) Urakt zu der geschichtlichen Offenbarung (insbesondere in Jesus Christus) sieht. Vollzieht sich Philosophie *methodisch* (nicht nur faktisch, wegen der tatsächlichen Befreiung der Vernunft von ihren eigenen Selbstverstrickungen[38]) im Ausgang von einer geschichtlichen Offenbarung, so verbleibt sie im »hermeneutischen Zirkel« und kann nicht »erstphilosophisch« Kriterien ermitteln, nach denen sie selbst, als autonome Vernunft, zu beurteilen imstande ist, daß eine bestimmte Offenbarung nach den der Freiheit immanenten Strukturgesetzen als letztgültig behauptet werden darf.

Der Aufsatz von S. Wendel, »Bild des Absoluten werden – Geisel des anderen sein«, bietet insofern einen interessanten Beitrag zur Frage des Verhältnisses von Transzendentalphilosophie und Hermeneutik, als durch den Aufweis analoger Strukturen im Denken von Fichte und Levinas Vorurteile beiseite geräumt werden können, die einer beim »Antlitz des Anderen« ansetzenden Phänomenologie den Rückgang auf ein »cartesianisch« bestimmtes Philosophieren versperren. Die Annahme, nach dem »linguistic turn« sei es mit einer transzendentalen »Subjektphilosophie« ein für allemal vorbei, ist (zumindest im theologischen Raum) noch immer weit verbreitet. Im Hinblick auf diese »selbst verschuldete Unmündigkeit« (Kant) leistet K. Müller mit seiner Monographie »Wenn ich ›ich‹ sage« eine kaum zu überschätzende »Aufklärungs«arbeit. Minutiös weist er an einschlägigen Beispielen der Rehabilitation selbstbewußter Subjektivität im Raum analytischer Sprachphilosophie auf, wie sehr sich gerade von hierher nahelegt, die Grundthemen klassischer Transzendentalphilosophie wieder ernst zu nehmen.

Das nun schon seit etlichen Jahren zwischen Th. Pröpper und mir über den Status einer ersten Philosophie geführte Gespräch[39] hat insofern für mich (und wohl auch für Pröpper) einen ganz besonderen Stellenwert, als wir nicht nur im Hinblick auf die Notwendigkeit einer Erstphilosophie innerhalb der Glaubensverantwortung völlig einer Ansicht sind, sondern in unseren systematischen Ansätzen dazu beide auch von der Philosophie J. G. Fichtes ausgehen. Um so spannender ist die Frage, ob wir uns auch in Detailproblemen näher zu kommen vermögen. Bei der Begrenztheit des mir zur Verfügung stehenden Raums kann ich hier nicht auf (aus meiner Perspektive) offene Fragen im anthropologischen Ansatz von Pröpper eingehen. Ich konzentriere mich statt dessen auf Klärungsbedürftiges in meinen eigenen Darstellungen, das unser Debattieren bisher immer wieder erschwert hat.

Die Spur Karl Rahners

In der Diskussion meines fundamentaltheologischen Ansatzes kommt es verständlicherweise immer wieder zu Anmerkungen auch hinsichtlich meiner Interpretation klassischer Autoren, etwa von Anselm von Canterbury[40], Descartes[41], J. H. Newman[42], M. Blondel[43]. Was mein Verhältnis zu zeitgenössischen Philosophen, insbesondere zu K.-O. Apel angeht, hat M. Wichmann zu bedenkenswerten Reflexionen angeregt[44]. Auf all dies kann ich hier nicht näher eingehen. Meine Kritik an K. Rahner wird aber gerade in jüngster Zeit so intensiv diskutiert, daß ich wenigstens dazu kurz Stellung nehmen möchte.

Bei dem Versuch, meinen eigenen fundamentaltheologischen Entwurf herauszuarbeiten, habe ich mich fast ausschließlich auf

153

Abgrenzungen Rahner gegenüber beschränkt[45]. In der Diskussion ist vor allem meine These, daß die Einführung des »übernatürlichen Existentials« durch Rahner bei ihm selbst und in der seiner Spur folgenden Fundamentaltheologie zu einem Ausfall erstphilosophischer Reflexion geführt habe, recht kontrovers aufgenommen worden. In seiner gründlichen Monographie »Der Begriff ›transzendental‹ bei Karl Rahner« stimmt N. Knoepffler dieser These im Blick auf K. Rahner zu. T. Licht möchte differenzieren. Die Behauptung, daß nach Rahner das übernatürliche Existential die Unmöglichkeit einer methodisch autonomen Philosophie impliziert, lasse sich »aus dem Textbefund in dieser Allgemeinheit nicht belegen. Rahner selbst beschränkt sich gerade da, wo er die Prägung der Vernunft durch das übernatürliche Existential beschreibt, ausdrücklich auf eine theologische Perspektive«[46]. Dazu lassen sich in der Tat eindrucksvolle Belege anführen[47]. Solange man allerdings (wie Rahner) an der zumindest als mögliche Hypothese unverzichtbaren Annahme einer »reinen Natur« des Menschen mit (der aller Vernunftnatur zukommenden) Fähigkeit zur Reflexion festhält, würde nur diesem (hypothetisch im Hintergrund bleibenden) »reinen Subjekt« der Zugang zu einer »Erstphilosophie« im strikten Sinne offenstehen, nicht aber dem wirklichen (unter dem »übernatürlichen Existential« befindlichen) geschichtlichen Menschen[48].

Die Dissertation von Th. Knieps[49] – sie »gipfelt in der These, daß das, was bislang üblicherweise als ›transzendentale Subjektivität‹ bei Rahner verstanden wurde, unter den aktuellen Bedingungen als ›unvertretbare Individualität‹ ›gedeutet‹ werden kann«[50] – muß wohl selbst nach Ansicht ihres Verfassers eher als eine Inszenierung denn eine Interpretation Rahners (im vor-postmodernen Sinn) verstanden werden[51]. Wer an die Art und Weise gewöhnt ist, wie J. Simon mit Kant umgeht[52], wird es nicht verwunderlich finden, daß Knieps schon der bloße Gedanke an eine Erste Philosophie im Sinne Descartes' und Kants belustigt, erst recht in der von mir vorgetragenen Form[53].

Sehr zu begrüßen ist, daß mit der Monographie von J. Verhoeven, »Dynamik der Sehnsucht«[54], endlich eine sorgfältige Untersuchung der philosophischen Grundlagen Rahnerschen

Denkens bei J. Maréchal und M. Blondel vorliegt. Ich beschränke mich hier auf die für das Verhältnis von transzendentaler Theologie und Philosophie wichtigsten Punkte. Richtig ist die Korrektur meiner Annahme, Rahner sei nur indirekt von Blondel beeinflußt gewesen[55]. Kann man aber hinsichtlich des Begriffs »übernatürliches Existential« bei Rahner von einer »direkten Inspiration« durch Blondels Begriff des »transnaturel« sprechen?[56]

Hier müßte wohl näher differenziert werden. Grund des »übernatürlichen Existentials« ist bei Rahner die Fleischwerdung des göttlichen Wortes in Jesus Christus. Aus dieser leitet er eine *positive* gnadenhafte (transzendentale) Erhellung allen menschlichen Daseins ab. Der von Blondel als »transnaturel« bezeichnete Zustand des Menschen hingegen ist die »offene Wunde«, die der Entzug der »Urstandsgnade« beim »Fall Adams« hinterlassen hat. Hier handelt es sich um eine »Restgnade«, die den Ruf nach Heilung unerbittlich im Menschen wachhält[57]. Obschon es also auch für Blondel, *theologisch* gesprochen, eine »reine Philosophie« ebensowenig gibt wie eine »reine Natur«, kann er – im Unterschied zu Rahner – mit Recht von der Möglichkeit einer reinen Philosophie im *philosophischen* Sinn sprechen, weil für ihn eine (außerhalb aller Gnade) anzusiedelnde »reine Natur« nicht einmal als eine hypothetische Konstruktion in Frage kommt.

Mit dem Ausfall der Frage nach einer Ersten Philosophie beim späten Rahner hatte ich Äußerungen Rahners in Zusammenhang gebracht, denen zufolge der Theologie als Gesprächspartner nicht mehr eine »philosophia perennis« gegenübersteht, sondern nur ein unüberschaubarer Pluralismus von philosophischen und humanwissenschaftlichen Entwürfen[58]. Hier hat A. Raffelt in seinem Aufsatz »Pluralismus – ein Plädoyer für Rahner und eine Bemerkung zur Sache« präzisiert, indem er in einem raschen Durchgang durch das Gesamtwerk Rahners herausarbeitet, welche Aspekte bei Rahners Rede von Pluralität bzw. Pluralismus den Vorrang haben. Meine Bedenken hinsichtlich bestimmter später Äußerungen Rahners[59] sind damit allerdings nicht behoben, wenn ich auch lebhaft zustimme, daß das Denken K. Rahners zu keiner Zeit jenem Phänomen zugeordnet werden kann, das ich (im Anschluß an W. Welsch) als »Oberflächenpluralismus« bezeichnet und im Anschluß an Blondels Dilettantismuskritik zu analysieren versucht habe[60].

Pluralistische Christologie?

War schon der zuletzt genannte Beitrag von A. Raffelt ein anschauliches Lehrstück dafür, wie sorgfältig man bei dem heutigen Modewort »Pluralismus« das jeweils Gemeinte auseinanderhalten muß, so gilt dies erst recht für die sehr verschiedenartigen zeitgenössischen Versuche, dem Pluralismus der Religionen theologisch und philosophisch gerecht zu werden, ohne die mit jeder ernstzunehmenden Religion verbundenen Bezugnahmen auf eine »absolute Wahrheit« von vornherein relativistisch zu unterminieren. In »Gottes letztes Wort« hatte ich mich knapp zu der Pluralismus-Konzeption von P. F. Knitter geäußert[61]. In meinem Beitrag »Pluralismus als Fundamentalismusverstärker« bin ich auf die durch P. Schmidt-Leukel vorgelegte Deutung der pluralistischen Religionstheorie John Hicks eingegangen. In seiner umfangreichen Monographie »Theologie der Religionen«[62] zitiert Schmidt-Leukel (oft mit ausdrücklicher Zustimmung) Ausführungen aus meinem Grundriß der Fundamentaltheologie, allerdings in einem Argumentationszusammenhang, der zu weiteren Mißverständnissen meines Ansatzes beitragen könnte. Bei aller Bewunderung für die enorme wissenschaftliche Leistung in (nicht nur) dieser Arbeit Schmidt-Leukels halte ich daher einige Abgrenzungen für angebracht.
Neben einem »substantialistischen« Verständnis der Inkarnation kennt Schmidt-Leukel »gradualistische oder funktionalistische Christologien«[63], die – grundsätzlich jedenfalls – auch zu einer orthodoxen Interpretation des Dogmas von Chalkedon imstande seien. Letzteren zählt er (neben den Ansätzen von E. Schillebeeckx, P. Schoonenberg, H. Küng, K. Rahner, W. Pannenberg, P. Hünermann, P. Knauer und, mit Vorbehalt, W. Kasper) auch meine christologische Arbeit zu[64]. Hier erheben sich zunächst generelle Fragen: Warum rechnet Schmidt-Leukel nicht mit noch weiteren angemessenen Interpretationsarten? Besteht nicht die Gefahr, daß schon aufgrund dieser eingeengten

156

Schematisierung bzw. Typisierung die Verschiedenartigkeit der hier zusammengefaßten Ansätze nicht mehr angemessen zu Wort kommt?

Unter »funktionalistischen« Ansätzen versteht Schmidt-Leukel solche, in denen »vor allem die revelatorische Bedeutung Jesu zum Grund seiner Prädikation als ›wahrer Gott‹ wird«[65]. Diese für den »funktionalistischen Aspekt« kennzeichnende »revelatorische Bedeutung« wird darüber hinaus verallgemeinert: »Denn Ziel jeder Christologie bleibt ja immer die Thematisierung der Bedeutung, die Person und Leben Jesu *für uns* haben«[66]. Wenn Schmidt-Leukel auch meinen Begriff einer »letztgültigen Offenbarung« als Beleg für eine solche, auf Soteriologie verkürzte Christologie heranzieht[67], so hat er diesen Begriff mißverstanden. Gottes Offenbarung ist primär und prinzipiell immer der Erweis seiner eigenen Doxa (seiner »Herrlichkeit«, wie wir in schlechter Übersetzung sagen). Nur wenn der Mensch in dem Erweis dieser göttlichen Doxa den einzig sinnvollen Grund seines eigenen Daseins erkennt, kann es überhaupt Heil für ihn geben. Vielleicht rührt von der kurzgeschlossenen Perspektive auf das »für uns« letztlich auch das (nicht erst bei Schmidt-Leukel anzutreffende!) Mißverständnis her, bei der Frage nach der Einzigkeit der Inkarnation Gottes in Jesus Christus ginge es zugleich um eine »Superiorität des Christentums«[68].

Neben inhaltlichen Klarstellungen bedarf es vor allem einiger methodischer Abgrenzungen. Eine leitende Argumentationsfigur bei Schmidt-Leukel kann etwa so zusammengefaßt werden: Nicht-substantialistische Inkarnationsbegriffe können *prinzipiell* die Möglichkeit mehrerer vollendeter Darstellungen der Einheit von Gott und Mensch nicht ausschließen. Wenn daher für Jesus Christus eine nicht nur einzigartige, sondern *einzige* vollendete Identität mit Gott behauptet wird, so müssen über die begrifflichen Implikationen hinaus *aposteriorische* Belege ins Feld geführt werden, um den Nachweis für einen absolut einmaligen Fall in der Geschichte zu erbringen[69]. Dieses Argument könnte als auch und gerade meinen fundamentaltheologischen Ansatz treffend verstanden werden, wo es ja

zunächst einmal um die Ermittlung eines »Begriffs von letztgültigem Sinn« geht. Demgegenüber müßte das völlig andere
Verhältnis von »Apriori« und »Aposteriori« hervorgehoben
werden, innerhalb dessen sich meine Argumentation bewegt:
Ausgangspunkt ist die schlichte (»aposteriorische«) Positivität
(m)eines Glaubens an das für Jesus Christus bezeugte »ein-
für-allemal«. Zur gründlichen rationalen Verantwortung dieses
Glaubens muß zunächst *philosophisch* ein unhinterfragbarer
Begriff von »ein-für-allemal« gewonnen werden – der aber
gerade keine *Christologie*, d. h. keine theologische Interpretation des mich treffenden Gotteswortes, darstellt. Dieser (»apriorische«) Begriff erlaubt mir zwar, im Rückgang auf die vielge-
staltige (»aposteriorische«) Tradition mit kritisch geschärftem
Blick den geschichtlichen Knotenpunkt dessen zu erfragen, was
mich als letztgültige Rede Gottes im Glauben beansprucht. Ein
solches, sich in einem ständigen Zirkel »wechselseitiger Priorität« von Aposteriori und Apriori bewegendes hermeneutisches
Verfahren[70] ist aber alles andere als die »Anwendung eines vorgefaßten Begriffs« oder die Suche nach aposteriorischen Ergän-
zungen einer begrifflich nicht zureichend zu begründenden
Annahme.

Das Gesagte läßt sich an der Rezeption (auch) meiner Aussagen über
Jesu Sündlosigkeit bei Schmidt-Leukel[71] konkretisieren. Für die von
Christen für Jesus allein beanspruchte höchste Vollkommenheit – »traditionell gesprochen ›Sündlosigkeit‹« – gebe es zunächst einmal »keine
hinreichende phänomenologisch-empirische Basis«[72]. Das trifft insofern zu, als Behauptungen von Jüngern über die unübertreffbare Heiligkeit ihres Meisters allgemein als projektionsverdächtig gelten müssen.
Nun habe ich allerdings auf das geschichtlich einmalige Faktum hingewiesen, daß Jesus selbst nach allem, was wir über ihn wissen,
(zumindest implizit in seinem Auftreten) ein Bewußtsein seiner Freiheit von der Sünde an den Tag gelegt hat. Im Anschluß daran habe ich
ein, wie mir scheint, stichhaltiges religionsphänomenologisches Argument dafür angeführt, daß dieses »bezeugte Faktum« nicht als eine Projektion der Gemeinde verstanden werden kann[73]. – Darüber hinaus
meint Schmidt-Leukel, eine solche »›Mr Spiritual Universe‹ competi-
tion for whose prophet is the greatest« (nach K. Ward) bringe das Christentum »in die unwürdige Situation, die Verehrung, die in anderen
religiösen Traditionen anderen Mittlerfiguren entgegengebracht wird,

158

herabzuwürdigen«[74]. Eine christliche Theologie, die diesen Namen verdient, hat aus der Sündlosigkeit des »Gotteslamms« und seiner Hingabe für unsere Sünden nie solch abstruse Folgerungen gezogen. – Drittens wird argumentiert: »Es ist zwar nicht definitiv auszuschließen, erscheint aber *prima facie* eher *unwahrscheinlich*, daß nur ein einziger Mensch jemals in dieser Vollkommenheit sein Gottesverhältnis realisiert hat, wenn dieses Gottesverhältnis zugleich als die eigentliche, von Gott gegebene und ermöglichte Zielsetzung menschlichen Lebens sein soll [...].«[75]. »Gibt es [...] in der Gnade Gottes ein Motiv dafür, nur einen einzigen Menschen zu jenem Ziel zu führen, das doch für alle gedacht sein soll?«[76]. Sünde – das »Allernormalste in dieser Welt« – ist, vom Wesen geschaffenen Seins her betrachtet, nicht nur »unwahrscheinlich«, sondern das für die Vernunft schier Unbegreifliche. Sie ist allerdings ein unbegreiflicher Akt geschaffener *Freiheit*. Zum für alle geltenden Ziel der Sündlosigkeit kann Gottes Gnade den Menschen also nicht ohne das Zutun menschlicher Freiheit führen. Gerade an dem Beispiel des innersten Geheimnisses der Existenz Jesu zeigt sich die Unangemessenheit des von Schmidt-Leukel verwendeten Argumentationsmodells »Wieso eine solche Abweichung von der allgemeinen Regel?«. Im Grunde liegt hier (wie auch für J. Hick kennzeichnend[77]) ein Rückfall vom hermeneutischen Verstehen eines höchst komplexen Ereigniszusammenhangs in scholastische Denkmuster vor.

Innerhalb der Behandlung der *Ostherthematik* signalisiert Schmidt-Leukel eine weitgehende Übereinstimmung mit meinen Ausführungen, vertritt aber de facto eine völlig andere Konzeption. Das zeigt sich schon bei der Bestimmung der Terminologie. »Der Terminus ›Auferweckung‹ ist nicht nur aus philologischen Gründen [?] vorzuziehen. Er drückt auch deutlicher aus, daß Jesus nach dem Verständnis der Schrift nicht aus seiner eigenen Kraft heraus ›auferstanden‹ ist, sondern daß ›Auferweckung‹ eine Handlung Gottes an dem toten Menschen Jesus war«[78]. Hier stellt sich Schmidt-Leukel also in Abgrenzung von dem alten, triumphalistischen Paradigma auf die Seite der heute mehrheitlich vertretenen Antithese dazu[79], ohne Berücksichtigung meines Versuchs, diese einseitige Alternative zu überwinden. Das neue Paradigma – mit seiner Betonung der *Bestätigung* des (sonst wegen seiner Hinrichtung nur als von Gott verflucht wahrnehmbaren) irdischen Jesus – dient ihm aber nur zu der Feststellung, daß auch die Auferweckung bei der Behauptung der Einzigkeit Jesu nicht weiterführe[80]. Wenn er sich für diese These ausdrücklich auf meine Interpretation der Ostererscheinungen beruft[81], dann verzerrt er deren eigentliche Intention. Schmidt-Leukel zufolge geht es in der österlichen Evidenz nämlich nur um eine Bestätigung des schon vorösterlich möglichen Glaubens »an die Authentizität Jesu und seiner Verkündigung«[82].

»Im Glauben an die Auferweckung bestätigt sich der Glaube an den von Jesus verkündeten Gott. Die Erfahrungen, die zum Glauben an die Auferweckung führen, sind daher primär Erfahrungen mit diesem Gott. Als eine Form von Gotteserfahrung sind sie zwar einzigartig, aber nicht einzig«[83]. »Indem Gott Jesus aus dem Tod errettet, bestätigt er das von Jesus in ihn gesetzte Vertrauen. Diese Bestätigung erschließt sich der Jesus-Gemeinde nicht durch Beweise, sondern im Glauben, und zwar genauerhin in jenem Glauben, der sich der Verkündigung Jesu verdankt«[84].

Mein Verständnis dessen, was mit den Metaphern Auferweckung und Auferstehung gemeint ist, geht entschieden darüber hinaus. Es geht hier um die Erfahrung des »durch das Sterben Jesu vernichteten Todes«, die bereits im Angesicht des Kreuzes möglich war, aber erst nach dem »Karfreitag« zum Durchbruch kam. Es ist schade, daß Schmidt-Leukel diesen Kern meiner Ostertheologie übergeht, obwohl ich gerade von hierher versucht hatte, eine Brücke zwar nicht zu der Pluralismus-Theorie von J. Hick, aber doch zu den von Schmidt-Leukel vorgelegten, weiterführenden Gedanken zu schlagen. Läßt sich von der spezifischen Osterevidenz eines Todes her, der die Kraft der Liebe nicht zum Verstummen zu bringen vermag[85], nicht ein Begriff von Pluralismus, eine Offenheit für die unendliche Vielfalt von zerbrechlichen Gottesbildern gewinnen, die kaum weniger universal ist als Pluralismustheorien, die von einem eher abstrakten Gottes- und Religionsverständnis ausgehen?

Zitierte Literatur

Anerkennung der Anderen. Eine theologische Grunddimension interkultureller Kommunikation, hrsg. v. E. Arens, Freiburg 1995

Anselm von Canterbury, Opera omnia, ed. fecit F. S. Schmitt, Tom. 1–2, Vol. 1–6, Stuttgart-Bad Cannstatt 1968

Anselm von Canterbury, Proslogion, in: ders., Opera omnia, Tom. 1, Vol. I, 89–122

Anselm von Canterbury, Monologion, in: ders., Opera omnia, Tom. 1, Vol. I, 1–87

Antonelli, Mario, L'Eucaristia nell'»Action« (1893) di Blondel. La chiave di volta di un'apologetica filosofica (Dissertatio Series Romana 4), Mailand 1993.

Antonelli, Mario, Manuali di teologia fondamentale, La Scuola Cattolica 122 (1994) 587–613

Antonelli, Mario, La risurrezione di Gesù nell'itinerario della teologia fondamentale, La Scuola Cattolica 120 (1992) 5–52

Arens, Edmund, Läßt sich Glaube letztbegründen?, in: Hoffnung, die Gründe nennt, 112–126

Auferstehung Jesu – Auferstehung der Christen. Deutungen des Osterglaubens (QD 105), hrsg. v. L. Oberlinner, Freiburg–Basel–Wien 1986

Augustinus, Aurelius, De vera religione, in: ders., Opera Bd. 4,1, hrsg. v. K.-D. Daur, Turnholti 1962 (CChrSL XXXII)

Augustinus, Aurelius, De libero arbitrio, in: ders., Opera Bd. 2,2, hrsg. v. W. M. Green, Turnholti 1970 (CChrSL XXIX)

Bader, Franz, Die Ursprünge der Transzendentalphilosophie bei Descartes, II,1: Descartes' Erste Philosophie: Die Systematik des methodischen Zweifels, Bonn 1983

Balthasar, Hans Urs von, Theodramatik Bd. III: Die Handlung, Einsiedeln 1980

Balthasar, Hans Urs von, Theodramatik Bd. IV: Das Endspiel, Einsiedeln 1983

Balthasar, Hans Urs von, Zeugnis und Glaubwürdigkeit, IKaZ 17 (1988) 104–110

Berger, Peter L., Auf den Spuren der Engel. Die moderne Gesellschaft und die Wiederentdeckung der Transzendenz, übers. aus dem Amerikanischen von M. Plessner, Frankfurt a. M. 1970

Bertuletti, Angelo, Teologia e Filosofia: proposta di lettura, Teol (Mailand) 21 (1996) 265–275

Bloch, Ernst, Das Prinzip Hoffnung, in: ders., Gesamtausgabe Bd. V/1,2, Frankfurt a. M. 1959

Blondel, Maurice, Zur Methode der Religionsphilosophie [Lettre sur les exigences de la pensée contemporaine en matière d'apologétique et sur la méthode de la philosophie dans l'étude du problème religieux, 1896], eingel. v H. Verweyen, Einsiedeln 1974

Borchert, Wolfgang, Das Gesamtwerk, Hamburg 1984

Borchert, Wolfgang, Draußen vor der Tür und ausgewählte Erzählungen, Hamburg 1956

Broer, Ingo, ›Seid stets bereit, jedem Rede und Antwort zu stehen, der nach der Hoffnung fragt, die euch erfüllt‹ (1 Petr. 3, 15). Das leere Grab und die Erscheinungen Jesu im Lichte der historischen Kritik, in: ›Der Herr ist wahrhaft auferstanden‹, 29–61

Brox, Norbert, Art. Zeugnis, HbthGb Bd. 2, München 1963, 903–911

Brox, Norbert, Glaube als Zeugnis, München 1966

Brox, Norbert, Zeuge und Märtyrer. Untersuchungen zur frühchristlichen Zeugnis-Terminologie, München 1961

Buggle, Franz, Denn sie wissen nicht, was sie glauben. Oder warum man redlicherweise nicht mehr Christ sein kann. Eine Streitschrift, Reinbek bei Hamburg 1992

Burrell, David B., Reflections on ›Gottes letztes Wort‹ from an Anglo-American Perspektive, in: Hoffnung, die Gründe nennt, 76–78

Camus, Albert, Der Fremde, Reinbek bei Hamburg 1995

Camus, Albert, Der Mensch in der Revolte, Reinbek bei Hamburg 1953

Camus, Albert, Der Mythos von Sisyphos. Ein Versuch über das Absurde, Reinbek bei Hamburg 1959

Camus, Albert, Tagebücher 1935–1951, Reinbek bei Hamburg 1972

Christus allein? Der Streit um die pluralistische Religionstheologie (QD 160), hrsg. v. R. Schwager, Freiburg–Basel–Wien 1996

Claudel, Paul, Der seidene Schuh oder das Schlimmste trifft nicht immer ein, übers. v. H. U. von Balthasar, Salzburg 1939

Colombo, Paolo, Ermeneutica e Teologia. Verità e storia in H. G. Gadamer (Dissertatio Series Mediolanensis 3), Mailand 1995

Credere pensando. Domande della teologia contemporanea nell'orizzonte del pensiero di Antonio Rosmini, hrsg. v. K.-H. Menke und A. Staglianò, Brescia 1997

Dalferth, Ingo U., Teologia e Filosofia: auspicabile dialogo o insanabile conflitto? Teol (Mailand) 21 (1996) 296–321

Das Tun, der Glaube, die Vernunft. Studien zur Philosophie Maurice Blondels, hrsg. v. A. Raffelt u. a., Würzburg 1995

›Der Herr ist wahrhaft auferstanden‹ (Lk 24, 34). Biblische und systematische Beiträge zur Entstehung des Osterglaubens, hrsg. v. I. Broer/J. Werbick, Stuttgart 1988

Descartes, René, Meditationes de prima philosophia, deutsch: Meditationen über die Grundlagen der Philosophie, hrsg. v. L. Gäbe (PhB 250a), Hamburg [3]1992

Die Interpretation der Bibel in der Kirche. Das Dokument der Päpstlichen Bibelkommission vom 23.4.1993 mit einer kommentierenden Einführung von Lothar Ruppert und einer Würdigung durch Hans-Josef Klauck (SBS 161), Stuttgart 1995

Disse, Jörg, Metaphysik der Singularität. Eine Hinführung am Leitfaden der Philosophie Hans Urs von Balthasars, Wien 1996

Dogma und Glaube. Bausteine einer theologischen Erkenntnislehre. FS W. Kasper, hrsg. v. E. Schockenhoff/P. Walter, Mainz 1993

Dohmen, Christoph, Der biblische Kanon in der Diskussion, ThRv 91 (1995) 451–460

Dramatische Erlösungslehre. Ein Symposion (Innsbrucker theologische Studien 38), hrsg. v. J. Niewiadomski/W. Palaver, Innsbruck–Wien 1992

Ebenbauer, Peter, Propter crucem gaudium. Liturgischer Osterjubel und fundamentaltheologische Auferstehungshermeneutik, in: Hoffnung, die Gründe nennt, 247–270

Ebenbauer, Peter, Traditio Dei. Bausteine zur Fundamentaltheologie in Auseinandersetzung mit Hansjürgen Verweyen, Diss. Graz 1997.

Epis, Massimo, Ratio fidei. I modelli della giustificazione della fede nella produzione manualistica cattolica della teologia fondamentale tedesca post-conciliare (Dissertatio Series Romana 10), Mailand 1995

Essen, Georg, ›Letztgültigkeit in geschichtlicher Kontingenz‹. Zu einem Grundlagenproblem der theologischen Hermeneutik, in: Hoffnung, die Gründe nennt, 186–204

Essen, Georg, Historische Vernunft und Auferweckung Jesu. Theologie und Historik im Streit um den Begriff geschichtlicher Wirklichkeit, Mainz 1995

Farley, Edward, Ecclesial Reflection. An Anatomy of Theological Method, Philadelphia 1982

Felten, Engelbert, Die Sicht der Kirche. Ekklesiologische Entwürfe in der Fundamentaltheologie der Gegenwart, Trier 1996

Fichte, Johann Gottlieb, Das System der Sittenlehre nach den Prinzipien der Wissenschaftslehre (1798) (PhB 485), Hamburg 1995

Fichte, Johann Gottlieb, Grundlage des Naturrechts (1796), in: ders., Gesamtausgabe Bd. I/3, hrsg. von R. Lauth u. H. Jacob, Stuttgart-Bad Cannstatt 1966

Fichte, Johann Gottlieb, Sämmtliche Werke, hrsg. v. I. H. Fichte, Berlin 1845

Fisichella, Rino, Rezension zu H. Verweyen, Gottes letztes Wort, Gr. 75 (1994) 165–168

Fuchs, Ernst, Marburger Hermeneutik, Tübingen 1968

Galvin, John P., The Role of the Resurrection in Christology: The Contribution of Hansjürgen Verweyen, in: Hoffnung, die Gründe nennt, 174–185

Galvin, John P., The Origin of the Faith in Resurrection of Jesus: Two Recent Perspectives, TS 49 (1988) 25–44 (dt. leicht gekürzte Fassung: Der Ursprung des Glaubens an die Auferstehung Jesu. Zwei neuere Perspektiven, ThGl 32 (1989) 203–218)

Gnilka, Joachim, Das Evangelium nach Markus, EKK II/1, Zürich/Neukirchen-Vluyn 1978

Hemmerle, Klaus, Wahrheit und Zeugnis, in: Theologie als Wissenschaft, 54–72

Heute glauben. Zwischen Dogma, Symbol und Geschichte (Freiburger Akademieschriften 7), hrsg. v. der Katholischen Akademie der Erzdiözese Freiburg, Düsseldorf 1993

Hillesum, Etty, Het verstoode leven, Harlem 1981; dt: Das denkende Herz. Die Tagebücher von Etty Hillesum 1941–1943, hrsg. und eingel. v. J. G. Gaarlandt, aus dem Niederländischen v. M. Csollány, Reinbek bei Hamburg 1985

Hoffnung, die Gründe nennt. Zu Hansjürgen Verweyens Projekt einer erstphilosophischen Glaubensverantwortung, hrsg. v. G. Larcher/K. Müller/Th. Pröpper, Regensburg 1996

Hubbert, Joachim, Descartes, Anselm, Camus und Verweyen. Ringen um universalverbindliche Fundamentaltheologie, in: Hoffnung, die Gründe nennt, 148–163

Jossua, Jean-Paul, Art. Zeugnis, NHbthGb Bd. 5, München 1991, 327–337

Jossua, Jean-Paul, La condition du témoin, Paris 1984

Kant, Immanuel, Gesammelte Schriften, hrsg. von der Königlich Preußischen Akademie der Wissenschaften (Akademie-Ausgabe), Berlin 1913

Katechismus der Katholischen Kirche, München u. a. 1993

Kategorien der Existenz. FS für Wolfgang Janke, hrsg. v. K. Held/J. Henningfeld, Würzburg 1993

Katholischer Katechismus der Bistümer Deutschlands. Ausgabe für die Erzdiözese Freiburg, Freiburg 1955

Kessler, Hans, Auferstehung Christi. III. Systematisch-theologisch, LThK[3] Bd. I, Freiburg–Basel–Wien 1993, 1185–1190

Kessler, Hans, Irdischer Jesus, Kreuzestod und Osterglaube. Zu Rezensionen von A. Schmied und H. Verweyen, ThGl 32 (1989) 219–229

Kessler, Hans, Sucht den Lebenden nicht bei den Toten. Die Auferstehung Jesu in biblischer, fundamentaltheologischer und systematischer Sicht, (Düsseldorf [1]1985) Neuausgabe mit ausführlicher Erörterung der aktuellen Fragen, Würzburg [2]1995

Knieps, Thomas, Die Unvertretbarkeit von Individualität. Der wissenschaftsphilosophische Ort der Theologie nach Karl Rahners ›Hörer des Wortes‹ (BDS 19), Würzburg 1995

Knoepffler, Nikolaus, Der Begriff ›transzendental‹ bei Karl Rahner. Zur Frage seiner Kantischen Herkunft (IThS 39), Innsbruck–Wien 1993

Kraus, Karl, ›Zuflucht‹, in: Worte in Versen, hrsg. v. H. Fischer, München 1959

Kremer, Jacob, Auferstehung Christi. I. Im Neuen Testament, LThK[3] Bd. I, Freiburg–Basel–Wien 1993, 1177–1182

Krings, Hermann, Freiheit und Faktum, in: Prinzip Freiheit, 391–411

Krings, Hermann, Transzendentale Logik, München 1964

Küng, Hans, Christ sein, München [3]1978

La Révélation, hrsg. v. P. Ricoeur/E. Levinas, Brüssel 1977

La Testimonianza, hrsg. v. E. Castelli, Padua 1972 (franz.: Le témoignage. Colloque Castelli 1972, Paris 1972)

Larcher, Gerhard, Rezension zu H. Verweyen, Gottes letztes Wort, ThRv 89 (1993) 246–251

Larcher, Gerhard, Subjektivität und Glaube. Fundamentaltheologische Denkanstöße im Werk Paul Ricoeurs, in: Philosophisch-Theologische Grenzfragen, 113–126

Larcher, Gerhard, Vom Hörer des Wortes als ›homo aestheticus‹. Thesen zu einem vernachlässigten Thema heutiger Fundamentaltheologie, in: Hoffnung, die Gründe nennt, 99–111

Le temps de la patience. Etude sur le témoignage, hrsg. v. P. Jaquemontant/J.-P. Jossua/B. Quelquejue, Paris 1976

Licht, Tobias, Karl Rahners Theorie vom ›übernatürlichen Existential‹ – ein fundamentaltheologisches Problem?, in: Hoffnung, die Gründe nennt, 139 bis 147

Lubac, Henri de, Glauben aus der Liebe, übertr. und eingel. v. H. U. von Balthasar, Einsiedeln 1970

Marcel, Gabriel, Dieu et la causalité (II), in: Recherches de philosophie III–IV: De la connaissance de Dieu, Paris 1958, 27–33

Marcel, Gabriel, Geheimnis des Seins. Mit einem Nachwort v. L. Gabriel, autorisierte Übertragung von H. v. Winter, Wien 1952

164

Marion, Jean-Luc, L'Altérité originaire de l'*Ego*. Une relecture de Descartes, Meditatio II, in: Philosophie de la religion entre éthique et ontologie, 383–602

Menke, Karl-Heinz, Die Einzigkeit Jesu Christi im Horizont der Sinnfrage, Freiburg 1995

Menke, Karl-Heinz, Das systematisch-theologische Verständnis der Auferstehung Jesu, ThGl 85 (1995) 458–484

Muir, Edward, The Killing, in: ders., Collected Poems, London 1960, 225

Müller, Klaus, Anerkennung und Ich-Apriori. Eine Asymmetrie in Hansjürgen Verweyens erstphilosophischem Ansatz, in: Hoffnung, die Gründe nennt, 48–62

Müller, Klaus, Wenn ich ›ich‹ sage. Studien zur fundamentaltheologischen Relevanz selbstbewußter Subjektivität, Frankfurt a. M. u. a. 1994

Oberlinner, Lorenz, ›Gott [aber] hat ihn auferweckt‹ – Der Anspruch eines frühchristlichen Gottesbekenntnisses, in: Osterglaube ohne Auferstehung?, 65–79

Oberlinner, Lorenz, Zwischen Kreuz und Parusie. Die eschatologische Qualität des Osterglaubens, in: Auferstehung Jesu, 63–95

Ohlig, Karl-Heinz, Gibt es den ›garstig breiten Graben‹?, in: Hoffnung, die Gründe nennt, 205–214

Ohlig, Karl-Heinz, Thesen zum Verständnis und zur theologischen Funktion der Auferstehungsbotschaft, in: Osterglaube ohne Auferstehung?, 80–104

Osterglaube ohne Auferstehung? Diskussion mit Gerd Lüdemann (QD 155), hrsg. v. H. Verweyen, Freiburg–Basel–Wien 1995

Pascal, Blaise, Pensées, deutsch: Gedanken, hrsg. v. J.-R. Armogathe, Leipzig ²1992

Philosophie de la religion entre éthique et ontologie (Biblioteca dell'»Archivio di Filosofia« 14), hrsg. v. M. M. Olivetti, Padua 1996

Philosophisch-Theologische Grenzfragen, FS für R. Schaeffler, hrsg. v. J. Kirchberg/ J. Müther, Essen 1986

Pius XII., Le prove della esistenza di dio alla luce della scienza naturale moderna, AAS 44 (1952) 31–43 (dt: Die Gottesbeweise im Licht der modernen Naturwissenschaft, in: HerKorr 6 [1951/52] 165–170)

Pius XII., Enzyklika »Divino afflante Spiritu«, DH 3825–3831

Platon, Politeia, in: ders., Werke in acht Bänden. Griech. und Deutsch, Bd. IV, hrsg. v. G. Eigler, Darmstadt 1971

Prejean, Helen, Dead Man Walking. An Eyewitness Account of the Death Penalty in the United States, New York 1993; dt: Dead Man Walking. Sein letzter Gang, aus dem Amerikanischen übers. von S. Walter, München 1996

Prinzip Freiheit. Eine Auseinandersetzung um Chancen und Grenzen transzendentalphilosophischen Denkens. Zum 65. Geburtstag von Hermann Krings, hrsg. v. H. M. Baumgartner, Freiburg–München 1979

Pröpper, Thomas, Art. Freiheit, NHthG² Bd. II, München 1991, 66–95

Pröpper, Thomas, Autonomie und Solidarität. Begründungsprobleme sozialethischer Verpflichtung, in: Anerkennung der Anderen, 95–112

Pröpper, Thomas, Erlösungsglaube und Freiheitsgeschichte. Eine Skizze zur Soteriologie, München ³1991

Pröpper, Thomas, Sollensevidenz, Sinnvollzug und Offenbarung. Im Gespräch mit Hansjürgen Verweyen, in: Hoffnung, die Gründe nennt, 27–48

Pröpper, Thomas, Freiheit als philosophisches Prinzip der Dogmatik. Systematische Reflexionen im Anschluß an W. Kaspers Konzeption der Dogmatik, in: Dogma und Glaube, 165–192

Pröpper, Thomas, Erstphilosophischer Begriff oder Aufweis letztgültigen Sinnes? Anfragen an Hansjürgen Verweyens »Grundriß der Fundamentaltheologie«, ThQ 174 (1994) 272–287

Raffelt, Albert, Pluralismus – ein Plädoyer für Rahner und eine Bemerkung zur Sache, in: Hoffnung, die Gründe nennt, 127–138

Raffelt, Albert/Verweyen, Hansjürgen, Karl Rahner, München 1997

Rahner, Karl, Hörer des Wortes. Zur Grundlegung einer Religionsphilosophie, 2. Aufl., neu bearb. v. J. B. Metz, München 1963

Rahner, Johanna, ›Er aber sprach vom Tempel seines Leibes‹ (Joh 2,21). Jesus von Nazaret als Ort der Offenbarung Gottes im vierten Evangelium, Diss. masch. Freiburg 1997

Rahner, Johanna, »Und sein Zeugnis ist wahr …« (Joh 19,35). Johanneische Streiflichter zur Diskussion um Hansjürgen Verweyens offenbarungstheologischen Ansatz, in: Hoffnung, die Gründe nennt, 226–246

Rahner, Karl, Grundkurs des Glaubens. Einführung in den Begriff des Christentums, Freiburg [12]1976

Ratzinger, Joseph Kardinal, Eschatologie – Tod und ewiges Leben, KKD Bd. 9, Regensburg [6]1990

Ratzinger, Joseph Kardinal, Zur Lage von Glaube und Theologie heute, IKaZ 25 (1996) 359–372

Ricoeur, Paul, Das Selbst als ein Anderer. Aus dem Franz. v. J. Greisch, München 1996

Ricoeur, Paul, Herméneutique de l'idée de Révélation, in: La Révélation, 15–54

Ricoeur, Paul, L'attestazione. Tra fenomenologia e ontologia, Pordenone 1993

Ricoeur, Paul, Temps et récit, Bde. 1–3, Paris 1983–1985

Ricoeur, Paul, The Hermeneutics of Testimony, in: Anglican Theological Review 61 (1979) 435–461

Sartre, Jean-Paul, Bei geschlossenen Türen, in: ders., Drei Dramen, Reinbek bei Hamburg 1965

Sartre, Jean-Paul, Die Fliegen, in: ders., Gesammelte Werke in Einzelausgaben – Theaterstücke Bd. 6, Reinbek bei Hamburg 1988

Scherer, Georg, Erste Philosophie und Sinnbegriff, in: Hoffnung, die Gründe nennt, 63–75

Schmidt-Leukel, Perry, Theologie der Religionen. Probleme, Optionen, Argumente, München 1997

Schümer, Dirk, Digitale Himmelfahrt. Eine Sekte dematerialisiert sich selbst, in: FAZ vom 29. März 1997

Schwager, Raymund, Auferstehung im Kontext von Erlösung und Schöpfung, in: Hoffnung, die Gründe nennt, 215–225

Schwager, Raymund, Der wunderbare Tausch. Zur Geschichte und Deutung der Erlösungslehre, München 1986

Schwager, Raymund, Rückblick auf das Symposion, in: Dramatische Erlösungslehre, 339–384

Sequeri, Pierangelo, Il Dio affidabile. Saggio di teologia fondamentale, Brescia 1996, 557–770

Silesius, Angelus, Cherubinischer Wandersmann, hrsg. v. L. Gnädinger, Stuttgart 1984

166

Simic, Charles, Emily's Theme, dt. v. H.M. Enzensberger, in: FAZ vom 12. 3.1996, 41

Simon, Josef, Das Problem der Gottesbeweise und der Begriff einer philosophischen Ethik, in: Philosophie de la religion, 75–87

Simons, Eberhard, Philosophie der Offenbarung. In Auseinandersetzung mit ›Hörer des Wortes‹ von Karl Rahner, Stuttgart 1966

Smith, Joseph J., Hansjürgen Verweyen and the Ground of Easter Faith, Landas 8 (1994) 147–181; 9 (1995) 72–100 und 181–208

Splett, Jörg, Gottesbeweise: Das transzendentale Argument ein Sophisma?, in: Hoffnung, die Gründe nennt, 79–90

Staglianò, Antonio, La mente umana alla prova di Dio. Filosofia e teologia nel dibattito contemporaneo sull'argomento di Anselmo d'Aosta (Corso di Teologia Sistematica, Complementi 3), Bologna 1996

Theologie als Wissenschaft, hrsg. v. B. Casper/K. Hemmerle/P. Hünermann, (QD 45), Freiburg–Basel–Wien 1970

Türk, Hans Günther, Offenbarung letztgültigen Sinnes und philosophische Vernunft. Bemerkungen zur Bedeutung der Philosophie in Hansjürgen Verweyens ›Grundriß der Fundamentaltheologie‹, in: Hoffnung, die Gründe nennt, 11–26

Türk, Hans Günther, Rezension zu H. Verweyen, Gottes letztes Wort, ThPh 67 (1992) 607–610

Valensin, Auguste, Art. Immanence (Méthode d'). I're Étude, in: Dictionnaire Apologétique de la Foi Catholique II, hrsg. v. A. d'Alès, Paris [4]1924, 579–593

Valentin, Joachim, Atheismus in der Spur Gottes. Ansätze zu einer Theologie nach Jaques Derrida, Mainz 1997

Verhoeven, Jan, Dynamiek van het verlangen. De godsdienstfilosofische methode van Rahner tegen de achtergrond van Maréchal en Blondel, Utrecht 1996

Verweyen, Hansjürgen, ›Auferstehung‹: ein Wort verstellt die Sache, in: Osterglaube ohne Auferstehung?, 105–144

Verweyen, Hansjürgen, Christologische Brennpunkte, Essen [1]1977/[2]1985

Verweyen, Hansjürgen, Das fremdartige Glück absurder Existenz: Albert Camus, in: Kategorien der Existenz, 365–381

Verweyen, Hansjürgen, Der Glaube an die Auferstehung. Fragen zur ›Verherrlichung‹ Christi, in: Heute glauben, 71–88

Verweyen, Hansjürgen, Der ›erste Weg‹ des hl. Thomas von Aquin in der heutigen Diskussion, Bonn 1961 (unveröffentlicht)

Verweyen, Hansjürgen, Der Weltkatechismus. Therapie oder Symptom einer kranken Kirche?, Düsseldorf 1993

Verweyen, Hansjürgen, Die Ostererscheinungen in fundamentaltheologischer Sicht, ZKTh 103 (1981) 426–445

Verweyen, Hansjürgen, Die Sache mit den Ostererscheinungen, in: ›Der Herr ist wahrhaft auferstanden‹, 63–80

Verweyen, Hansjürgen, Einführung, in: Osterglaube ohne Auferstehung?, 7–12

Verweyen, Hansjürgen, Einleitung, in: M. Blondel, Zur Methode der Religionsphilosophie, 13–100

Verweyen, Hansjürgen, Einleitung, in: J. G. Fichte, Das System der Sittenlehre, XI–XXXV

Verweyen, Hansjürgen, Fichtes Religionsphilosophie. Versuch eines Gesamtüberblicks, in: Fichte-Studien Bd. 8, hrsg. v. K. Hammacher u. a., Amsterdam–Atlanta 1995, 193–224

167

Verweyen, Hansjürgen, Glaubensverantwortung heute. Zu den »Anfragen« von Thomas Pröpper, ThQ 174 (1994) 288–303

Verweyen, Hansjürgen, Gottes letztes Wort. Grundriß der Fundamentaltheologie, Düsseldorf 1991

Verweyen, Hansjürgen, Maurice Blondels Philosophie der Offenbarung im Horizont ›postmodernen‹ Denkens, in: Das Tun, der Glaube, die Vernunft, 16–32

Verweyen, Hansjürgen, Offene Fragen im Sühnebegriff auf dem Hintergrund der Auseinandersetzung Raymund Schwagers mit Hans Urs von Balthasar, in: Dramatische Erlösungslehre, 137–146

Verweyen, Hansjürgen, Ontologische Voraussetzungen des Glaubensaktes. Zur transzendentalen Frage nach der Möglichkeit von Offenbarung, Düsseldorf 1969

Verweyen, Hansjürgen, Pluralismus als Fundamentalismusverstärker?, in: Christus allein? 132–139

Verweyen, Hansjürgen, Punti cruciali della teologia contemporanea: Per una mediazione filosofica dell'unicità salvifica di Gesù Cristo, in: Credere pensando, 19–36

Verweyen, Hansjürgen, Recht und Sittlichkeit in Johann Gottlieb Fichtes Gesellschaftslehre, Freiburg–München 1975

Verweyen, Hansjürgen, Rezension zu H. Kessler, Sucht den Lebenden nicht bei den Toten (Düsseldorf ¹1985), in: ZKTh 108 (1986) 70–74

Verweyen, Hansjürgen, Rezension zu K.-H. Ohlig, Fundamentalchristologie, ZKTh 110 (1988) 329–333

Verweyen, Hansjürgen, Rezension zu E. Farley, Ecclesial Reflection. An Anatomy of Theological Method, ThRv 81 (1985) 120–123

Verweyen, Hansjürgen, Teologia e Filosofia: fecondo dialogo o conflitto insanabile, Teol (Mailand) 21 (1996) 276–295

Verweyen, Hansjürgen, Wie wird ein Existential übernatürlich?, TThZ 95 (1986) 115–131

Vögtle, Anton, Das markinische Verständnis der Tempelworte, in: ders., Offenbarungsgeschehen, 168–188

Vögtle, Anton, Offenbarungsgeschehen und Wirkungsgeschichte. Neutestamentliche Beiträge, Freiburg–Basel–Wien 1985

Vögtle, Anton, Wie kam es zum Osterglauben?, in: Wie kam es zum Osterglauben?, 11–131

Vries, Josef de, Zielsicherheit der Natur und Gewißheit der Erkenntnis, Scholastik 10 (1935) 481–507 und 11 (1936) 52–81

Welte, Bernhard, Wahrheit und Geschichtlichkeit. Zwei Vorlesungen, hrsg. v. I. Feige, Frankfurt a. M. 1996

Wendel, Saskia, Bild des Absoluten werden – Geisel des anderen sein. Zum Freiheitsverständnis bei Fichte und Levinas, in: Hoffnung, die Gründe nennt, 164–173

Wichmann, Martin, Soll ich wollen, was ich muß? Verweyen meets (needs?) Apel, in: Hoffnung, die Gründe nennt, 91–98

Wie kam es zum Osterglauben?, hrsg. v. A. Vögtle/R. Pesch, Düsseldorf 1975

Anmerkungen

1. Staunen lernen (S. 9–27)

1 Vat. I, Dogm. Konst. »Dei Filius«, DH 3026.
2 Ausführlich dazu: H. Verweyen, Gottes letztes Wort, Kap. 4, 104–148.
3 Vgl. Thomas v. Aquin, S. Th. I q. 2, a. 3.
4 B. Pascal, Pensées, Fragm. 347.
5 J.-P. Sartre, Die Fliegen, Akt. III, Szene 2.
6 A. Silesius, Cherubinischer Wandersmann, Nr. 289 »Ohne Warum«.
7 Zur ausführlichen Interpretation vgl. H. Verweyen, Ontologische Voraussetzungen, 177 ff.
8 W. Borchert, Draußen vor der Tür und ausgewählte Erzählungen, 95–106; ders., Das Gesamtwerk, 25–39.
9 Ebd. 105 (38).
10 Ebd. 105 f (38 f).
11 A. Camus, Tagebücher 1935–1951, 9.
12 Augustinus, De libero arbitrio, Lib. II, III (CChrSl XXIX, 239).
13 Ebd. Lib. II, III–XV (ebd. 239–265).
14 Ebd. Lib. II, VII (ebd. 253).
15 Vgl. z. B. ders., De vera religione, XXX–XXXII (CChrSL XXXII, 222–227).
16 Bei J. G. Fichte findet sich eine schöne Stelle zu dieser Frage. Ein Rezensent hatte ihn mitleidig belächelt, daß er die Quadratur des Zirkels noch immer für unmöglich hielt. Fichte antwortete, man habe ihm zwar schon in der Sekunda beizubringen versucht, daß die Peripherie des Kreises der eines unendlichen Vieleckes gleich sei; »aber ich habe die Möglichkeit dieser Ausmessung nie begreifen können, und hoffe zu Gott, daß er bis an mein Ende mich sie nicht werde begreifen lassen«. J. G. Fichte, Grundlage des Naturrechts (1796) (Gesamtausgabe I/3, 317 f). Vgl. H. Verweyen, Gottes letztes Wort, 134 f Anm. 60.
17 Vgl. R. Descartes, Meditationes de prima philosophia III.
18 Vgl. Anselm v. Canterbury, Proslogion II–IV (Opera omnia Vol. I, 101–104).
19 »Werd ich zum Augenblicke sagen:
Verweile doch! du bist so schön!
Dann magst du mich in Fesseln schlagen,
Dann will ich gern zugrunde gehn!«
(J. W. v. Goethe, Faust, 1. Teil, Studierzimmer).
20 Vgl. bes. I. Kant, Kritik der Urteilskraft, § 87, Akad.-Ausg. V, 447–453.
21 Ders., Kritik der praktischen Vernunft, Akad.-Ausg. V, 30.
22 Ebd. 161.
23 A. Camus, Die Pest, 126–128.
24 Vgl. W. Borchert, Das Gesamtwerk, 216–219.
25 Vgl. P. L. Berger, Auf den Spuren der Engel, bes. 82.

2. Warten lernen (S. 28–51)

1 »Each one of my thoughts was being ghost-written by anonymous authors…«. Ch. Simic, Emily's Theme, in: F.A.Z. vom 12.3.1996, 41.

2 R. Descartes, Meditationes de prima philosophia II, 3/AT VII, 25.

3 Vgl. H. Verweyen, Gottes letztes Wort, Kap. 7, 204–232.

4 A. Camus, Der Mythos von Sisyphos, 99–101.

5 Das ist, leider, nicht »Schnee von gestern«. Wie sich französischer Katholizismus noch immer auf die Akzeptanz von Hinrichtungen von Staats wegen (»electrocution« heißt es heute im Fachjargon) auswirkt, führt Helen Prejean plastisch in »Dead Man Walking« vor Augen. Doch selbst diese kritische Ordensschwester geht noch einmal einem »philosophischen Suizid« auf den Leim, wenn sie meint, Tim Robbins hätte in seiner Verfilmung ihres Berichts die Sache richtig getroffen. Im Film wird der zum Tode Verurteilte zu einem verschlossenen Mann stilisiert, der bis unmittelbar vor der Hinrichtung die Schwere seiner Schuld für sich behält und erst dann, unter der liebenden Zuwendung der Schwester, schließlich doch noch zum Bekenntnis und zu einer Art Absolution durch diese Frau kommt. Auch wenn die Gegner der Todesstrafe unter allen säkularen Perspektiven Recht behalten sollten, so behält ihr Verteidiger zumindest ein starkes *theologisches* Argument: Hätte ein solches Monster sich auch in lebenslänglicher Haft je zu seiner Tat bekannt?! Nun aber hat wenigstens seine Seele noch die Chance, ins Fegefeuer einzugehen.

6 A. Camus, Der Fremde, 95.

7 Ebd. 140.

8 Vgl. dazu vorläufig H. Verweyen, Das fremdartige Glück absurder Existenz: Albert Camus, in: Kategorien der Existenz, 365–381.

9 Vgl. W. Borchert, Das Gesamtwerk, 285–297.

10 Karl Kraus, »Zuflucht«, in: Worte in Versen, 63.

11 J.-P. Sartre, Bei geschlossenen Türen, 22 f.

12 Ausführlicher dazu: H. Verweyen, Gottes letztes Wort, Kap. 8, 233–255.

13 »Verbum namque hoc ipsum quod verbum est aut imago est, ad alterum est, quia non nisi alicuius verbum est aut imago«. Anselm von Canterbury, Monologion, Kap. 38 (Opera omnia, Vol. I, 56).

14 Es ist konsequent, daß bei Camus der Widerstreit zwischen Solidarität und der Suche nach persönlichem Glück ungelöst bleibt. Vgl. den in Anm. 8 genannten Beitrag.

15 P. Claudel, Der seidene Schuh, 230 f.

16 Vgl. den Verweis auf den Begriff »plasmatio« bei Irenäus von Lyon in: H. Verweyen, Gottes letztes Wort, 254 Anm. 28.

17 Vgl. H. U. v. Balthasar, Theodramatik Bd. IV, 69; 234; 367 ff.

18 Vgl. H. Verweyen, Gottes letztes Wort, 410.

19 »Die Lehre der Kirche sagt, daß es eine Hölle gibt und daß sie ewig dauert […,] das Tor, das zum Leben führt, ist eng, und der Weg dahin schmal, und nur wenige finden ihn«. Katechismus der Katholischen Kirche, Nr. 1035 f.

20 Vgl. J. Ratzinger, Eschatologie, 152–154.

21 Origenis in Leviticum Homilia VII, 2, zitiert nach H. de Lubac, Glauben aus der Liebe, 368–373.

22 »Solange das Abendland christlich war, waren […] die Evangelien Mittler

zwischen Himmel und Erde. Auf jeden einsamen Schrei der Revolte wurde das Bild des größten Schmerzes vorgezeigt. Da Christus ja dies erlitten hatte, und mit vollem Willen, so war kein Leiden mehr ungerecht, jeder Schmerz notwendig. In gewissem Sinne liegt die bittere Erkenntnis des Christentums und sein berechtigter Pessimismus hinsichtlich des Menschenherzens in der Tatsache, daß die allgemein gewordene Ungerechtigkeit den Menschen ebenso befriedigt wie die vollständige Gerechtigkeit. Nur das Opfer eines unschuldigen Gottes konnte die lange und allgemeine Marterung der Unschuld rechtfertigen. Nur das Leiden Gottes, und das allerdrückendste, konnte die Agonie des Menschen erleichtern. Wenn vom Himmel bis zur Erde alles ausnahmslos dem Schmerz ausgeliefert ist, dann ist ein fremdartiges Glück [étrange bonheur] möglich« (A. Camus, Der Mensch in der Revolte, 30 f].

23 Ich denke hier an das für Christen zutiefst beschämende »Tagebuch auf dem Weg nach Auschwitz«, das die Jüdin Etty Hillesum geschrieben hat: Het verstoode Leven, dt.: Das denkende Herz. Die Tagebücher von Etty Hillesum 1941–1943.

24 E. Bloch, Das Prinzip Hoffnung, in: Gesamtausgabe Bd. V, 1378. »[Der Held in der Nachfolge Ludwig Feuerbachs dagegen] opfert sich ohne Hoffnung auf Auferstehung [...] – dennoch aber stirbt dieser Materialist, als wäre die ganze Ewigkeit sein. Das macht: er hatte vorher schon aufgehört, sein Ich so wichtig zu nehmen [...]« (ebd. 1378 f).

25 Vgl. Hebr 5,7 f: »Als er auf Erden lebte, hat er mit lautem Schreien und unter Tränen Gebete und Bitten vor den gebracht, der ihn aus dem Tod retten konnte, und er ist erhört und aus seiner Angst befreit worden. Obwohl er der Sohn war, hat er durch Leiden den Gehorsam gelernt«.

26 Ausführlicher zu der Stelle vgl. H. Verweyen, Gottes letztes Wort, 457–464.

27 E. Muir, The Killing, in: Collected Poems, 225.

3. Der Grund christlicher Hoffnung (S. 52–95)

1 DH 3829.

2 J. Ratzinger, Zur Lage von Glaube und Theologie heute, 368.

3 Vgl. ebd. (das vollständige Zitat s. unten Kap. 5.4, Anm. 4).

4 Erstmals: H. Verweyen, Die Ostererscheinungen in fundamentaltheologischer Sicht, 426 f.

5 Katholischer Katechismus der Bistümer Deutschlands, 1955 (unter dem Titel »A Catholic Catechism« 1957 ins Englische übersetzt und vor allem in den U.S.A. weit verbreitet).

6 Ebd. 42; 43; 61; 65.

7 J. Kremer, Auferstehung Christi, 1177. An der als Beleg angeführten Stelle Apg 2,24–28 wird im Gegensatz dazu aber gerade das Vertrauen des Beters unterstrichen, daß Gott ihn *nicht in den Hades* geraten läßt (V. 27, vgl. Ps 26,10).

8 H. Kessler, Auferstehung Christi, 1188.

9 Ders., Sucht, 450.

10 Ebd. 449, Anm. 70.

11 Vgl. ebd.

12 Vgl. H. Verweyen, Gottes letztes Wort, 354f.

13 So bemerkt I. Broer: »Die Auferstehung soll, muß und kann – wenigstens nach Meinung vieler Theologen – leisten, was früher die Evangelien insgesamt, insbesondere aber Wunder, Auferstehung und Jungfrauengeburt zusammen leisteten: dem Glauben einen Grund zu geben. Je schwieriger das historische Verständnis der Wunder und der Jungfrauengeburt wurde, um so mehr konzentrierte man sich auf die Auferstehung, und hier wiederum insbesondere auf die Erscheinungen, und meinte, hier den Punkt des Punktes zu finden« (ders., ›Seid stets bereit …‹, 48).

14 L. Oberlinner, »Gott [aber] hat ihn auferweckt«, 75. Näheres zum Problem des »Scheiterns« Jesu vgl. H. Verweyen, Gottes letztes Wort, 444f; 466f.

15 Vgl. Th. Pröpper, Erstphilosophischer Begriff, 283f; ders., Sollensevidenz, Sinnvollzug und Offenbarung, 30; R. Schwager, Auferstehung im Kontext von Erlösung und Schöpfung, 218; E. Arens, Läßt sich Glaube letztbegründen?, 124; H. Kessler, Sucht, 458; 462; 472.

16 Vgl. etwa E. Felten, Die Sicht der Kirche, 323 (unter Berufung auf H. Kessler, Sucht, 442).

17 Ich gehe in diesem Zusammenhang vor allem auf H. Kessler ein, weil er sich zum einen bislang am ausführlichsten mit meinem Osterverständnis auseinandergesetzt hat und sich zum anderen viele meiner Kritiker im Hinblick auf diese Thematik auf ihn als auch für ihre Ansicht zuverlässigen Gewährsmann berufen. Vgl. etwa Th. Pröpper, Sollensevidenz, Sinnvollzug und Offenbarung, 43; R. Schwager, Auferstehung im Kontext von Erlösung und Schöpfung, 222 Anm. 23; J. J. Smith, Hansjürgen Verweyen and the Ground of Easter Faith, 147–181; E. Felten, Die Sicht der Kirche, 326ff.

18 Vgl. H. Kessler, Sucht, 448.

19 Vgl. ebd. 447; 474f.

20 Ebd. 485. Von daher verstehe ich nicht, wie Kessler zu der undifferenzierten Behauptung kommt, ich würde die Auferstehung Jesu oder das von mir damit Gemeinte als fragwürdig oder erledigt betrachten (vgl. ebd. 419) bzw. ich hätte so massive Vorbehalte gegen die »Auferstehung«, daß ich sie (oder was ich darunter verstehe) letztlich ablehnte (vgl. ebd. 442; sehr viel differenzierter dagegen ebd. 454).

21 Auf die von mir behauptete Gefährlichkeit der Metapher möchte ich in diesem Zusammenhang nicht weiter eingehen. Ich hatte gesagt, daß die Auferweckungsmetapher »aufs engste« mit dem Weltbild der Apokalyptik verbunden ist (vgl. H. Verweyen, »Auferstehung«, 114), ohne sie damit schon »als exklusiv apokalyptische« zu begreifen (vgl. H. Kessler, Sucht, 447). Kessler übt zu Recht Kritik an meiner zu einseitig-pejorativen Einschätzung der Metapher. Drängt er seinerseits aber den Triumphalismus, der schon im Neuen Testament mit der Rede von der Auferweckung/Auferstehung verbunden ist, und die verheerenden Folgen dieser Verbindung in der Geschichte nicht allzusehr in den Hintergrund?

22 H. Verweyen, »Auferstehung«, 129.

23 H. Kessler, Sucht, 454.

24 Ebd. 450 Anm. 74.

25 Ebd. 473.

26 Ebd. 485.

27 Vgl. oben Kap. 2.3.

28 Gabriel Marcel hat sogar noch schärfer formuliert: »Einen Menschen lieben, heißt sagen: du wirst nicht sterben« (ders., Geheimnis des Seins, 472).

29 H. Verweyen, »Auferstehung«, 107.

30 Ebd. 108.

31 Ebd.

32 H. Kessler, Sucht, 442.

33 Ebd. 443 Anm. 57.

34 K. Müller, Anerkennung und Ich-Apriori, 56. Auf den transzendentalen Zusammenhang, in den Müller die Frage rückt, werde ich im vierten Kapitel näher eingehen. Hinsichtlich »meiner« Ostertheologie kann ich auch bei Müller nur das Übersehen einer zentralen Aussage feststellen.

35 Th. Pröpper, Sollensevidenz, Sinnvollzug und Offenbarung, 46. Die auf knappen Raum zugeschnittene Argumentation ist in diesem Kontext komplex, die abschließende Formulierung (»als dürfe …«) aber ebenfalls unzutreffend.

36 Vgl. H. Kessler, Sucht, 33: »Nun gibt es hier gewiß Projektionen, und es ist nicht immer leicht zu unterscheiden, ›was an diesen Projektionen zum anthropologischen Grundbestand […] gehört und was zum Wuchern einer nach ‚Unsterblichkeit' gierenden Phantasie‹« (mit Verweis auf H. U. von Balthasar, Theodramatik III, 109).

37 Vgl. K. Rahner, Grundkurs des Glaubens, 264.

38 K.-H. Ohlig, Gibt es den ›garstig breiten Graben‹?, 212.

39 H. Verweyen, Gottes letztes Wort, 446(–448) und öfter seit 1977 mit leichten Variationen in der Formulierung der These und ihrer Begründung.

40 Ders., »Auferstehung«, 109.

41 Ders., Gottes letztes Wort, 447.

42 Th. Pröpper, Sollensevidenz, Sinnvollzug und Offenbarung, 41f (mit weiteren Stellenangaben ebd. 41 Anm. 10).

43 H. Verweyen, »Auferstehung«, 112. Zu meiner Fehlinterpretation hatten mich einige (die Position Pröppers kommentierende) Sätze von G. Essen verleitet: »Die Unbedingtheit der Liebe Gottes wird in Leben und Geschick Jesu offenbar. […] In seinem proexistenten ›Selbsteinsatz bis zur Lebenshingabe‹, bis zum *Tod* […] aber wurde der unbedingte Ernst und die ›unbeirrbare‹ Entschiedenheit der Liebe Gottes offenbar« (G. Essen, Historische Vernunft und Auferweckung Jesu, 407).

44 H. Kessler, Sucht, 449.

45 Th. Pröpper, Sollensevidenz, Sinnvollzug und Offenbarung, 42.

46 Vgl. H. Kessler, Sucht, 290.

47 Vgl. ebd. 308 und 450 Anm. 74.

48 Ebd. 450 Anm. 74.

49 – mit F. Buggle, Denn sie wissen nicht, was sie glauben, 251.

50 H. Küng, Christ sein, 526.

51 Vgl. H. Kessler, Sucht, 308.

52 A. Camus, Der Mensch in der Revolte, 30f; vgl. H. Verweyen, »Auferstehung«, 110.

53 H. Kessler, Sucht, 444.

54 Vgl. oben Anm. 17.

55 Vgl. H. Kessler, Sucht, 450.

56 Ebd. 451. Die andere von Kessler skizzierte Position – diese Erkenntnis sei

»als reine Erkenntnisleistung der Jünger aufgrund des abgeschlossen vorliegenden Lebens und Sterbens Jesu« zu verstehen (ebd. 450f) – wird *von mir nicht* vertreten (vgl. z. B. H. Verweyen, Gottes letztes Wort, 473f).

57 Vgl. A. Vögtle, Wie kam es zum Osterglauben, 56f; 59; 68; L. Oberlinner, Zwischen Kreuz und Parusie, 69–71.

58 H. Kessler, Sucht, 498.

59 Ebd. 499.

60 Ebd. 500.

61 Vgl. ebd. 463ff.

62 G. Essen, Historische Vernunft und Auferweckung Jesu, 437.

63 Ebd.

64 Ebd. 431.

65 Vgl. ebd. 436.

66 Ebd. 439.

67 Vgl. ebd. 439f Anm. 46.

68 H. Kessler, Sucht, 500.

69 Ebd. 452.

70 Vgl. ebd. 500.

71 Ebd. 498.

72 Ebd. 500.

73 Ebd. 498.

74 G. Essen (im Anschluß an Pannenbergs Betonung der »Sprache der Tatsachen«): »Diese Theorie soll die für den christlichen Offenbarungsglauben gefährliche Diastase überwinden, als trete neben das geschichtliche Ereignis eine äußerlich hinzukommende Inspiration als theologisches Deutungsprinzip, das dieses Ereignis dann als Offenbarung Gottes behauptet und auf ein Handeln Gottes zurückführt« (ders., Historische Vernunft und Auferweckung Jesu, 439f Anm. 46).

75 H. Kessler, Sucht, 498.

76 Ebd. 108.

77 Ebd.

78 Ebd. 452.

79 Vgl. ebd. 497.

80 Vgl. H. Verweyen, Gottes letztes Wort, 291.

81 Vgl. ebd. Kap. 12.6–8.

82 Zu M. Blondel vgl. H. Verweyen, Einleitung, in: Zur Methode der Religionsphilosophie, 53f; zu Maréchal und seiner »Schule« vgl. ders., Ontologische Voraussetzungen, 45–88; zu K. Rahner speziell vgl. ders., Gottes letztes Wort, Kap. 5.3.

83 Vgl. Th. Pröpper, Erlösungsglaube und Freiheitsgeschichte; ders., Art. ›Freiheit‹; ders., Autonomie und Solidarität; ders., Freiheit als philosophisches Prinzip der Dogmatik.

84 Vgl. G. Essen, Historische Vernunft und Auferweckung Jesu, bes. 412ff.

85 Ders., »Letztgültigkeit in geschichtlicher Kontingenz«, 200.

86 Ders., Historische Vernunft und Auferweckung Jesu, 423.

87 Ebd. 424.

88 Ders., »Letztgültigkeit in geschichtlicher Kontingenz«, 201 (meine Hervorhebung).

89 Vgl. Th. Pröpper, Sollensevidenz, Sinnvollzug und Offenbarung, 42.

174

90 Ebd. 44.

91 Ebd.

92 Verständnisschwierigkeiten bereiten mir auch analoge Formulierungen von H. Kessler: »Wenn man die Grundthese Verweyens, daß Gott sein ganzes Wesen im irdischen Menschenleben Jesu endgültig offenbart hat, bejaht, dann stellt sich [...] sofort die erkenntnislogische Frage: *Wie* können die Jünger (und wir) denn *erkennen*, daß Jesu Leben und Lebenshingabe die endgültige Selbstoffenbarung [...] Gottes ist [...]?« (ders., Sucht, 451). Kesslers Antwort: erst aufgrund der Begegnungen mit dem Auferstandenen. »Selbstoffenbarung« (Gottes) ist aber doch bereits eine gnoseologische Aussage. Jesu Leben und Lebenshingabe ist also schon als das bezeichnet, worin Gott sich selbst endgültig zur Erkenntnis bringt. – Ähnlich steht es mit der Behauptung: »Von der Ostererkenntnis her *bleibt* vielmehr gerade das irdische Leben und Sterben des Menschen Jesus selbst ›das entscheidende Medium der Gottesoffenbarung‹ [Zitat Verweyen]« (ebd. 449f). Die Aussage ist logisch gleichbedeutend mit: Im irdischen Leben und Sterben des Menschen Jesus hat Gott sich selbst entscheidend zu erkennen gegeben (und dennoch erkennt man das nur von Ostern her).

93 Auf eine weitere Möglichkeit, auf die R. Schwager verweist (vgl. ders., Auferstehung im Kontext von Erlösung und Schöpfung, 220), möchte ich wenigstens kurz eingehen: Gottes Handeln in der Welt erfolgt immer auch mittels Zweitursachen. »B. Weissmahr ist dieser Problematik im Zusammenhang mit seiner Zeichentheorie und mit klärenden Überlegungen zur Materie und zur Naturgesetzlichkeit sorgfältig nachgegangen und zu folgender Aussage gekommen: ›Die geschöpfliche Kraft, die auf der Ebene der innerweltlichen Ursächlichkeit die Auferstehung Jesu und damit auch das Verschwinden seines Leichnams aus dem Grab bewirkt hat [...], ist die menschliche Gottes- und Nächstenliebe Jesu bis zum Äußersten‹. [...] Verweyen wird solchen Überlegungen instinktiv ablehnend gegenüberstehen und sie vielleicht sogar der Parapsychologie zuordnen«. Ich finde diese Überlegung im Gegenteil höchst interessant. Sie hat meine volle Zustimmung hinsichtlich der Behauptung, daß Jesu Hingang selbst die hinreichende innerweltliche Ursache für die göttliche Bewirkung dessen ist, was mit der Metapher »Auferstehung« umschrieben wird. Probleme habe ich einmal mit der Annahme, daß zu dieser umschriebenen »Sache« notwendig ein Verschwinden des Leichnams Jesu aus dem Grabe gehört. Zum anderen thematisieren die zitierten Ausführungen lediglich ein ontologisches Faktum, nicht aber, wie dieses Faktum menschlichem Sehen und Verstehen vermittelt werden konnte. Wenn B. Weissmahr bzw. R. Schwager den hinreichenden Grund auch für die *Erkenntnis* der Auferstehung Jesu in seiner menschlichen Gottes- und Nächstenliebe bis zum Äußersten gegeben sehen (und die Ostererscheinungen als den konversionsartigen *Durchbruch* dieser am Hingang des irdischen Jesus gewonnenen Erkenntnis verstehen), dann besteht völliger Einklang zwischen unseren Auffassungen.

94 H. Verweyen, Gottes letztes Wort, 448 (u. ö.).

95 Vgl. z. B. ders., »Auferstehung«, 124–127.

96 H. Kessler, Sucht, 306; vgl. auch 239 Anm. 4.

97 Vgl. Lumen gentium, Art. 15.

98 Vgl. H. Verweyen, Gottes letztes Wort, 468ff.

99 Th. Pröpper, Sollensevidenz, Sinnvollzug und Offenbarung, 40.
100 Was etwa die in diesem Zusammenhang häufig herangezogene (auch histo-
    risch sehr wahrscheinliche) Taufe Jesu durch Johannes angeht, die doch eine
    Bußgesinnung Jesu verriete, so läßt sich knapp mit J. Gnilka sagen: »Über
    seine Motive erfahren wir nichts« (ders., Das Evangelium nach Markus, 51).
    Aber bereits dem frühesten Evangelium zufolge ist die Annahme eines sün-
    denbeschwerten Jesus abwegig (vgl. Mk 1,7f). Der Rest ist Spekulation.
101 H. Verweyen, Gottes letztes Wort, 469. R. Schwager fragt zu diesem Argu-
    mentationszusammenhang an: »Schreibt Verweyen den Jüngern Jesu nicht
    ein anmaßendes Urteil zu, wenn er meint, sie hätten durch ihr eigenes sitt-
    liches Urteil endgültig die Sündenlosigkeit Jesu erkannt […]?« (Ders., Auf-
    erstehung im Kontext von Erlösung und Schöpfung, 219 Anm. 15). Nein.
    Ich sage nur: Die Behauptung eines Menschen, in völligem Einklang mit
    Gott zu stehen, widerspricht so sehr aller sonstigen Erfahrung mit heilig-
    mäßigen Menschen, daß sie schlechthin unerfindbar ist. Eher käme man
    auf die Projektion eines völlig Gerechten, der sich selbst am tiefsten seiner
    Erbärmlichkeit vor Gott bewußt ist. *Wenn* die Jünger also mit Berufung auf
    die von Jesus selbst behauptete Einheit seines Willens mit dem Willen
    Gottes unter Hintansetzung ihres Selbsterhaltungstriebs Zeugnis von die-
    ser Martyria ablegen, so kann man sie nicht guten Gewissens unter Projek-
    tionsverdacht stellen.
102 Th. Pröpper, Erlösungsglaube und Freiheitsgeschichte, 53 (meine Hervorhe-
    bung). Zu der sich von der üblichen Methodik der Rückfrage nach dem
    historischen Jesus unterscheidenden Argumentationsstruktur Pröppers in
    diesem Kontext vgl. H. Verweyen, Gottes letztes Wort, 407 f und 381 f.
103 Zum exegetischen Detail siehe Kap. 3.4.4, zur grundsätzlichen Frage nach
    dem historischen Stellenwert der hier herangezogenen theologischen Aus-
    sage siehe Kap. 5.
104 Vgl. H. Verweyen, Gottes letztes Wort, Kap. 20, zu Mk 16,1–8.
105 Zu meinem Kanonverständnis und der diesbezüglichen Kritik von H. Kess-
    ler (vgl. ders., Sucht, 456 f) s. Kap. 5.4.
106 Ich werde den Verdacht nicht los, daß diese sich vor allem in Deutschland
    hartnäckig haltende Deutung des Verhältnisses von Kreuz und Auferste-
    hung Jesu etwas mit jenem radikalen, aber zu wenig reflektierten Repara-
    tionsbedürfnis zu tun hat, das unser Verhältnis zu den Juden mittlerweile
    »vom anderen Ende her«, nämlich durch übertriebene Entschuldigungs-
    gesten belastet, die das Geschehene um nichts besser machen. Wenn Jesu
    Hinrichtung vernünftigerweise nur als Scheitern seiner Verkündigung ver-
    standen werden konnte und einzig einer kleinen Gruppe von Auserwählten
    danach offenbart wurde, daß dieser Jesus dennoch »im Recht« war, dann
    wären die Adressaten der Reich-Gottes-Botschaft generell von aller Schuld
    reingewaschen. Gründliche Korrekturen an der von Christen verübten
    Judenverurteilung waren angesichts des schon im Neuen Testament zu fin-
    denden Antijudaismus längst überfällig. Aber wenn ein Gerechter liquidiert
    wird (und sei es »mehr oder weniger zufällig« durch die Hände einer frem-
    den Besatzungsmacht): sind dann die Menschen, denen er gepredigt hat,
    ohne Schuld? Das widerspricht aller menschlichen Grunderfahrung – man
    vergleiche etwa die Voraussage des Schicksals des Gerechten in Platos
    »Politeia« (Buch II, 361e–362a; dazu H. Verweyen, Gottes letztes Wort,

272–275) – und ebenso der Selbsterfahrung Israels im Umgang mit seinen Propheten.

107 Zu der folgenden Skizze vgl. ausführlicher H. Verweyen, Offene Fragen im Sühnebegriff, 137–146.

108 R. Schwager, Der wunderbare Tausch, 307.

109 Th. Pröpper, Erlösungsglaube und Freiheitsgeschichte, 237.

110 R. Schwager, Der wunderbare Tausch, 309.

111 Ebd. 311.

112 Ebd. 309.

113 Ebd. 311.

114 R. Schwager, Auferstehung im Kontext von Erlösung und Schöpfung, 218f.
– Die kurze Auseinandersetzung Schwagers an dieser Stelle (vgl. ebd. 219 Anm. 13) mit meiner Exegese von Mk 15,39 erscheint mir etwas thetisch. Zu 1): Inwiefern sind meine Gründe »gegen die traditionelle Annahme, der Hauptmann sei – gemäß dem Evangelisten – vor allem vom Todesschrei Jesu und vom Zerreißen des Vorhangs beeindruckt worden«, nicht befriedigend? Ich behaupte ja gerade, der Todesschrei sei die entscheidende Grundlage für sein Bekenntnis (aber nicht in der mythologischen Ausdeutung, die man gelegentlich damit verbindet). Die Annahme, der Hauptmann könne das Zerreißen des Vorhangs »von Golgotha« aus wahrgenommen haben, dürfte nach dem heutigen Stand der Exegese als undiskutabel gelten (vgl. z. B. A. Vögtle, Das markinische Verständnis der Tempelworte, bes. 178 f.). Zu 2): Markus legt dem Hauptmann wirklich das für ihn entscheidende Gottesbekenntnis in den Mund; aber er formuliert es – erzählerisch überzeugend – aus der Perspektive eines heidnischen Hauptmanns. Daß »von keiner Bekehrung des Hauptmanns und von keinem Anschluß an die christliche Gemeinde die Rede ist«, kann man nur als Gegeninstanz ins Feld führen, wenn man die ganze Szene historisiert. Schon Markus selbst dürfte aber weder das Hauptmannsbekenntnis noch seine Schilderung der Reaktion der Frauen auf die Osterbotschaft als (im Sinne damaliger Geschichtsschreibung) historische Aussagen verstanden haben. Er will vielmehr mit Mitteln einer im Paradox herausfordernden Verkündigung eine etablierte Ostertheologie und insbesondere deren Folgen in einer selbstgefällig werdenden Ekklesiologie in Frage stellen (vgl. H. Verweyen, Gottes letztes Wort, Kap. 20, das mit meiner Exegese von Mk 15–16 zusammengesehen werden sollte). Zu 3), dem Vorwurf, ich vernachlässige den kanonischen Text des Markusevangeliums (z. B. die – Mk 16,9 ff berichteten – Ostererscheinungen), s. u. Kap. 3.4.4 und 5.4.

115 Vgl. H. Verweyen, Gottes letztes Wort, 381 (zu einer bedenkenswerten Argumentation Th. Pröppers).

116 Im Sinne von »Divino afflante spiritu« und »Dei Verbum«, vgl. dazu H. Verweyen, Der Weltkatechismus, 15; 48 f.

117 Vgl. Die Interpretation der Bibel in der Kirche, 100 f und 129–131.

118 Vgl. H. Verweyen, Gottes letztes Wort, 465. Dazu kritisch J. J. Smith, H. Verweyen and the Ground of Easter Faith, 194 f.

119 Vgl. H. Verweyen, ebd., Kap. 21; im Hinblick auf die Ostererfahrung des Paulus zusammengefaßt in: ders., »Auferstehung«, 134–136. Ausführlich dazu: E. Felten, Die Sicht der Kirche, 329 ff.

120 Zur Literatur vgl. H. Verweyen, Gottes letztes Wort, 458 Anm. 47. Vgl. wei-

terhin J. J. Smith, H. Verweyen and the Ground of Easter Faith, 187 f: »In the crucifixion scene at the end of his story Mark, for the first time, presents a human being, other than Jesus himself, as perceiving that Jesus was truly God's Son in agreement with God's evaluative point of view.«

121 »[...] aus der markinischen Konzeption (Mk 15,39) [...] läßt sich nur unter Mißachtung aller Erkenntnisse von Traditions- *und* Redaktionsgeschichte herleiten, daß die ›letztgültige Evidenz über die Gottessohnschaft Jesu ... in der Konfrontation mit Jesu Todesschrei [...], nicht in einer nachfolgend über Jesu wahres Geschick aufklärenden Erscheinung des Auferstandenen‹ gewonnen sei ([H. Verweyen, Christologische] Brennpunkte [Essen, ¹1977] 85 [...]); die redaktionelle Konzeption neutestamentlicher Autoren darf nicht einfach historisiert werden« (H. Kessler, Sucht, 239 Anm. 4). Dieser Vorwurf H. Kesslers war schon in der ersten Auflage von ›Sucht den Lebenden nicht bei den Toten‹ (1985) angesichts meiner Ausführungen zu einer verbesserungsbedürftigen Hermeneutik der Rückfrage nach dem historischen Jesus schwer verständlich. Er ist es erst recht – nach Erscheinen meines »Grundrisses« – in der Neuauflage seines Buchs von 1995 (ebd.). – Die starken Worte über meinen »historisch unbekümmerten« Umgang mit der Bibel, die Kessler (ebd. 445 Anm. 62) beiläufig fallen läßt, klängen überzeugender, wenn sie von ebenso starken Argumenten begleitet wären.

122 Vgl. o. Anm. 115; ausführlich zu den diversen exegetischen Positionen: H. Verweyen, Gottes letztes Wort, 459–464.

123 – wenn man nicht der geringen Zahl von Exegeten folgt, die Mk 16,7 als Hinweis auf die bevorstehende *Parusie* werten. Vgl. ebd. 458 Anm. 48.

124 Dies zur Kritik von J. J. Smith an meiner Position (vgl. ders., H. Verweyen and the Ground of Easter Faith, 191 f). Smith meint: »In Mark's perspective, that Jesus is the Son of God can only become victorious certitude for the disciples of Jesus at their projected meeting with the resurrected Jesus in Galilee (16:6–7)« (ebd. 192). Ich würde sagen: Auch Markus zufolge bedurfte es der Erscheinungen, damit die Jünger soweit kamen; aber »bedauerlicherweise«. Der Hauptmann zeigt ihnen, wo sie schon vorher der Gottessohnschaft Jesu hätten gewiß werden können. – J. J. Smith berücksichtigt leider nicht meinen kurzen Gesamtüberblick über das Markusevangelium aus ekklesiologischer Perspektive (vgl. H. Verweyen, Gottes letztes Wort, Kap. 20). So kann er mir als Argument dafür, daß das vollgültige Christusbekenntnis erst nach der Auferstehung möglich war, das Schweigegebot nach der Verklärung entgegenhalten, »when the disciples saw the resurrection glory of the ›beloved Son' of God. ›As they were coming down the mountain, he ordered them to tell no one about what they had seen, until after the Son of Man had risen from the dead‹ (9:9)« (J. J. Smith, H. Verweyen and the Ground of Easter Faith, 191). Schon die Verklärungsszene ist (mit ihren Motiven von Glorie) in der Tat vermutlich aufgrund von Berichten über Ostererscheinungen gestaltet. Der kompositionelle Rahmen bei Markus (9,1.9 f) macht aber deutlich, daß man sich Ostern allzu leicht triumphal vorstellen konnte: »[...] Von denen, die hier stehen, werden einige den Tod nicht erleiden, bis sie das Reich Gottes in Macht kommen sehen« (9,1). Einem Mißverständnis dieses aus dem Kontext der Naherwartung einer (gloriosen) Parusie stammenden Wortes begegnet Markus durch eine Erzählung, die die Jünger allzu bereit zeigt, angesichts des strahlenden Vorblicks

auf das Wiederkommen Jesu (mit den ersttestamentlichen »Parusiefiguren« Mose und Elija) »Hütten zu bauen«. Sie werden von Jesus (im Anschluß an 8,34–38) darauf hingewiesen, daß *seine* Herrlichkeit nur im Durchgang durch den Tod zu gewinnen ist – und verstehen das nicht (9,9f). Dem (wegen dieses Nichtverstehens nötigen) Schweigegebot folgt aber die Notwendigkeit, offen zu reden, sobald klar ist, daß der Weg Jesu an den Ort führt, der allen Angst macht (vgl. Gottes letztes Wort, 510f). Sicher geht es auch bei Markus um den *Sieg* über den Tod als das entscheidende Ereignis. Die Frage ist aber: Wo wird dieser offenbar?

125 Allerdings nicht in der Einheitsübersetzung, wo »seismos«, »Beben«, mit »Sturm« wiedergegeben wird.

126 Wenn J. J. Smith hinsichtlich des Erdbebens und der Totenauferstehung am Karfreitag sagt: »[...] they are elements of a Jewish-Apocalyptic text concerning the end-time resurrection of the dead, which Matthew has ›Christianized‹ by making use of them here do express the salvific significance of the death of Jesus« (ders., H. Verweyen and the Ground of Easter Faith, 74), so verstehe ich nicht, inwiefern das meiner Feststellung, »wie wenig hier von einer scharfen Zäsur zwischen Karfreitag und Ostern die Rede sein kann« (H. Verweyen, Gottes letztes Wort, 452), widerspricht.

127 Näheres hierzu: H. Verweyen, Gottes letztes Wort, 453f. Auch J. J. Smith stellt im Anschluß an J. Gnilka fest: »The motif of doubt usually introduces a proof of identity of the Risen One but here the latter is missing« (ders., H. Verweyen and the Ground of Easter Faith, 75f). Von daher habe ich Schwierigkeiten, die Folgerung nachzuvollziehen, daß – im Gegensatz zu meiner Auffassung – »Matthew does portray Jesus' resurrection appearances as ›the primary locus of the definitive evidence concerning Jesus' exalted status‹« (ebd. 76). Smith hat (ebd.) meine Behauptung mißverstanden, daß die österlichen Erscheinungen keinen neuen Inhalt über das hinaus erbringen, was im Leben (und Sterben) des irdischen Jesus offenbart wurde. Diese Aussage bezieht sich nur auf die geschichtliche Erkenntnisbasis für den Osterglauben. Natürlich enthalten die Osterberichte der Evangelisten neuen Inhalt über die Verkündigung des »vorösterlichen« Jesus hinaus. Die Frage ist aber, ob dieser Inhalt tatsächlich in österlichen Erscheinungen mitgeteilt wurde (das behauptet heute kein der kritisch-historischen Exegese verpflichteter Ausleger mehr) oder theologisch-erzählerische Entfaltung der Osterevidenz ist (in der, meiner Sicht nach, das zum Durchbruch kam, was bereits »im Fleische« Jesu wahrnehmbar war).

128 Die Interpretation von V. 5b als Vorwurf hält J. J. Smith für »tendentious« (vgl. ders., H. Verweyen and the Ground of Easter Faith, 80), unterstützt diese Behauptung aber nur mit schwachen Argumenten. Ihm ist nicht einmal aufgefallen, daß Lukas nicht »den Engel« (ebd. 78), sondern »zwei Männer« die Frauen im Grabe ansprechen läßt. (Zu diesem in der Gesamtkomposition des Doppelwerks interessanten Motiv der »zwei Männer« vgl. kurz H. Verweyen, Gottes letztes Wort, 456). – Zum Verständnis von Lk 24,5b wäre auch die vorwurfsvolle Frage Jesu in Lk 2,49 heranzuziehen: »Und er sagte zu ihnen: Warum habt ihr mich gesucht? Wißt ihr nicht, daß ich in dem sein muß, was meines Vaters ist?«. Diese Doppelfrage weist formal wie vom Atmosphärischen her (zusammen mit der Bemerkung im folgenden Vers: »Und sie verstanden das Wort nicht, das er zu ihnen sagte«)

einige Ähnlichkeit mit der Grabesszene bei Lukas auf. In beiden Fällen geht es um ein zu beseitigendes Nichtverstehen des eigentlichen Wesens Jesu: Wer immer Jesus – von seiner Kindheit an – begegnet, begegnet einem Leben, das sich nicht in die gewohnten Kategorien einordnen läßt. Darf man dies alles – zumindest der Intention des Evangelisten nach – als bloße »vaticinia ex eventu« (nämlich von den Ostererscheinungen her) abtun?

129 Die Bemerkung von J. J. Smith (vgl. ders., H. Verweyen and the Ground of Easter Faith, 82), daß wegen der nachfolgenden Schrifterklärung durch Jesus die alttestamentlichen Schriften »can only be understood in their Christian meaning in the light of the resurrection« ist nicht korrekt. Richtig müßte es heißen: »*were* only understood …«. Schon früher hätten die Jünger (wie die Frauen) richtig verstehen können und sollen. Ebensowenig überzeugt mich Smith' Kommentar (ebd. 83) zum Jesuswort am Kreuz: »Heute noch wirst du mit mir im Paradies sein« (Lk 23,43), als Gegenargument zu meiner Behauptung, daß auch diese Stelle die Möglichkeit des Glaubens an die Erhöhung Jesu schon am Karfreitag impliziert.

130 Vgl. H. Verweyen, Gottes letztes Wort, 454f.

131 Wenn J. J. Smith, auf R. E. Brown gestützt, betont »that in New Testament thought the resurrection is not a circumstance that *follows* the death of Jesus but the essential completion of the death of Jesus. ›In Johannine thought, in particular, the passion, death, resurrection and ascension constitute the one, indissoluble salvific event of return to the Father‹« (ders., H. Verweyen and the Ground of Easter Faith, 86, meine Hervorhebung), so gibt er auch meine Auffassung präzise wieder. Verherrlichung/Auferstehung/Rückkehr zum Vater sind nicht *nach* dem Tode – oder als Handlung Gottes *am* toten Jesus – anzusetzen, sondern am Kreuz bereits ist »der Tod vom Sieg verschlungen«. Demgegenüber verwundert es mich, wie Smith dennoch das eine »Urdatum« christlichen Glaubens auseinanderzieht. In Joh 20,17 »we are brought right into the middle of a process. Jesus is, as the Risen One, already in the course of ascending« (ebd. 89). Hier gilt ihm Jesus als bereits auferstanden, aber noch nicht fertig aufgestiegen. Wenig später heißt es dann: »the evangelist's formulation in terms of ascent to the Father implies that resurrection is included in ascension« (ebd. 90).

132 In einer knappen Skizze, die als Vorblick auf ihre im Druck befindliche Monographie (J. Rahner, ›Er aber sprach vom Tempel seines Leibes‹) betrachtet werden darf, wo eine markante Einzelexegese unter ständigem Einbezug der grundlegenden hermeneutischen Fragestellungen geleistet wird.

133 Vgl. dazu kurz H. Verweyen, »Auferstehung«, 139f Anm. 95.

134 J. Rahner, »Und sein Zeugnis ist wahr …«, 242.

135 Ebd. 243.

136 Vgl. Joh 19,37 mit Sach 12,10.

137 Vgl. Jes 52,14; 53,2 LXX.

138 Vgl. H. Verweyen, Gottes letztes Wort, 440.

139 Vgl. ebd. 457 Anm. 44. (Der enge kompositorische Zusammenhang zwischen der Lazarusperikope und den johanneischen Ostererzählungen erscheint mir inzwischen als sicher.) Die Diskussion um die richtige Interpretation von Joh 20,8 (vgl. schon ebd. 457 Anm. 43) ist recht verworren, wie ein Blick auf die Auseinandersetzung von J. J. Smith mit meiner Auslegung zeigt. »R. Schnackenburg comments that according to the context

›the other disciple‹ without doubt came to full faith in Jesus' resurrection«
(ders., H. Verweyen and the Ground of Easter Faith, 96). »R. E. Brown ob-
serves that some fit this praise of the beloved disciple into their thesis that
the real purpose of the Johannine writer was to deemphasize the appearances of Jesus and to devalue faith that stemmed from such appearances. He
›questions this entire line of exegesis‹« (ebd. 97). Es folgen weitere Zitate,
wo man nicht recht sieht, was sie beweisen sollen. Fuller: »The faith of the
beloved disciple does not lead to any special consequences […]. The whole
story is thus short-circuited« (ebd.). »In affirming ›he saw and believed‹ in
verse 8, the evangelist is less concerned with historical accuracy ›than with
dramatizing for the reader what is the proper, adequate response to the
details recounted in the preceding verses‹: faith in Jesus' resurrection«
(ebd. 98, mit Verweis auf Mahoney). Naturlich geht es Johannes nirgends
um »historische Akkuratheit«; aber wo in den vorangehenden Versen ist
von Auferstehung die Rede? Schließlich hält mir Smith entgegen: »The
fourth evangelist sketches this picture of the faith of the beloved disciple to
interpret for the reader the true meaning of the ›sign‹, not to affirm that this
faith was possible without the appearances of the risen Jesus« (ebd.). Wenn
aber die wahre Bedeutung eines Zeichens *vor* den Erscheinungen in der Aufforderung zum Osterglauben besteht, warum soll dann der Glaube nicht
schon aufgrund dieses Zeichens möglich sein?

140 So hatte ich (vgl. H. Verweyen, Gottes letztes Wort, 457) gesagt. Von einer
»Kritik des Thomas« (vgl. J. J. Smith, H. Verweyen and the Ground of Easter
Faith, 99) war dort nicht die Rede.

141 Vgl. H. Verweyen, »Auferstehung«, 137–139. Diese Darstellung müßte
nicht nur präziser ausgeführt werden, sondern bedarf auch an einigen Stellen der Korrektur.

142 Vgl. ders., Gottes letztes Wort, 562–565.

4. Theologie und Philosophie (S. 96–118)

1 Vgl. H. Verweyen, Gottes letztes Wort, Kap. 3; ders., Der Weltkatechismus,
Kap. 4.2; ders., Pluralismus als Fundamentalismusverstärker? 132–139; ders.,
Maurice Blondels Philosophie der Offenbarung im Horizont ›postmodernen‹
Denkens, 16–32.

2 Vgl. H. Verweyen, Ontologische Voraussetzungen.

3 G. Scherer, Erste Philosophie und Sinnbegriff, 63–75.

4 Ebd. 72.

5 Ebd.

6 Ebd.

7 Ebd. 74.

8 Thesen zu einem vernachlässigten Thema heutiger Fundamentaltheologie,
99–111. Auf einzelne Anregungen in diesem Aufsatz werde ich weiter unten
noch zu sprechen kommen. Hier greife ich lediglich auf die für das Verhältnis zwischen meinen beiden transzendentalen Ansätzen wichtigen Überlegungen zurück.

9 Im Unterschied zu der Betonung des vor-neuzeitlichen Begriffs der Schönheitserfahrung im o. g. Beitrag von G. Scherer schließt G. Larcher in seinem

Essay ausdrücklich die spezifisch neuzeitlichen und »postmodernen« Dimensionen des Ästhetischen ein. Auch hierauf braucht an dieser Stelle noch nicht eingegangen zu werden, weil ich mich in meiner »Philosophie des Staunens« von 1969 ausdrücklich auf das *Naturschöne* konzentriert habe, vgl. H. Verweyen, Ontologische Voraussetzungen, 173–177.

10 G. Larcher, Vom Hörer des Wortes als ›homo aestheticus‹, 106.

11 Vgl. H. Verweyen, Der ›erste Weg‹ des hl. Thomas von Aquin in der heutigen Diskussion (unveröffentlicht). Zur vorläufigen Orientierung über die zentralen Fragen um diesen »Weg« vgl. ders., Gottes letztes Wort, 105–115.

12 Für diese Situation ist bezeichnend, wie etwa Papst Pius XII. die Gültigkeit kosmologischer Gottesbeweise durch naturwissenschaftliche Erkenntnisse hinsichtlich der »Entropie« bestätigt sah (vgl. AAS 44 [1952] 31–43; HK 6 [1951/52] 165–170), aber auch die im Anschluß daran durch A. Mitterer ausgelöste heftige Diskussion um die »prima via«. Es ist schon erstaunlich, daß die klaren Ausführungen M. Blondels zu dem hier zugrundeliegenden schweren Methodenfehler fast völlig in Vergessenheit geraten waren. Vgl. M. Blondel, Zur Methode der Religionsphilosophie, 108–111.

13 Diesem Kontext ist die Kontroverse zwischen J. Splett (vgl. ders., Gottesbeweise, 79–90, bes. 79–84) und mir (vgl. Gottes letztes Wort, 129–132, bes. 131 Anm. 31) über ein (von mir behauptetes) »Sophisma« der Neuscholastik zuzuordnen. Spletts Ausführungen sprengen im Grunde ähnlich die von mir kritisierte neuscholastische Position hinsichtlich eines für sich genommenen »Finalprinzips«, wie ich schon damals über die verengte Sicht eines »Kausalprinzips« hinauszukommen suchte. Splett sagt: »Gefragt wird [...] nicht nach den Bedingungen der Möglichkeit eines Begriffs, sondern nach denen einer realen (wenngleich geistigen) Tätigkeit« (ders., Gottesbeweise, 81) und: »Solch ein den Menschen ausmachender Bezug auf das Unendliche und Unbedingte hin läßt sich eben nicht aus Mängelkompensation verstehen, wie Descartes schon in der [?] Meditation und dann immer wieder gegen Einwände zu verdeutlichen suchte« (ebd. 82). Dem stimme ich gern zu. Allerdings: Wird hier nicht doch zumindest implizit Rekurs auf das Kausalprinzip bzw. den Satz vom zureichenden Grund genommen – wie schon J. de Vries seinerzeit (vgl. ders., Zielsicherheit der Natur und Gewißheit der Erkenntnis, 58) betont hatte? Vgl. H. Verweyen, Ontologische Voraussetzungen, 48–53, bes. 52 Anm. 15.

14 Vgl. oben Kap. 1.1, die von mir oft zitierten Verse des Angelus Silesius: »Die Ros ist ohn warum ...«.

15 In seiner Monographie »Metaphysik der Singularität. Eine Hinführung am Leitfaden der Philosophie Hans Urs von Balthasars« verweist J. Disse (vgl. ebd. 226f) auf die Verwandtschaft meiner Reflexion auf das Schöne mit dem philosophischen Grundanliegen bei Siewerth und v. Balthasar, stößt sich aber (mit Recht) an einer überschwenglich-unpräzise formulierten Passage, wonach die »im Staunen begegnende Wirklichkeit insofern ›exemplarisch‹ mit ihrem unendlichen Grunde eins [sei], als sie in ihrer materiellen Einmaligkeit alle andere Wirklichkeit in sich widerspiegelt und in eine absolute Einfalt versammelt« (vgl. H. Verweyen, Ontologische Voraussetzungen, 183). Ich würde heute zurückhaltender behaupten: Wo der Strahl des Schönen in meine Welt einfällt, erscheint diese als ganze in einem neuen Licht (etwa Zelle und Gefängnis als »Umfeld« der »Hundeblume« W. Borcherts). Nicht

182

zustimmen kann ich Disse allerdings, wenn er behauptet: »Phänomenolo-
gisch reicht es [...] völlig aus, das Staunen auf das Moment des Daßseins der
Dinge zu beschränken« (ders., Metaphysik der Singularität, 227). Hier handelt es sich keinesfalls um die Erfahrung eines bloßen »Daßseins«, das sich
allenfalls »durch eine gewisse Qualität ausweisen können [muß], die es
ansprechend macht« (ebd.). Eine solche Sicht der Dinge kann sicher nicht im
Sinne v. Balthasars vertreten werden. Disse sagt (eine Seite später) auch
selbst: »[...] das philosophische Staunen selbst ist ein Hinweis dafür, daß der
Existenzakt vom Wesen des Gegenstandes nicht unabhängig ist, denn es
hängt von der Höhe der Gestalt eines Gegenstandes ab, mit welcher Intensität sich uns dessen Existenzakt erschließt« (ebd. 228).

16 Vgl. die ausführlichen Überlegungen in: H. Verweyen, Ontologische Voraussetzungen, insbesondere 159 ff.

17 Vgl. G. Marcel, Dieu et la causalité (II), in: Recherches de philosophie III–IV:
De la connaissance de Dieu, Paris 1958, 27–33, bes. 29 f, wo Marcel danach
fragt, wie sich für einen jungen, von Krebs befallenen Menschen Gott unter
Anwendung des Kausalprinzips darstellen würde.

18 Zu Borcherts Erzählung »Die Hundeblume« vgl. H. Verweyen, Ontologische
Voraussetzungen, 167–170, und oben Kap. 1.1.

19 Düsseldorf 1969. Zu allem Überdruß gab der Verlag auf dem Umschlag noch
einen falschen Untertitel an: »Zum Problem einer transzendentalphilosophischen Begründung der Fundamentaltheologie«.

20 Mit den folgenden knappen Andeutungen vgl. die Zusammenfassung in:
H. Verweyen, Gottes letztes Wort, 156–163.

21 Vgl. ebd. 188–190.

22 Vergleicht man damit den Satz J. G. Fichtes: »das Ich setzt sich selbst,
schlechthin *weil* es ist« (Grundlage der gesamten Wissenschaftslehre [1794],
in: Sämmtliche Werke I, 97), so wird die Schwierigkeit deutlich, den von Siewerth und v. Balthasar (wie auch, mit anderen Akzenten, von E. Levinas
gegenüber der Intentionalität bei Husserl) zu Recht betonten Vorrang der
»Gestalt« (bzw. des »Antlitzes des Anderen«) nicht aus dem Auge zu verlieren, wenn man sich dennoch zu einem Rückgang auf das »Ich« als Basis für
eine philosophische Letztbegründung entschließt.

23 Vgl. H. Verweyen, Einleitung, in: M. Blondel, Zur Methode der Religionsphilosophie, 54; 74 f.

24 Diese erkenntnistheoretisch unbewältigte Problematik eines sich »in den
Dingen selbst« nicht wirklich zeigenden Gottes wirkt sich in der transzendentalen Theologie K. Rahners dann besonders in der entscheidenden Frage
nach der Osterevidenz aus. Vgl. dazu H. Verweyen, Gottes letztes Wort,
328 f.

25 Das hatte zunächst pragmatische Gründe. Die Kritik von E. Simons (vgl.
ders., Philosophie der Offenbarung) an der unzureichenden Thematisierung
von Intersubjektivität bei K. Rahner zeigte mir, daß eine gründliche Behandlung dieser Problematik den Rahmen meiner Arbeit bei weitem gesprengt
hätte. Einige der damals von mir angeführten Sachargumente für die methodische Ausgrenzung dieser Thematik scheinen mir allerdings auch heute
noch erwägenswert. Vgl. bes. H. Verweyen, Ontologische Voraussetzungen,
169; 201.

26 Vgl. oben Anm. 21.

27 Vgl. H. Verweyen, Ontologische Voraussetzungen, 89–147.

28 Vgl. H. Verweyen, Gottes letztes Wort, Kap. 6.3.

29 Die Ergebnisse der ersten und dritten Cartesischen Meditation (also die Gewißheit des »cogito/sum« und der Existenz eines Absoluten) als im Prinzip gültig annehmend, fragte ich: »Darf man nun aber von diesem isolierten und im Hinblick auf eine mögliche gültige Selbstverwirklichung (die nur in der Bestimmung durch das ›Nicht-Ich‹ möglich ist) völlig ungewissen Ich, das dennoch nicht umhin kann, die Existenz einer ›absoluten Wahrheit‹, auf die es sich notwendig als Sinn und Ziel hin entwirft, anzuerkennen, darf man von dieser gewissen Wahrheitsrelation als von einer Relation zwischen ›Gott‹ und ›Ich‹ sprechen? Nur, wenn man den Gottesbegriff bis zu einer leeren Unbestimmtheit verallgemeinert, unter die auch noch ein absolut existierender ›Tyrann‹ des Menschen subsumiert werden könnte« (H. Verweyen, Ontologische Voraussetzungen, l43f). In einer Anmerkung verwies ich auf Camus' Interpretation des ›Mythos von Sisyphos‹.

30 Vgl. ebd. 145–147.

31 Vgl. H. Verweyen, Gottes letztes Wort, Kap. 7.6–7.

32 Vgl. ebd. 220 und oben Kap. 1.1 und 2.1.

33 Vgl. die anderen von mir (Gottes letztes Wort, Kap. 7.7) genannten, nicht-cartesischen Varianten einer Reaktion auf den Zusammenbruch des mittelalterlichen Kosmos. Dazu würde ich heute mit Nachdruck auf eine weitere Option verweisen, die mir 1991 noch nicht in den Sinn kam: G. Boccaccios »Decamerone« als der Versuch dieses »Vaters der Postmoderne«, im Verzicht auf die Frage nach der Verläßlichkeit von Rationalität überhaupt (nicht nur der des göttlichen Logos) eine subjektive Quasiautonomie im frei inszenierten Spiel mit dem Großen Welttheater zu gewinnen. Vgl. dazu H. Verweyen, Punti cruciali della teologia contemporanea, 19–36; ders., Teologia e filosofia, 276–295, bes. 292–295.

34 Grundlegende Übereinstimmung besteht außerdem mit K.-H. Menke, der – im Unterschied zu Müller und Pröpper – allerdings noch in weiteren wichtigen Punkten meiner Position zustimmt. Vgl. bes. K.-H. Menke, Die Einzigkeit Jesu Christi im Horizont der Sinnfrage; ders., Das systematisch-theologische Verständnis der Auferstehung Jesu, 458–484.

35 R. Descartes, Med. II, 3/AT VII, 25. Wenn J.-L. Marion versucht, die zweite Cartesische Meditation der Priorität von Sprache über alles Denken zu unterwerfen, so geht er an der grundlegenden Intention (und Qualität!) des Cartesischen Gedankens vorbei. Vgl. J.-L. Marion, L'Altérité originaire de l'*Ego*, 383–602. Vgl. dagegen noch immer die grundlegende Untersuchung von F. Bader, Die Ursprünge der Transzendentalphilosophie bei Descartes.

36 – zumindest nicht prinzipiell; die unberechtigten Folgerungen aus der Subjektreflexion von Descartes bis Husserl sind hier nicht zu thematisieren.

37 Vgl. H. Verweyen, Gottes letztes Wort, Kap. 6.2, bes. 194.

38 Vgl. ebd. Kap. 6.3.

39 Vgl. oben Kap. 1.2 und die Kritik Pröppers: Sollensevidenz, Sinnvollzug und Offenbarung, 28.

40 Ebd. 29; vgl. ders., Erstphilosophischer Begriff, 281. Dagegen J. Splett: »Mir bleibt unverständlich, wie ›für die Idee des schlechthin Unbedingten [...] doch das endliche Subjekt selber aufkommen‹ könnte« (ders., Gottesbeweise, 82 Anm. 11).

41 Vgl. dazu auch H. Verweyen, Gottes letztes Wort, 249 f.

42 Vgl. Th. Pröpper, Sollensevidenz, Sinnvollzug und Offenbarung, 32.

43 Klaus Müller wirft diese (in metaphysisches Terrain führende) Frage auf (vgl. K. Müller, Wenn ich ›ich‹ sage, 569–572), Th. Pröpper nicht. Zu meiner eigenen Position hinsichtlich der damit gegebenen Problematik s. u. Kap. 4.4.

44 Vgl. H. Verweyen, Gottes letztes Wort, 201.

45 Vgl. ebd. Kap. 8.3.3, wo ich diese Lösung soweit skizziert habe, wie mir das im Rahmen eines Grundrisses der Fundamentaltheologie unverzichtbar schien. Zu Fichte selbst vgl. H. Verweyen, Fichtes Religionsphilosophie, 193–224.

46 Vgl. K. Müller, Wenn ich ›ich‹ sage. – Von hierher kann ich kurz auf die Frage von H. G. Türk eingehen, inwieweit sich analytisches Philosophieren in meinen erstphilosophischen Ansatz integrieren ließe (vgl. H. G. Türk, Offenbarung letztgültigen Sinnes und philosophische Vernunft, bes. 20 f). Insoweit die analytische Philosophie (bzw. ihre theologische Rezeption) eine strenge Subjektreflexion geradezu dogmatisch verdrängt, gibt es überhaupt keine Vermittlungsmöglichkeit mit transzendentalem Philosophieren. Wie eine analytische Philosophie, die mit dem das Ich zum Ausdruck bringenden Sprachfeld ohne Scheuklappen umgeht, mit der transzendentalen Tradition wieder ins Gespräch gebracht werden kann, dazu hat K. Müller den bisher gründlichsten Beitrag geliefert.

47 Vgl. K. Müller, Anerkennung und Ich-Apriori, 54; ders., Wenn ich ›ich‹ sage, 23 f.

48 Vgl. dazu auch oben Kap. 2.2.

49 In dieser wichtigen Unterscheidung zweier prinzipiell verschiedener Argumentationsebenen bei der Thematisierung von Sollen stimme ich mit Th. Pröpper völlig überein. Vgl. ders., Sollensevidenz, Sinnvollzug und Offenbarung, 29, bes. 32 f, mit H. Verweyen, Glaubensverantwortung heute, 290 f.

50 Vgl. K. Müller, Anerkennung und Ich-Apriori, 54.

51 H. Verweyen, Gottes letztes Wort, 246; bei K. Müller, Anerkennung und Ich-Apriori, 55.

52 K. Müller, Wenn ich ›ich‹ sage, 583 (meine Hervorh.). – Müllers Verständnis des »Osterkerygmas« (ebd. 582–585) ist übrigens ein schöner Beweis dafür, daß man die von mir vertretene Deutung des Ostergeheimnisses auch teilen kann, wenn man nicht zu den begeisterten Anhängern von Fichtes Spätphilosophie zählt. Vgl. auch die Frage K.-H. Menkes, »ob man Verweyen vorwerfen kann, er leite das geschichtliche Christusereignis aus seinem zuvor philosophisch eruierten Begriff letztgültigen Sinns ab«. K.-H. Menke, Das systematisch-theologische Verständnis der Auferstehung Jesu, 480.

53 Vgl. K. Müller, Anerkennung und Ich-Apriori, 56 f.

54 Ebd. 58.

55 Vgl. ebd. 56, s. dazu oben Kap. 3.3.

56 »Eine neue Sicht ergibt sich […] auch im Hinblick auf den *eigenen Leib*, dessen Sinn nicht in reiner Funktionalität für interpersonale Anerkennung aufgeht. Sosehr das Bild des unbedingten Seins erst in der universalen wechselseitigen Anerkennung aller Vernunftwesen voll zur Erscheinung kommen kann, darf sich im Horizont des ermittelten Sinnbegriffs Freiheit auf dem Wege zu diesem Ziel bis in die feinsten Fäden individuell erfahrener Leib-

lichkeit hinein als Teil jener Weisheit verstehen, die – als Erstling göttlichen Wirkens – Tag für Tag auf dem weiten Erdenrund vor Gott spielt (vgl. Spr. 8,30f). Konsequent gedacht, stellt das ›unbedingte Sollen‹ menschliche Freiheit nicht primär unter den rigoristischen Imperativ von Pflicht, im ständigen Kampf mit einem gegen die reine Vernunft aufmüpfigen niederen Begehren, sondern eröffnet sich als Indikativ, als An-sage des Wortes, das im Fleisch das unbedingte Sein zur Erscheinung kommen läßt« (H. Verweyen, Gottes letztes Wort, 253).

57 Ebd. 269.

58 Vgl. K. Müller, Anerkennung und Ich-Apriori, 57.

59 Ebd. 58.

60 Mit Rücksicht auf die Terminologie bei Hegel wäre hier allerdings besser von »Sollen« statt »Sittlichkeit« zu reden.

61 Ich beeile mich hinzuzufügen, daß eine »Sprachspielverwechslung« in umgekehrter Richtung noch gefährlicher (und insofern das von Müller geäußerte Unbehagen – zumindest, was Fichte selbst angeht – nur zu verständlich) ist, nämlich in Situationen konkreter sittlicher Verantwortung die spontane Evidenz seiner eigenen Urteilsfindung mit jener Evidenz zu verwechseln, die aus dem reinen Begriff unbedingten Sollens hervorgeht. Vgl. zu Fichte als einer Quelle nationalsozialistischer Ideologie H. Verweyen, Recht und Sittlichkeit in J. G. Fichtes Gesellschaftslehre, 20–24; 241–245.

62 K. Müller, Anerkennung und Ich-Apriori, 58.

63 Vgl. ebd. den Verweis Müllers auf Ps 14,2–3.

64 *Ob* es überhaupt je einen solchen Fall gegeben hat, ist eine ganz andere Frage.

65 Vgl. ebd. 59–62.

66 Kap. 4.2.

67 Vgl. z. B. E. Arens, Läßt sich Glaube letztbegründen?, bes. 124; J. Hubbert, Descartes, Anselm, Camus und Verweyen, bes. 163.

68 Vgl. H. Verweyen, Gottes letztes Wort, Kap. 8.1–3, und oben Kap. 2.2.

69 – im Sinne der Philosophie von E. Levinas, nach der ich zu meinem authentischen Wesen noch nicht gefunden habe, solange *ich mir* Zeit *nehme* für den Anderen, sondern erst dann, wenn *mir der Andere* diese Zeit *nimmt*. Über Levinas hinaus wird hier allerdings gefragt, wie dieser Akt *autonom* vollzogen werden kann – als »sich die Zeit nehmen lassen«.

70 Vgl. oben Kap. 2.2.

71 Vgl. J. Valentin, Atheismus in der Spur Gottes.

72 Vgl. G. Larcher: »Nun ist [...] gerade die hochreflexe moderne bildende Kunst, die ihre eigene Negation zum Thema macht [...], hervorragend disponiert, ein solches Moment der Interruption, der Appellation, der Dezentrierung auf ein Anderes hin zu leisten. Das Sachproblem im Hintergrund des biblischen Bilderverbotes (die Dialektik von Entbergung und Verbergung als Abwehr einer Idolisierung des Absoluten) thematisieren heute die bildenden Künste mit ihren formalen Möglichkeiten selbst« (ders., Vom Hörer des Wortes als »homo aestheticus«, 105].

73 Vgl. K. Müller, Wenn ich ›ich‹ sage, 567–572. Auch wenn Th. Pröpper – der Intention seiner erstphilosophischen Reflexion auf Freiheit entsprechend – die Frage nach einem solchen »Woher« ausklammert, scheinen doch gelegentlich zu findende Bestimmungen der Ursituation von Freiheit eine solche

Frage auch für ihn nicht grundsätzlich auszuschließen. Vgl. etwa »Freiheit soll sein«, Freiheit ist sich selber Gesetz, »sich selbst als Aufgabe gegeben[!]« (Th. Pröpper, Autonomie und Solidarität, 99). Am deutlichsten kommt Pröppers Position wohl dort zum Ausdruck, wo er von dem Akt der freien Reflexion spricht, in dem sie »die Frage absoluter Begründung aufwirft, ohne sie jedoch beantworten zu können, weil die Sinnprämisse, die dabei im Spiel wäre, von ihr selbst als Reflexion nicht garantiert werden kann« (ders., Erstphilosophischer Begriff, 282). Dem stimme ich zu.

74 Vgl. H. Verweyen, Gottes letztes Wort, 240–243.

75 Vgl. Th. Pröpper, Erstphilosophischer Begriff, bes. 280–284; H. Verweyen, Glaubensverantwortung heute, 288–303; Th. Pröpper, Sollensevidenz, Sinnvollzug und Offenbarung, 28–37.

76 Vgl. die oben, Anm. 73, zitierte Formulierung von Pröpper. In dem Pröpperschen Ansatz, der in unserem Zusammenhang nicht weiter diskutiert werden kann, hat diese Frage nach einem absoluten Grund allerdings einen (analog zu Kant) *postulatorischen* Charakter. Sie erfolgt aus der sittlich notwendigen unbedingten Bejahung anderer Vernunftwesen, die wegen der Bedingtheit endlicher Freiheit aber nur durch Gott zu realisieren wäre. Meine Argumentation lautet, kurz gefaßt, so: *Wenn* ich mich nicht mit der scheinbar absurden Grundstruktur meiner Freiheit zufriedengeben will, sondern ernsthaft nach einem widerspruchslosen Begriff der Realisierung von Freiheit suche, *dann* muß ich die Frage nach dem Woher in dem beschriebenen Sinn stellen, weil nur auf diesem Wege sich ein universales Zum-Bild-Werden aller vernünftig konzipieren läßt.

77 Vgl. oben Kap. 4.2.

78 Vgl. H. Verweyen, Einleitung, in: J. G. Fichte, Das System der Sittenlehre nach den Prinzipien der Wissenschaftslehre (1798), XIX.

79 Th. Pröpper, Erstphilosophischer Begriff, 281; 283.

80 Diesen Doppelaspekt des Bildseins bzw. -werdens von Freiheit – als »Spur« des Absoluten im Zur-Verfügung-Stehen für andere – hat Saskia Wendel sehr schön in ihrem Beitrag: Bild des Absoluten werden – Geisel des anderen sein, 164–173 herausgearbeitet.

81 G. Scherer, Erste Philosophie und Sinnbegriff, 72.

82 Ebd. 73.

83 Ebd. 74.

5. Theologie und Historie (S. 119–146)

1 Zu den grundlegenden Strukturen und Kategorien des Versuchs, den Kampf mit der Zeit im »récit« (wörtl.: »Wiederherbeirufen«) zu führen, vgl. P. Ricoeur, Temps et récit.

2 Eine ausführliche (phänomenologische) »Archäologie des Autoritätsmodells«, das sich mit der Tradition einer für absolut gehaltenen Offenbarung im allgemeinen verbindet, gibt Edward Farley, Ecclesial Reflection (vgl. dazu meine Rezension, 120–123).

3 Vgl. dazu: H. Verweyen, Gottes letztes Wort, Kap. 7.6–7.

4 Zusammenfassend dazu: ebd. Kap. 14 und 15.

5 Für die zweitgenannte Position hatte ich auf den Offenbarungsbegriff von

Karl-Heinz Ohlig verwiesen (vgl. H. Verweyen, »Auferstehung«, 121 f). In seinem Beitrag »Gibt es den ›garstig breiten Graben‹?« bestätigt Ohlig diese
Auffassung (bes. 211f). Nimmt man an, »daß die scheinbar aus einer jensei-
tigen Welt geoffenbarten Wahrheiten Produkte unserer Welt- und Geschichtserfahrung sind; daß z. B. der Satz ›Gott ist‹ [...] Verbalisation einer
Hoffnung ist (performativ zu verstehen: Gott möge oder soll sein!)«, dann
darf man zu Recht behaupten, »daß es den Lessingschen Graben überhaupt
nicht gibt«.

6 Vgl. bes. Th. Pröpper, Erstphilosophischer Begriff, 272–287 und H. Verweyen,
   Glaubensverantwortung heute, 288–303. In seinem jüngsten Beitrag zur
   Sache erkennt Pröpper den »Lessingschen Graben« als in seiner Sicht unlös-
   bare Aporie an: »Und so gestehe ich, mich meinerseits vor besagtem Graben
   wiederfindend, ganz unumwunden, daß ich bei diesem garstigen Problem
   letztlich [...] keinen anderen Rat und für die ›Schüler zweiter Hand‹ auch keinen anderen Trost weiß als den dezidiert theologischen, näherhin pneuma-
   tologischen: das Vertrauen also auf die wirksame und unserer Schwachheit
   aufhelfende Selbstgegenwart Gottes in seiner durch den Geist in unseren
   Herzen ausgegossenen Liebe (Röm 5,5)« (ders., Sollensevidenz, Sinnvollzug
   und Offenbarung, 41). In einer Anmerkung dazu sagt Pröpper: »Immerhin
   ließe sich in philosophisch-hermeneutischer Hinsicht noch sagen, daß ein
   Mensch sich von der *unüberbietbaren* humanen Relevanz der (glaubwürdig)
   bezeugten Sinnzusage so überzeugt haben kann, daß er im ›Wagnis der Freiheit‹ und mit intellektueller Redlichkeit den Sprung über den Graben tun
   könnte« (ebd. Anm. 9, meine Hervorhebung). Doch auch hier stellt sich das
   Problem noch einmal: Wie kann (bei gleichzeitiger Annahme der grundsätzlichen Bedingtheit geschichtlicher Erkenntnis) begründet die Überzeugung
   von der »Unüberbietbarkeit« der humanen Relevanz einer geschichtlich vermittelten Sinnzusage ausgesprochen werden?

7 Vgl. H. Verweyen, »Auferstehung«, 122.
8 Vgl. G. Essen, »Letztgültigkeit in geschichtlicher Kontingenz«, 197–204.
9 Ebd. 200.
10 Ebd. 201f.
11 Ebd. 203f mit Verweis auf F. W. J. Schelling, Philosophie der Offenbarung II,
    in Anm. 35.
12 Vgl. dazu H. Verweyen, Gottes letztes Wort, 328; 389f.
13 Vgl. G. Essen, Historische Vernunft und Auferweckung Jesu, 431 zu der Kon-
    zeption von J. Werbick.
14 Ebd. 281.
15 Vgl. ebd., sowie 283: »In einem erkenntnistheoretisch präzisen und strengen
    Sinn gibt es also niemals eine Trennung von Tatsachenermittlung und
    Urteilsbildung, weil jede Tatsache bereits das Ergebnis einer Urteilsbildung
    ist.«
16 Ebd. 281 (Zitat aus H. Krings, Freiheit und Faktum, 393).
17 Ebd. 281.
18 Ebd. 270.
19 Vgl. dazu H. Verweyen, Ontologische Voraussetzungen, 158 Anm. 36.
20 Vgl. dazu ders., Gottes letztes Wort, 285–288; ders., Der Weltkatechismus,
    27–29.
21 Die deutsche Übersetzung mit »glaub-*würdig*« bringt bereits einen Aspekt

der sittlich-praktischen Vernunft ins Spiel, der in der den romanischen Sprachen vertrauten Fassung des Begriffs nicht mitgesagt ist.

22 Vgl. zur Problematik der traditionellen »analysis-fidei«-Lehre H. Verweyen, Gottes letztes Wort, 386f.

23 Vgl. dazu und zum folgenden: ebd., Kap. 13; ders., Der Weltkatechismus, Kap. 2.

24 Vgl. bes. N. Brox, Zeuge und Märtyrer; ders., Art. Zeugnis; ders., Glaube als Zeugnis; H. U. v. Balthasar, Zeugnis und Glaubwürdigkeit, 104–110; J. Beutler, Martyria, Frankfurt 1972; die Beiträge von E. Castelli, H.-G. Gadamer, E. Levinas, P. Ricoeur u. a. in dem Sammelband ›La testimonianza‹, hrsg. v. E. Castelli; K. Hemmerle, Wahrheit und Zeugnis, 54–72; J.-P. Jossua, La condition du témoin; ders., Art. Zeugnis, 327–337; G. Larcher, Subjektivität und Glaube, 113–126 (mit Lit. zu P. Ricoeur, ebd. 125f); P. Ricoeur, The Hermeneutics of Testimony, 435–461; ders., Herméneutique de l'idée de Révélation, 15–54; ders., Das Selbst als ein Anderer; ders., L'attestazione; P. Sequeri, Il Dio affidabile; B. Welte, Wahrheit und Geschichtlichkeit.

25 – eine Notwendigkeit, die Lessing trotz seines Bezugs auf Origenes' Schrift »Contra Celsum« merkwürdigerweise nicht gesehen hat. Vgl. dazu H. Verweyen, Gottes letztes Wort, 350–353.

26 In diesem Sinne wäre gemäßer von einem »ergangenen« als einem »vergangenen« Ereignis dieser Art zu sprechen. Hier könnte man etwa an die schönen Ausführungen von Ernst Fuchs über die Zeitlichkeit der Liebe erinnern. Ein Grundphänomen der Zeit ist ihr *Verbrauch*. »Zeit muß [...] derart beschaffen sein, daß sie sich im Endlichen mit dem Endlichen verbrauchen läßt, ohne doch als Zeit zu verschwinden, ja im Gegenteil: [...] Zeit [ist] umso konkreter da [...], je stärker sie verbraucht wird« (E. Fuchs, Marburger Hermeneutik, 47). In der Liebe wird diese Übermacht der Zeit, die sich im Verbrauch menschlicher Zeit am unerbittlichsten zeigt, zu ihrer Niederlage gerade auf ihrem ureigensten Terrain. Die Zeit der Liebe ist so beschaffen, *»daß sie umso stärker wird, je eindeutiger man sie verbraucht«* (ebd.). Vgl. dazu den Kommentar bei J. Rahner, ›Er aber sprach vom Tempel seines Leibes‹, 86f. – Ich darf in diesem Zusammenhang auf Schwierigkeiten hinweisen, die mir in Arbeiten von G. Essen über den Gebrauch des Präfixes »ver-« (das zumindest unterschwellig die Assoziation an ein »Verfallsdatum« weckt) bereitet. Essen spricht von der »Vergegenwärtigung des vergangenen Geschehens im Modus der (historischen) Erinnerung. Denn der Akt der Erinnerung ist ein Umgang mit vergangenen Ereignissen, der ihren Zeitstatus, vergangen zu sein, anerkennt: Unter Wahrung der historischen Differenz werden die Ereignisse im *Medium der Erzählung* als vergangene gegenwärtig gesetzt« (»Letztgültigkeit in geschichtlicher Kontingenz«, 195f). Wie zu Eingang dieses Kapitels bemerkt, versuche ich, »traditio« bzw. Zeugnis als ursprüngliche Weise, geschichtlich »Ergangenes« von »Vergangenem« zu unterscheiden, innerhalb des übergreifenden Genus »narrative Akte« näher zu umgrenzen. An der von Essen zitierten Stelle (H. Verweyen, Gottes letztes Wort, 484) spreche ich übrigens nicht von einer *»Vergegenwärtigsetzung von* Gottes letztem Wort«, sondern von dessen »Gegenwärtigsetzung«.

27 Vgl. H. Verweyen, Gottes letztes Wort, bes. Kap. 9, 11.4 und 15.

28 Vgl. meine Bemerkungen über die erste Stufe der Freiheit als »Ellbogenfreiheit« ebd. 248f.

29 Es ist schwierig, das Verhältnis von autonomer Selbstsetzung und Angewiesenheit auf andere zur »Konstitution von Selbstbewußtsein« genau zu bestimmen (vgl. dazu die ebd., 259 Anm. 1 genannten Arbeiten von E. Düsing und W. Lütterfelds, und vor allem K. Müller, Wenn ich ›ich‹ sage, hier bes. Kap. 2.2 zu W. Pannenberg). Ein Ich entsteht nicht etwa dadurch, daß eine Menschenmutter ein Hominidenbaby lange genug anlächelt (vgl. H. Verweyen, Gottes letztes Wort, 262f zur behavioristischen Version von »Ichkonstitution«). Aber aufgrund der ihm eigenen Elementarstruktur bedarf es eines Aktes der Anerkennung, in dem es – »im anderen bei sich seiend« – Identität in Differenz erstmals zu realisieren vermag.

30 Vgl. H. Verweyen, Gottes letztes Wort, bes. Kap. 2.1, 15.2 und 21 zur Bestimmung des Verhältnisses von »traditio« (im Sinne von »Überlieferung«) zu der »traditio Jesu Christi« (in einem dreifachen Sinn von »Auslieferung«).

31 Vgl. z. B. oben Kap. 2.2.

32 Vgl. H. Verweyen, Der Weltkatechismus, 14–17.

33 Zu fragen bleibt allerdings, ob eine heute, »nach Austreibung« des traditionell-dogmatischen Jesusbildes, weiterhin in fundamentaltheologischer Absicht (etwa im Sinne der »Post-Bultmannianer«) unternommene Rückfrage nach dem »historischen Jesus« nicht noch ganz andere Geister auf den Plan ruft (vgl. Mt 12,43–45). Einige davon habe ich (vgl. H. Verweyen, Der Weltkatechismus, 128–131) benannt. Das gegenwärtig zu beobachtende krasse Nebeneinander des von historisch-kritischer Exegese unbefleckten Jesusbildes im »Katechismus der Katholischen Kirche« einerseits (vgl. ebd. 21–25) und der wieder – wie bis zum Ersten Weltkrieg – ins Kraut schießenden »historisch-kritischen« Jesus-Romane anderseits erweckt den Eindruck, daß aus den verschiedensten Windrichtungen Geister, die man längst aus der Theologie vertrieben wähnte, in ihr altes Zuhause zurückdrängen.

34 Vgl. ders., Christologische Brennpunkte, 57–64.

35 Vgl. zur Abgrenzung dieser in fundamentaltheologischer Absicht betriebenen Rückfrage nach dem wirklichen Jesus der Geschichte von anderen historischen Rückfragen, die von ihrem methodischen Selbstverständnis her nicht auf ein in der Geschichte erschienenes Unbedingtes zielen (und für die daher der Kanon keinerlei Maßstab abgibt), die genau umschriebene Irrtumslosigkeit der biblischen Schriften auf dem Zweiten Vatikanischen Konzil (Dei Verbum, Art. 11).

36 H. Kessler, Sucht, 456.

37 Ebd. 457: »Mag der Rekurs auf den Kanon zunächst als theologisch möglich und sogar konsequent erscheinen, so zeigen sich sofort die Inkonsequenzen und Widersprüche. Denn Verweyen müßte nun eigentlich z. B. vom kanonischen Markusevangelium ausgehen, das nicht nur in Mk 16,7 vom Faktum der Erscheinungen weiß, sondern im zwar sekundären und späten, aber – und das ist für Verweyen ja ausschlaggebend – kanonischen Markusschluß auch einzelne Erscheinungen anführt, und zwar exakt als Auslöser der Osterverkündigung (Mk 16,9–15)«.

38 Vgl. H. Verweyen, Gottes letztes Wort, 526–527. Vgl. positiv dazu E. Felten, Die Sicht der Kirche, 333f Anm. 139 und 142.

39 Vgl. den informativen Überblick von C. Dohmen, Der biblische Kanon in der Diskussion, 451–460.

40 Vgl. ebd. 456 (mit Verweis auf B. M. Metzger).

41 Vgl. H. Verweyen, Der Weltkatechismus, 134–136.

42 Schon zu Beginn von Kap. 3.1 wurde auf eine in dieser Hinsicht bemerkenswerte Passage von J. Ratzinger zur historisch-kritischen Exegese verwiesen, die hier noch einmal ungekürzt zitiert werden soll: »Ein Text, ein Ereignis, eine Person wird streng in seine Vergangenheit hinein fixiert. Man will herausbringen, was der damalige Autor damals gesagt hat und gesagt bzw. gedacht haben kann. Es kommt auf das ›Historische‹, das ›Damalige‹ an. Deswegen vermittelt mir historisch-kritische Exegese die Bibel nicht ins Heute, in mein jetziges Leben hinein. Das ist ausgeschlossen. Sie entfernt sie im Gegenteil von mir und zeigt sie streng in der Vergangenheit angesiedelt. Dies ist der Punkt, an dem Drewermann mit Recht historisch-kritische Exegese kritisiert hat, sofern sie allein genügend sein will. Sie spricht ihrem Wesen nach nicht von heute, nicht von mir, sondern vom Gestern, vom anderen. Sie kann deshalb auch nie den Christus heute, morgen und in Ewigkeit, sondern immer nur, wenn sie sich treu bleibt, den Christus gestern zeigen« (J. Ratzinger, Zur Lage von Glaube und Theologie heute, 368). Vgl. dagegen die Dogmatische Konstitution über die göttliche Offenbarung »Dei Verbum« des Zweiten Vatikanum, Art. 12,1: »Da Gott in der Heiligen Schrift durch Menschen nach Menschenart gesprochen hat, muß der Schrifterklärer, um zu erfassen, was Gott *uns* mitteilen wollte, sorgfältig erforschen, was die heiligen Schriftsteller wirklich zu sagen beabsichtigten und [was] Gott mit ihren Worten kundtun wollte« (meine Hervorheb.).

43 Vgl. dazu H. Verweyen, Der Weltkatechismus, 22–25.

44 Hierbei berücksichtige ich nicht nur die oben, Kap. 3–5, besprochenen Arbeiten, sondern auch Annäherungen, die sich nach deren Erscheinen zwischen uns ergeben haben, insbesondere auf der Tagung der Katholischen Akademie der Erzdiözese Freiburg am 8./9. April 1995 und dem Diözesantag des Katechetischen Instituts des Bistums Aachen am 4. März 1997.

45 Vgl. Ex 3,14 mit Hos 1,9.

46 Vgl. oben Kap. 3.1.

47 Vgl. ebd.

48 Zur Fragwürdigkeit dieses Vorurteils im Hinblick auf ein Geschichtsereignis mit unbedingtem Anspruch vgl. H. Verweyen, »Auferstehung«, 125–127.

49 Diese Zusammenhänge hat m. E. überzeugend J. Rahner in ihrer Dissertation ›Er aber sprach vom Tempel seines Leibes‹ allgemein für die Zeit von Reimarus bis Lessing, und insbesondere für die Interpretation des Johannesevangeliums bei und nach Bultmann aufgewiesen (vgl. bes. ebd. 4 ff; 179 ff).

50 Zu den Argumenten vgl. oben, Kap. 3.4.4. J. Rahner hat ein beachtenswertes Plädoyer dafür erbracht, daß dem vierten Evangelium zufolge das Sterben Jesu am Kreuz als der Ort und die Zeit in der Geschichte anzusehen ist, wo unüberbietbar Vollendung in der gegenseitigen Verherrlichung von Vater und Sohn stattfindet (vgl. bes. ebd. 221 ff).

51 Ich gehe hier, um die Fragestellung zu vereinfachen, nicht auf Matthäus und Lukas ein. Sachlich ist diese »Ausklammerung« insofern berechtigt, als in diesen Evangelien die Frage nach dem Verhältnis zwischen Tod und Auferstehung Jesu – ähnlich wie die nach dem Sühnecharakter des Todes Jesu – nicht mit der gleichen Intensität reflektiert wird wie bei Paulus, Markus und Johannes.

52 Vgl. D. Schümer, Digitale Himmelfahrt: »Die Leute von ›Heaven's Gate‹

haben als erste konsequent den Schritt von ihrer materiellen Wirklichkeit in die digitale Simulation vollzogen. Ihre Körper waren beim Programmieren von künstlichen Welten nur hinderlich, und konsequent schafften sie diese Materie ohne großes Aufsehen und relativ aseptisch aus der Welt, indem sie sich hinter verschlossenen Türen vergifteten und in Decken hüllten. [...] Hätte für den Tod ein Mausklick genügt, dann hätten sie ihr terrestrisches Programm auf diese Weise beendet«.

53 Vgl. die ausführliche Darstellung bei H. Verweyen, Gottes letztes Wort, Kap. 21.

54 Daß diese Vermittlung ein dringendes Desiderat ist, zeigt sich vor allem am Gebrauch des Terminus »Fleisch« bei Paulus. An der zitierten Stelle Röm 1,3 z. B. findet sich der Begriff in einer für die Theologie des Apostels untypischen Verwendung. Wo Jesus »dem Fleische nach«, d. h. in seiner irdischen Existenz, Paulus (über die Vermittlung von Zeugen) wirklich in den Blick kommt, entsteht die Aporie: Sein »Leib-für« ist alles andere als Fleisch (im Sinne von: in sich selbst verschlossenes Dasein).

6. Zur Diskussion (S. 147–160)

1 Vgl. H. Verweyen, Gottes letztes Wort.

2 In: ThPh 67 (1992), 607–610.

3 In: ThRv 89 (1993), 246–251.

4 In: Gregorianum 75 (1994), 165–168.

5 Vgl. H. Verweyen, Christologische Brennpunkte (1977); ders., Die Ostererscheinungen in fundamentaltheologischer Sicht, 426–445.

6 Vgl. H. Kessler, Sucht den Lebenden nicht bei den Toten (1985); vgl. dazu meine Rezension, 70–74 und H. Kessler, Irdischer Jesus, Kreuzestod und Osterglaube, 219–229.

7 J. P. Galvin, The Origin of the Faith, 25–44.

8 Vgl. H. Verweyen, Die Sache mit den Ostererscheinungen (1988); ders., Gottes letztes Wort (1991); ders., Der Glaube an die Auferstehung (1993); ders., »Auferstehung« (1995).

9 Vgl. H. Kessler, Sucht den Lebenden nicht bei den Toten (Neuausgabe 1995), 442–463.

10 Vgl. Th. Pröpper, Erstphilosophischer Begriff, 272–287; vgl. dazu H. Verweyen, Glaubensverantwortung heute, 288–303.

11 Vgl. Th. Pröpper, Sollensevidenz, Sinnvollzug und Offenbarung, 27–48.

12 Ebd. 43.

13 Vgl. z. B. M. Antonelli, La Risurrezione, 26–37; 42–48; J. J. Smith, H. Verweyen and the Ground of Easter Faith,161–181; 82; 196; 202–208; E. Felten, Die Sicht der Kirche, 323; 326–329.

14 G. Larcher in seiner Rezension 250f.

15 Vgl. K.-H. Menke, Das systematisch-theologische Verständnis der Auferstehung Jesu; ders., Die Einzigartigkeit Jesu Christi im Horizont der Sinnfrage, 116–127; 147–166. Angesichts der Tatsache, daß J. Ratzinger meinem Ansatz gegenüber auch noch in jüngster Zeit volle Annerkennung geäußert hat, fällt es mir schwer, seine recht scharfe Kritik an einigen, aus dem Gesamtzusammenhang gerissenen Formulierungen von K.-H. Menke über den Oster-

glauben zu verstehen (vgl. J. Ratzinger, Zur Lage von Glaube und Theologie heute, 359–372).

16 Vgl. auch ders., Traditio Dei.

17 Vgl. H. Verweyen, Offene Fragen im Sühnebegriff, 137–146 und dazu R. Schwager, Rückblick auf das Symposion, 339–384, bes. 339.378 f.

18 Vgl. R. Schwager, Auferstehung im Kontext von Erlösung und Schöpfung, 215–225.

19 Vgl. meine Rez. zu K.-H. Ohlig, Fundamentalchristologie, 329–333; ferner meine kurzen Bemerkungen zu K.-H. Ohlig, Thesen zum Verständnis und zur theologischen Funktion der Auferstehungsbotschaft, 80–104, in: H. Verweyen, Einführung, 11, und ders., »Auferstehung«, 121 f.

20 Vgl. K.-H. Ohlig, Gibt es den ›garstig breiten Graben‹?, 206.

21 Vgl. H. G. Türk, Rezension zu H. Verweyen, Gottes letztes Wort, 610; ders., Offenbarung letztgültigen Sinnes und philosophische Vernunft, 20 f; G. Larcher, Rezension zu H. Verweyen, Gottes letztes Wort, 251.

22 Vgl. E. Arens, Läßt sich Glaube letztbegründen?, 114 f.

23 Vgl. H. Verweyen, Gottes letztes Wort, Kap. 6 und 8, und oben Kap. 4.

24 Vgl. H. Verweyen, Gottes letztes Wort, Kap. 9, und oben Kap. 5.

25 Vgl. bes. P. Colombo, Ermeneutica e Teologia, 84–92.

26 Vgl. z.B. die zentralen Sätze: »Il trascendentale non predetermina il senso della verità, ma viene istituito all'interno della contestualità storica dalla manifestazione della verità stessa« (ebd. 91) und: »Illuminare concettualmente tale struttura [die Vermittlung geschichtlicher Realität im Akt von Freiheit] non significa ricondurre la rivelazione alla filosofia, ma mostrare l'universale destinazione dell'evento della verità« (ebd. 92).

27 Ebd. 91 (meine Hervorhebung).

28 Vgl. oben Kap. 4.

29 Vgl. das Anm. 26 angeführte (zweite) Zitat (meine Hervorhebung).

30 Vgl. M. Epis, Ratio fidei, bes. 200–220; 292–302.

31 Ebd. 218.

32 Vgl. ebd. 220.

33 Ebd. 219.

34 »C'è una indeducibilità (storicità) del senso che è la condizione originaria della filosofia prima. È in questa indeducibilità che rientra – e quindi se ne deve tener conto – la condizionatezza linguistica e, più in generale, la situazione interpersonal-comunicativa del soggetto« (ebd. 220 mit Anm. 27).

35 Vgl. I. U. Dalferth, Teologia e Filosofia, 296–321.

36 Vgl. H. Verweyen, Teologia e Filosofia, 276–295.

37 A. Bertuletti, Teologia e Filosofia, 265–275.

38 Vgl. Anselm v. Canterbury, Proslogion, Kap. 1.

39 Vgl. Th. Pröpper, Erstphilosophischer Begriff, 272–287; dazu H. Verweyen, Glaubensverantwortung heute, 288–303; weiterhin Th. Pröpper, Sollensevidenz, Sinnvollzug und Offenbarung, 27–48

40 Vgl. bes. die ausführliche Auseinandersetzung mit meinem Anselmverständnis bei A. Staglianò, La mente umana, bes. 151–153; 166–171; 230–232; ferner J. Hubbert, Descartes, Anselm, Camus und Verweyen, 148–163.

41 Vgl. die Anm. 40 zitierte Arbeit von J. Hubbert.

42 Vgl. D. B. Burrell, Reflections, 76–78.

43 Vgl. bes. M. Antonelli, L'Eucaristia, 71; 138; 227; 228 f. Auf dem Hintergrund

der hier gemachten Beobachtungen hinsichtlich meiner Blondel-Deutung sind auch einige spätere Anmerkungen Antonellis zu meinem fundamental-theologischen Ansatz besser zu verstehen, vgl. M. Antonelli, La risurrezione di Gesù, bes. 26–37; ders., Manuali di teologia fondamentale, bes. 610–613.

44 Vgl. M. Wichmann, Soll ich wollen, was ich muß?, 91–98. Vgl. auch die kritischen Bemerkungen bei E. Arens, Läßt sich Glaube letztbegründen?, 112–126.

45 Vgl. bes. H. Verweyen, Ontologische Voraussetzungen; ders., Wie wird ein Existential übernatürlich?, 115–131; ders., Gottes letztes Wort, Kap. 5.3–4, 11.6.3, 15.1–2. Erst der mit A. Raffelt gemeinsam verfaßte Band »Karl Rahner« in der Beck'schen Reihe »Denker« gab mir Gelegenheit, den herausragenden Beitrag Rahners für das theologische Denken dieses Jahrhunderts ausführlicher zu würdigen.

46 Vgl. T. Licht, Karl Rahners Theorie vom ›übernatürlichen Existential‹, 145.

47 Die ebd. 145f, angeführte Anmerkung 8 aus »Hörer des Wortes« (2. Aufl. 1963), 23, ist allerdings kein überzeugender Beleg. Hier wird nämlich als ein Grund dafür, daß eine transzendentale »Reflexion [...] von sich aus gar nicht den Anspruch erheben [will und kann], in einem theologischen Sinn ›rein metaphysisch‹ zu sein«, angeführt: »da einerseits die metaphysische Reflexion von sich her immer von einer unverfügbaren, reflex nicht adäquat einholbaren geschichtlichen Situation umgriffen ist und sich in dieser Unverfügbarkeit auch gegenwärtig ist«. Dies ist kein Urteil aus einer theologischen Perspektive, sondern bloße Wiedergabe einer nach dem »linguistic turn« weitverbreiteten philosophischen Meinung.

48 Vgl. K. Rahner, Grundkurs des Glaubens, 36: »Auch die ursprünglichste, sich in sich selbst gründende und transzendentalste [!] Philosophie des menschlichen Daseins geschieht immer nur in geschichtlicher Erfahrung. Ja, sie ist selbst ein Moment an der Geschichte des Menschen [...]«.

49 Die Unvertretbarkeit von Individualität.

50 Vgl. ebd. 14.

51 Vgl. ebd. die Bemerkung: »Denn es kann hierbei nicht daran gedacht sein, Rahner ›richtig‹ auszulegen bzw. den ›echten Rahner‹ [...] zum Vorschein kommen zu lassen. Es wird nur gesagt, daß der neue Interpret Rahner auf seine Weise besser versteht, wenn er ihn so – und das heißt möglicherweise anders als andere – versteht, wie er es hier zu erkennen gibt«.

52 Vgl. etwa J. Simon, Das Problem der Gottesbeweise und der Begriff einer philosophischen Ethik, 75–87.

53 Eine kleine Blütenlese aus dem reichhaltigen Menü: Bei einem Differenzieren zwischen den verschiedenen Auflagen von »Hörer des Wortes« kann es sich natürlich nur um ein ›Polarisieren‹ handeln (Th. Knieps, Unvertretbarkeit, 88 Anm. 91). Die Ermittlung von letztgültigen Kriterien zur Verantwortung einer als letztgültig behaupteten Offenbarung erübrigt sich: »Eben weil der Glaube [...] *vorbehaltlos logisch* ist, kann sein Anspruch sich getrost in die *Form* ›universaler Diskutierbarkeit‹ übersetzen lassen und davon umfassendere Einlösung erwarten als von jedem erst *thematisch* zu befördernden Begriff von Letztgültigkeit oder Absolutheit« (ebd. 241). Knieps meint, bei meinem Konzept von Erster Philosophie ginge es darum, hermeneutisches Philosophieren zu *begründen* (vgl. ebd. 261 Anm. 46). Meine volle Zustimmung findet Knieps für seine Beobachtung: »man wird faktisch

nicht die Augen davor verschließen können, daß dieser [bei Rahner disku-
tierte] Pluralismus eine heute vorgetragene ›Erste Philosophie‹ kompromiß-
los in seine Reihen eingliedern, m. a. W. als einen und zudem geschichtlich
überholten Philosophietypus betrachten wird« (ebd. 262 Anm. 50). Um sich
ungestört von auf verantwortete Rede drängendem Fragen der »universalen
Diskutierbarkeit« von Wahrheitsansprüchen widmen zu können, läßt man
Sokrates am besten erst gar nicht mehr auf den Markt. Dann fällt seine
Liquidierung nicht einmal auf.

54 Diese deutsche Fassung ist dem Originaltitel »Dynamiek van het verlangen«
beigegeben.

55 Vgl. J. Verhoeven, Dynamik der Sehnsucht, 7; 136f; 186.

56 Vgl. ebd. 136–138.

57 Vgl. die Blondelzitate ebd. 137, bes. aber die knappe Zusammenfassung des
»état transnaturel« durch A. Valensin, Art. Immanence (Méthode d') I, 588:
»Il existe [...] un besoin (négatif) du surnaturel, créé par le vide d'une disposition qui, étant la marque d'un état perdu, le signe d'un rappel, l'effet d'une
grâce prévenante et la condition d'une grâce habituelle, peut déjà s'appeler,
dans un sens analogique, une grâce elle-même«.

58 Vgl. H. Verweyen, Gottes letztes Wort, 169.

59 Vgl. die Rahner-Zitate A. Raffelt, Pluralismus, 131.

60 Vgl. ebd. 138 mit Anm. 23.

61 Vgl. H. Verweyen, Gottes letztes Wort, 75f.

62 Probleme, Optionen, Argumente, München 1997.

63 Vgl. ebd. 495f; 511–514 und passim.

64 Vgl. ebd. 524–526.

65 Vgl. ebd. 526.

66 Ebd. 532 Anm. 131.

67 Vgl. ebd. 525 Anm. 106.

68 Vgl. ebd. 515.

69 Vgl. etwa ebd. 515; 528ff.

70 Vgl. dazu H. Verweyen, Gottes letztes Wort, 67f (62–65); 102f.

71 Vgl. P. Schmidt-Leukel, Theologie der Religionen, 525 Anm. 106.

72 Vgl. ebd. 531.

73 Vgl. oben Kap. 3.4.3, und H. Verweyen, Gottes letztes Wort, 468f.

74 Vgl. P. Schmidt-Leukel, Theologie der Religionen, 531.

75 Ebd.

76 Vgl. ebd.

77 Vgl. H. Verweyen, Pluralismus als Fundamentalismusverstärker, 135f.

78 P. Schmidt-Leukel, Theologie der Religionen, 542 Anm. 160. Die Termino-
logie wird aber nicht konsequent durchgehalten. Besonders störend wirkt die
Wahl des falschen Terminus bei der Bestimmung von »vier Elemente[n] des
Auferstehungsglaubens« (ebd. 546, meine Hervorhebung).

79 Vgl. ebd. 553, wo zustimmend von der »inzwischen zum exegetischen All-
gemeingut gewordenen Einsicht [die Rede ist], daß das biblische Verständnis
von Auferweckung ein Handeln Gottes an dem toten Menschen Jesus darstellt«.

80 Durch diesen Akt der Bestätigung »wird der Verkündigung Jesu inhaltlich
nichts hinzugefügt. Eine Bestätigung besteht nun einmal gerade darin, daß
sie das Bestätigte nicht ergänzt, sondern dieses bekräftigt« (ebd. 553).

81 »Mit Hansjürgen Verweyen geht diese These davon aus, daß ›das Licht, das
von Ostern her auf Jesus fällt, nicht auf einer ‚inhaltlichen Zusatzinforma-
tion' über das hinaus beruht, was am vorösterlichen Jesus erkennbar war,
sondern lediglich den Durchbruch dieses zwar schon am irdischen Jesus
Erkennbaren, aber vor Ostern noch nicht voll Wahrgenommenen bedeutet‹«
(ebd. 553 f; vgl. ebd. 547 f Anm. 183; 554 Anm. 194; 555 Anm. 198).
82 Vgl. ebd. 554.
83 Ebd. 556 (bei P. Schmidt-Leukel hervorgehoben).
84 Ebd.
85 Vgl. das Zitat von E. Fuchs: »Der Tod kann die Liebe so wenig zum Schwei-
gen bringen, daß er sogar zu ihrer Stimme und ihrem ›Spiegel‹ werden muß,
wenn die Liebe das will«, bei J. Rahner, ›Und sein Zeugnis ist wahr…‹, 242.